浙商管理评论

»Zheshang Guanli Pinglun

第3辑

郝云宏 主 编

浙江工商大学出版社
ZHEJIANG GONGSHANG UNIVERSITY PRESS

图书在版编目(CIP)数据

浙商管理评论. 第3辑 / 郝云宏主编. —杭州 ：浙江工商大学出版社，2016.6

ISBN 978-7-5178-1417-7

Ⅰ. ①浙… Ⅱ. ①郝… Ⅲ. ①企业管理—研究—浙江省 Ⅳ. ①F279.275.5

中国版本图书馆 CIP 数据核字(2015)第 290048 号

浙商管理评论　第3辑

郝云宏　主　编

策划编辑　谭娟娟
责任编辑　胡亚娟
封面设计　包建辉
责任印制　包建辉
出版发行　浙江工商大学出版社
(杭州市教工路198号　邮政编码 310012)
(E-mail:zjgsupress@163.com)
(网址:http://www.zjgsupress.com)
电话:0571-88904980,88831806(传真)
排　　版　杭州朝曦图文设计有限公司
印　　刷　绍兴虎彩印艺股份有限公司
开　　本　710mm×1000mm　1/16
印　　张　15
字　　数　286千
版 印 次　2016年6月第1版　2016年6月第1次印刷
书　　号　ISBN 978-7-5178-1417-7
定　　价　45.00元

浙江工商大学出版社营销部邮购电话　0571-88904970

本书受到浙江省高校人文社科重点研究基地(浙江工商大学工商管理学科)、浙江省哲学社会科学重点研究基地——浙商研究中心资助。

目　录

战略篇

组织篇

营销篇

战略篇 ZHAN LUE PIAN

被购并企业成员的新组织认同:形成机制与影响因素

程兆谦　彭海君

(浙江工商大学工商管理学院,浙江杭州 310018)

摘　要:本文目的是探究购并后被购并企业成员对新组织认同的形成机制,识别前因变量。从以往的研究文献中,本文识别出了两个理论假说——延续感理论和再认同理论。前者认为新组织认同来自于原组织认同的转移,后者认为其主要来自于购并后的经历与体验。本文认为它们构成了新组织认同的两个子过程:续认同过程和再认同过程。本文由此构建了理论模型并提出研究假设。对一家合并形成的GA集团管理者和普通员工进行的访谈和问卷调查,则分别用来辅助提出该理论模型和检验其研究假设。267份问卷的统计结果显示,这两个子过程确实存在,但再认同过程及其前因变量的影响更大。

关键词:购并　组织认同　再认同　购并后组织提升　组织公平感

一、引言

近年来,中国企业购并(M&A)越来越频繁,如跨国购并的发展势头就非常惊人(Peng,2012)。根据汤姆逊路透的数据,中国企业购并的规模在2013年超过日本企业,成为亚洲第一。然而与此相伴的是不断出现的购并失败案例,如阿里巴巴收购雅虎中国、分众传媒收购玺诚传媒、上汽收购双龙、明基收购西门子等均以失败告终。这些案例中不难发现"人"的因素在发挥重要影响,如双龙汽车工会屡次组织罢工反对上汽。研究西方企业购并的学者早在20世纪80年代就注意到"人"的重要性,随后越来越重视并针对与"人"相关的不同问题进行研究[1],如文化差异(Stahl & Voigt,2008)、信任(Stahl et al.,2012)、组织公平[2]等。

本文特别关注的是购并后的组织认同问题,探究被购并企业成员认同新组织的过程并识别出影响因素。研究者发现,被购并企业成员常常表现出消极、破坏性的心理与行为，如消极怠工、罢工、离职等，这个问题被认为与组织认同有着密切关系(Langley et al.，2013；Van Dick，2006)。从根本上我们认为，组织认同是购并企业在整合阶段面临的一个基础性问题，因为所谓购并后整合就是两个企业在战略、组织、价值观、人员心理等多个层面的一体化和融合[3][4](Stahl & Voigt，2008)，其中组织认同对应的就是双方人员的心理整合，它关系到“我们是谁”的问题[5]。

正是基于类似的认识，过去几年研究者越来越关注这一问题[6](Bartels et al.，2007)。不过研究者提出的模型差异很大，这意味着尚未形成公认的理论框架，而我们认为为了解决这一问题，需要从最基本的问题问起，即购并后被购并企业成员建立对新组织认同的过程是一个什么样的过程，唯有对这一过程有了清楚的了解，因素层面的研究才不仅“知其然”，而且“知其所以然”。本文尝试分析这一过程的构成，然后在此基础上构建理论模型、提出假设。论文的另一个重要组成部分就是对GA集团管理层和员工进行的访谈和问卷调查，前者用于辅助理论模型提出，后者用于检验研究假设。本文的研究有助于揭开员工对于新组织认同形成的“灰箱”，并为企业管理和促进这一过程提供理论指导。

二、理论背景与模型构建

(一)企业购并与组织认同的研究

组织认同的理论基础是社会认同理论，它描述的是组织成员将其成员资格与“自我”概念紧密联系的心理倾向，通常包含认知和情感的维度[5][6][7](Mael & Ashforth，1992)。通过组织认同机制，组织成员与组织建立了或紧或松的心理关联，这对组织成员的态度与行为产生了广泛影响，如合作意愿、工作满意度、缺席、离职意向、工作卷入、组织公民行为等，组织认同水平越高，他们越会表现出有利于组织的态度和行为[8]。研究发现，组织认同的前因变量主要是组织因素，比如组织特色、组织声誉、组织间竞争等；个体因素也发挥影响，比如任职年限、拥有导师等[6][9]。

近年来的一个明显趋势是研究组织变革情境中的组织认同，分析它的动态变化[10][11][12]。大多数时候组织认同具有较强的稳定性和刚性，再加上组织变革会改变组织特性，它会危及个体的“自我”(特别是对于高度认同原组织的人来说)，这就使得组织成员对原组织的认同成为组织变革的重大障碍，改革者只有解决这个问题，至少取得部分成员的认同，建立新组织认同合法性，组织变革才可能成功。由此可见，解析组织变革情境中组织认同改变的过程、机制与影响因素就成为一个很有意义的研究题目。在这一背景下，购并作为一种特殊且更为复杂(涉及两个组织)的组织变革受到关注，研究者将其看作一个理想的研究情境来考察组织认同的动态性[1][12]（Langley et al.，2013）。

前文提到，研究发现购并后被购并企业成员常常表现出消极的心理状态与行为反应，比如缺勤、工作效率降低、抵制变革、离职、罢工等，它们显然不利于购并取得成功[1][13]。对此，研究者曾经给出了各种解释，如文化差异、不确定性、压力、缺乏信任等[1][11]（Stahl et al.，2012）。从组织认同理论角度看，这可以解释为被购并企业成员为了保护原组织认同免受购并的冲击而做出的防御性反应，也可理解为人们为了争取自己的组织特征在新组织中有更多延续而做出的努力（Langley et al.，2013）。另外一些研究则显示，如果购并后人们对新组织的认同水平较高，的确会给购并带来积极的影响。如，Van Dick，Ullrich & Tissington 调查了两家合并的医院的员工，统计结果显示，对新组织的认同与员工满意度和 OCB 行为正相关，与离职意向负相关[7]。这与以往组织认同的研究结果是一致的。

研究者当前更关心的问题是新组织认同如何发展起来、存在哪些影响因素（阻碍因素和促进因素）。迄今为止，已有不少前因变量被识别出来，比如延续感、沟通氛围、情感关照等。然而，我们认为仅知道影响因素是不够的，还需要理解背后的作用机制、原理，也即“不仅知其然，而且知其所以然”。通过阅读和分析这些文献，我们从中识别出关于“被购并企业员工对新组织的认同如何形成”的两种观点，也可看作是两种理论假说——本文分别命名为“延续感理论”和“再认同理论”，其中延续感理论更有影响力。

1. 延续感理论

延续感理论认为，随着原组织通过购并成为新组织的一部分，员工对原组织的认同会传递给新组织，但传递程度取决于员工所感知的延续感，即新组织在多大程度上保留了原组织的特征（如名称、形象、文化、做事方式）等，延续感越大，人们对原组织认同越能够传递给新的组织。这一理论的主要提出者是荷兰学者 Van Knippenberg 和他的合作伙伴。他们运用试验研究、案例研究、问卷统计等方法，对其进行检验[14][15]。如，Van Knippenberg et al.[14] 对荷兰两个合并后的组织进行了问卷调查，考察群体地位对群体成员新组织认同的影响，研究显示，购并前、后的组织认同正相关，且这种关系在主导群体的成员之间更为密切。他们的解释是因为主导群体塑造新组织的能力更强，它的成员会从新组织中感受到更强的延续感，因此他们对原组织的认同就会转移到新组织。其他一些研究也为这种观点提供了支持性证据[11][15][13][14]（Bartels et al.，2007；Jetten，OBrien & Trindall，2001）。

2. 再认同理论

延续感理论有其合理性，但也有明显的局限：其一，它假定员工对新组织的认同完全来自于他们对原组织的认同；其二是购并及其变化被看作是原组织认同的威胁,会带来中断、不确定和压力,而只有保持连续性才能将原组织认同传递给新组织。然而根据众多社会认同和组织认同研究,员工有很多渠道来建立对新组织的认同,如受到新组织更好的企业形象、声誉、更好的发展机会的吸引。而这些因素在以延续感理论为基本假设的研究文献中被有意地忽略了①。

另外,购并未必一定是威胁,也可能被员工看作提升自我的机会。Teerikangas[13]调查了四家芬兰公司在芬兰、美国、英国、法国、德国和丹麦进行的8项购并,其中有6项购并中被购并企业的员工对购并和购并企业持有积极态度。联想收购IBM PC后由人力资源部做了一个调查,结果发现原IBM员工对购并的反应有很大差异:美国、欧洲、拉美员工的反应是"Well"和"Very Well",日本和亚太区员工是"OK",中国台湾和中国大陆的员工是"不好"②。究其原因,中国台湾员工的反应与政治差异有关,中国大陆原IBM员工则将这次购并看作是威胁,因为它可能会带来不利的变化(声誉、薪酬福利、工作保障等),欧美和拉美员工则认为这次购并可能会改变他们在原IBM的边缘地位,发展机会更大。

由上可知,购并后员工对新组织的认同不仅仅来源于原组织认同,还可能受到与新组织相关的因素的影响和塑造,这正是再认同理论强调的。有为数不少的研究为此提供了证据,他们发现沟通、社会情感导向、公平感、购并的预期效用、购并企业的组织吸引力(如规模、声誉等)、被购并企业的认知响应和战略响应等对购并后的组织认同产生影响(Bartels et al.,2007)[7][13][18]。这些研究的结论可概括为:如果购并企业本身有吸引力、能够公平对待被购并企业、充分沟通,被购并企业成员就会认同新组织。再认同理论其实着眼于组织认同的柔性和开放性的一面,这是它和续认同理论的一个根本差别。

(二)研究模型的构建与假设提出

基于以上分析,我们认为将这两种理论综合在一起能够更全面地描述新组织认同的形成,也就是购并后新组织认同形成过程的两个子过程。其一是续认同过程(图1),购并企业成员在购并后会关注新组织相较老组织的延续性——如果过快改变很可能会引起防御心理和抵制行为;其二是再认同过程,人们会对新组织是否能够提供更好的"自我"感知保持一定的开放性。这反映了我们的一个观点,即组织认同兼具刚性和柔性、稳定性和可变性的两面。这种观点成为在研究组织变

① Van Knippenberg et al.(2002)在着眼于延续感时,就指出"这并不是说那些以往证明会影响认同的因素,如群体的地位或声誉感知……组织独特性……,不会影响购并后的组织认同。它们极有可能会……"。

② 这个调查结果在柳传志的多次公开演讲和访谈中都提到,可参见新浪网的"新浪科技——总裁在线专题":联想柳传志、四通段永基谈企业20年变革(http://tech.sina.com.cn/it/2004-12-17/1609478932.shtml)。

革中组织认同动态性的文献中越来越普遍的共识[12]。而且根据常识,我们推测随着时间演变,续认同的重要性,即原组织认同、延续感的重要性将降低,再认同的过程即新组织自身的特性(组织独特性、组织声誉等)将变得越来越重要。

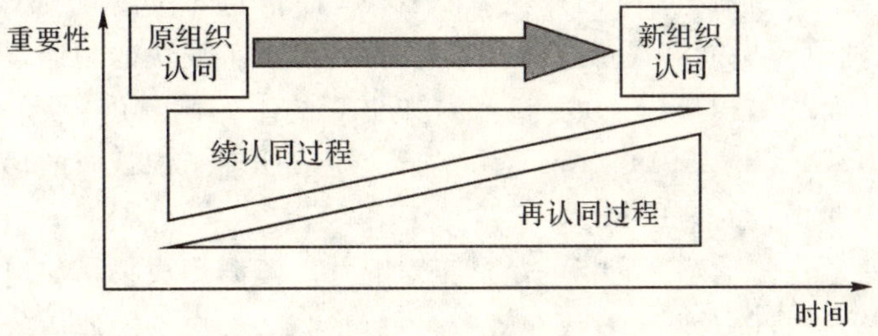

图 1　购并后新组织认同形成的过程

限于研究条件,本文并没有直接对这个过程模型进行检验,而是以此为基础构建一个因素研究模型,然后对其进行实证检验。首先对应“续认同过程”,我们认为原组织认同和延续感将对新组织认同产生影响,这点与 Van et al., Ullrich et al., Van、Ullrich & Tissington, Bartels et al. (2007), Coleman et al. (2010)等研究结果相同[7][15][16]。然而在原组织认同、延续感和新组织认同这三者之间的关系上,却没有明确的一致意见。Van Knippenberg et al. 比较了在购并后具有不同地位的两个群体中原组织认同与新组织认同两者之间的关系[17],这实际上隐含地将延续感转化为调节变量,Van Leeuen E, Van Knippenberg & Ellemers(2005)运用实验研究也得到了与 Van Knippenberg et al. 类似的结果,Ullrick et al. 于 2005 年的案例研究则显示延续感可调节购并前后组织认同之间的关系[17],但这样的调节关系并未在实证研究中进行直接的检验。因此本文提出如下假设:

H1:企业成员的原组织认同与新组织认同正相关,而连续感会发挥调节作用,即连续感越强,两者的正相关关系越强,反之则越弱。

对应再认同过程,我们将主要考察三个前因变量。第一个变量是购并后的组织提升(Post－merger Organizational Enhancement)。这是本文特意构造的变量,指的是组织因为购并(或“被购并”)后所能获得的实质的与名誉的收益。它可以看作针对购并情境将组织声誉与预期效用相结合的产物。组织声誉是社会公众对企业的评价,是企业的核心、独特和持久特征的主要来源,被广泛认为是影响组织认同的重要变量。而预期效用是由 Bartels et al. 提出[18],用以指称购并后组织的变化,比如是否更有效率、更有生产力,统计结果也证明它的确会对新组织认同产生显著影响。将两者结合在一起是因为我们认为在员工对新组织进行评估时会将这两者紧密联系在一起。根据组织认同的性质与形成过程,组织提升将通过组织成员资格传递到员工自我,并通过自我提升来改变员工对新组织的认同。

第二个变量是沟通氛围。沟通氛围是描述购并后组织沟通状态的一个基本变量[19]。在购并后大多数人都会陷入"信息饥渴症",迫切希望知道会发生什么变化、变化的程度及它们会对自己产生什么影响,而信息不对称会加剧"信息饥渴症"。如果企业管理层能够提供及时的信息、保持与员工畅快的沟通,就会缓解"信息饥渴症",从而产生积极的态度与行为,如更高的工作满意度、承诺和工作绩效(Schweiger & DeNisi,1991)。Empson 的研究也表明新组织认同的形成依赖于管理层不断地传递相关的信息[20]。

第三个变量是公平感。它指的是员工对购并后资源和成果是如何在新组织中分配的(分配公平),以及新的程序与规范是如何实施、来自不同群体的员工如何被对待的(程序公平)。前文提到,在购并后因为群体地位的差异会导致员工对新组织产生不同的认同水平,低地位群体的成员的认同水平比较低(Amiot et al.,2007;Van Knippenberg et al.,2003;Terry & Callan,1998);此外,Amiot et al.(2007)的研究还有一个有趣的发现,其实最初低地位群体成员的认同水平比较高,但是当他们认识到改变和提升的机会很有限时,他们的新组织认同水平会越来越低。如果他们感受到更多的公平就不会发生这样的情况,或者不会变化那么快。根据上述分析,我们提出如下假设:

H2:购并对于组织的提升程度越高,被购并企业员工的新组织认同水平越高;

H3:购并后的沟通氛围越好,被购并企业员工的新组织认同水平越高;

H4:购并后的组织公平越好,被购并企业员工的新组织认同水平越高。

综合上述分析,我们得到如图 2 所示的本文研究模型。

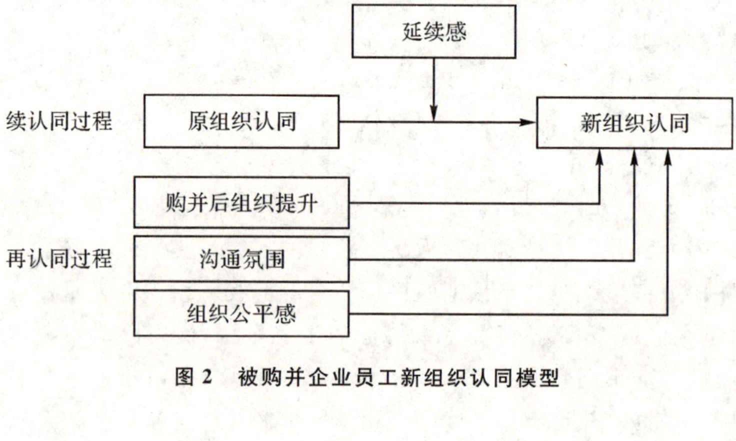

图 2 被购并企业员工新组织认同模型

三、实证研究

(一)公司简介

GA 集团有限公司(以下简称“GA 集团”)成立于 2008 年,由所在省的三大外贸龙头企业集团合并成立。合并后集团拥有二级控股子公司 18 家(现为 20 家),其中一家为上市公司,主营产品进出口,涉及 210 个大类品种,包括纺织服装、医药化工、机电产品等,2008 年营业收入超过 300 亿元人民币,规模位居省级国有外贸企业前列。为了应对金融危机及更长远发展的考虑,GA 集团提出了战略转型目标,期望从传统外贸企业转型,形成“商贸流通、金融服务、产业投资”的业务格局。在这个转型过程中,GA 集团多次进行了购并,其中包括本文调查的三家企业:2009 年 7 月由其下属公司收购的 YL 公司(主营发电设备业务),2010 年 4 月收购的 BB 公司(主营期货业务),2011 年 7 月牵头重组原 XJ 公司(主营信托业务)。这些购并均属于跨行业购并,因此在购并后这些公司基本保持了原来的经营与管理方式,母公司主要在公司治理、战略管理及高管团队的层面上发挥影响。

(二)研究设计

本文的实证研究包括三个阶段:阶段 1 是访谈。2009 年 10 月 21 日至 29 日对 GA 集团的管理层和普通员工进行了访谈——他们也都是随着企业合并而进入新的集团中,目的是通过当事人的感受和评价来理解“新组织认同的影响因素、形成机制”,并将其与理论研究部分相互对照,从而使得理论模型、研究假设与当事人的认知和感受相一致。阶段 2 是量表构建。充分汲取了以往研究中的变量测量方法,部分综合采用了多个量表。阶段 3 是问卷发放。无论是访谈还是问卷发放,距离购并发生的时间都为 1—2 年,我们认为在这个阶段,人们对于购并已经有了较充分的了解同时又不会遗忘,是研究新组织认同较好的时间窗口。

(三)访谈及其发现

受访人共 6 人,基本资料如表 1 所示。受访人中既有高、中层管理者,也有普通员工,既有从事业务的,也有来自职能部门的,具有较强代表性。在访谈之前,我们设计了一个访谈提纲,包括 5 个问题,分别涉及对原组织的认同及原因、新旧组织认同的差异、原组织认同对新组织认同的影响、对集团其他公司和购并的评价、概括影响组织认同的主要因素。每个访谈的时间约为 30 分钟。

表1 受访人的基本特征

受访人编号	所在公司层次	职位	学位	工作年限
1	一级子公司	高层	博士	15年
2	集团公司	普通员工	本科	9年
3	集团公司	高层	博士	15年
4	二级子公司	高层	大专	26年
5	一级子公司	中层	专科	20年
6	一级子公司	高层	本科	20年

几乎所有受访人都对购并持积极态度。比如,受访人5说:“集团旗下汇聚了原外经贸厅系统的所有公司,实力强大了许多,对外知名度也提高了,有利于我开拓业务。”受访人4说:“按招标公司的现状,肯定要关门……有了集团的支持,我们发展的希望就大了。”这相当于模型中的购并后组织提升。但这并不等于说他们都会认同新公司。实际上态度分化比较明显,更认同原公司的有3个(受访人1,3,5),感觉差别不大的有2个(受访人4,6),认为新公司更好的有1个(受访人2)。

我们对上述差别的理解是,当购并后的组织提升不能真正转化为自我提升时,其他因素就会发挥作用。通过进一步分析谈话内容,我们可以梳理出如下可能造成差异的影响因素:

(1)原组织认同与延续感。在更认同原组织的受访者中,他们确认原组织认同会阻碍他们对新组织的认同。受访者1说:“原来的做法比较适应了,总会拿现在集团的要求去和原来的比。一比较,差别就出来了,会觉得现在的很多做法要求捆住了我工作的手脚……就对现在集团的认同感降低了。”而感觉差别不大的人中,延续感发挥了重要作用。受访人6就认为没什么差别,原组织认同也不会影响对新组织的认同,因为“从经营的角度看,我的直接领导没有发生变化,经营思路和工作方式也都彼此熟悉,沟通起来也很顺畅”。

(2)在购并后的感受与体验——比如信任、沟通氛围、支持、成就感与组织公平感,都会影响成员的组织认同,如果感受不佳,人们反而会更认同原来的组织。受访人1说:“由于我的工作思路和方式被原来的集团领导和董事长认可和信任,因而感到干劲很足……很想干一番事业来回报领导,这种认同是发自内心的。”受访人3有类似的感受:“原来的集团把我的企业当宝贝来培育,在资金、政策、人力上都是大力支持……但现在不同了……我感觉现在集团对我这样的子公司管理不像母与子的关系,而是像他养的一只鸡,喂饱要靠自己,在外面被欺负了也只能自己解决,但下蛋必须回到主人定好的窝里。”受访人2更认同新组织:“因为发挥作用的空间大了。”其中,当购并将不同的公司变成“一家人”时,公平就非常重要了。受访人 3 就抱怨说:“有些公司的领导和集团领导关系较好,自然提的思路比较对胃口,项目批起来就快了。这是不公平的,会降低认同感。”

上述分析所提及的因素及作用机制与本文提出的模型、研究假设基本相符。访谈也揭示出一些在模型中没有包括的因素,比如职业认同(Occupational Identity)。受访人 2 表现出较强的职业认同,他说:“原公司的财务合并报表都由我出,对我的锻炼是有的,但我从来都没有从内心把自己当成是这个组织的人,因为我一直觉得组织是要变的……关键是自己要积累有用的能力。”这个变量在其他文献中有相关讨论。

(四)量表构建

问卷中的变量测量主要采用了成熟量表,并根据本文研究的购并情境对其表述方式做出调整。自变量包括:①购并后组织提升。参考企业声誉和预期收益量表[19][21],结合访谈内容,设计了五个测项,包括“我预计新公司的知名度将会有所提高”“我觉得新公司在集团内的声誉很好”等。②组织公平感。采用了 Neihoff & Mooreman 开发的量表[22],包括建议参与、一致实施、投诉机制等五个测项。③沟通氛围。采用了 Smidts et al. 的量表[20],包括“在新公司,我感觉获得信息的质量是可靠的”“在新公司当我和同事之间交流时,我感觉他们会认真倾听”等五个测项。④原组织认同,既是因变量,又是调节变量。综合了来自 Ashforth & Mael, Smidts et al. 的组织认同量表,包括“在购并之前,我对作为公司的一员感到很荣幸”等三个测项[20][21]。另一个控制变量是延续感,采用 OBrien & Trindall(2002)的量表的四个测项,包括“积极延续感”和“消极延续感”(或“威胁感”)的各两个测项。

作为因变量的新组织认同采用了 Van Knippenberg et al. 的组织认同量表[15],包括“购并后,我对新公司有强烈的认同感”“购并后,当别人称赞新公司时,我感觉就像是在称赞我自己”等四个测项。此外,一些人口统计变量将作为控制变量,包括性别、年龄、学历、职位及工作年限等。量表均采用李克特(Likert)七点计分方法,得分越高,表示对该题项越不同意,反之则越同意。但在随后的统计分析之前,为了保持与一般计分方法的一致(分值越高越同意),我们对这些分值(设为 X)做了处理,得到新值 Y,$Y=(7-X)+1$。

(五)正式问卷调查与统计分析结果

我们在浙江 BB、XJ 和 YL 三家公司进行了正式的问卷调查,一共发放了 296 份问卷,实际回收 270 份,包括 BB 公司 51 份,XJ 公司 38 份,YL 公司 161 份,回收率为 91.2%。其中有效问卷 267 份,有效问卷率为 98.9%。其他人口统计学数据如下:男性206人(77.2%),女性61人(22.8%);年龄20—29岁105人(39.3%),30—39岁63人(23.6%),40—50岁58人(21.7%),50岁以上41人(15.4%);高中及以下有107人(40.1%),大学专科学历47人(17.6%),本科学历106人(39.7%),研究生及以上7人(2.6%);一般员工204人(76.4%),中层管理者49人(18.4%),高层管理者14人(5.2%);购并前在公司工作了2年以下的有47人(17.6%),2-5年的有66人(24.7%),5-10年的有76人(28.5%),10年以上的有78人(29.2%)。

采用SPSS19.0软件对样本数据进行预分析。经过调整后,整个模型的KMO值为0.856,巴特莱特球形检验的卡方值为950.251,显著性水平为0.000,方差累积贡献率为73.401%,说明样本数据适合做因子分析。各变量的Cronbach's α系数都高于0.80,每个题项的单项总项相关系数(CITC)均大于0.5,表明此次问卷设计具有较高的信度。

1. 描述性统计与相关分析

研究的各因子值采用基本的平均值法获得,在此基础上对各因子进行相关性分析。结果如表2所示。

表2 新组织认同及其影响因子描述性统计结果

变量	购并前组织认同(POI)	延续感(SC)	沟通氛围(CC)	组织公平感(OJ)	购并后组织提升(EU)	新组织认同(MEOI)
均值	6.17	5.79	5.77	5.56	5.81	5.77
标准差	0.82	1.19	0.97	1.21	1.07	1.05

从表2中可以看到:①研究主要变量(自变量、因变量和调节变量)的均值都大于中间值4(数值越大,越满意),说明被调查者对于购并前后的组织认同、购并后组织提升、组织公平感的评价都比较高;②与购并前组织认同(6.17分)相比,购并后的组织认同程度(5.75分)明显下降,差值为0.42,降幅不小。进一步的配对样本T检验结果显示t值为6.667,$p=0.000<0.01$,这说明购并前后组织认同的差值具有显著差异。

相关性结果表3显示,自变量、因变量和调节变量与购并后的组织认同均为正相关,这为前文提出的假设提供了初步支持。接下来,我们利用层次回归方法对研究假设进行更严谨、细致的检验。

表 3　新组织认同及其影响因子相关系数表

变量	1	2	3	4	5	6	7	8	9	10	11
1. 性别	1										
2. 年龄	0.071	1									
3. 学历	0.221**	−0.029	1								
4. 职位	0.005	0.303**	0.352**	1							
5. 工作年限	0.005	0.514**	0.081	0.219**	1						
6. 原组织认同	0.102	0.069	−0.032	0.174**	0.136**	1					
7. 延续感	−0.082	−0.003	−0.163**	0.035	−0.106	0.397**	1				
8. 沟通氛围	0.121*	−0.032	0.026	0.137*	−0.020	0.543**	0.613**	1			
9. 组织公平感	0181**	−0.066	0.012	0.110	−0.088	0.461**	0.681**	0.721**	1		
10. 购并后组织提升	0.137*	−0.051	0.037	0.097	−0.026	0.489**	0.680**	0.780**	0.808**	1	
11. 新组织认同	0.126*	0.010	0.031	0.114	0.008	0.480**	0.623**	0.714**	0.752**	0.817**	1

注：N＝267；* 表示 $p<0.05$，** 表示 $p<0.01$；双尾检验。

2. 层次回归分析

层次回归分析(HLM)是一种既能显示整体的解释力，又能分别地显示各个变量个别解释力的回归方法，非常适用于本文的研究目的。对新组织认同进行层次回归的过程包括如下步骤：第一步是引入控制变量，包括年龄、性别、学位、职位和工作年限(模型 1)；第二步是引入原组织认同(模型 2)；第三步是引入作为调节变量的延续感，即延续感×原组织认同(模型 3)；第四步是引入购并后组织提升、组织公平感(模型 4)。在每步回归方程中，各变量的方差膨胀因子(VIF)介于 1.040 至 3.568 之间，说明变量之间不存在共线性问题，德宾·沃森(Durbin Watson)检验值为 1.608，被解释变量的残差之间不存在自相关。数据分析结果如表 4 所示。

表4 各变量对新组织认同分层回归的统计表

	模型1			模型2			模型3		
	回归系数	t	Sig	回归系数	t	Sig	回归系数	t	Sig
性别	−0.073	−1.309	0.192	0.111	2.315	0.021	−0.001	−0.029	0.977
年龄	−0.008	−0.124	0.901	−0.006	−0.102	0.919	0.038	0.920	0.358
学历	−0.023	−0.383	0.702	0.082	1.586	0.114	0.024	0.620	0.536
职位	−0.036	−0.581	0.562	0.021	0.403	0.687	−0.007	−0.185	0.854
工作年限	0.071	1.123	0.263	0.002	0.036	0.971	0.014	0.336	0.738
原组织认同	0.476	8.554	0.000	0.019	0.285	0.776	0.032	0.641	0.522
原组织认同×延续感				0.646	9.855	0.000	0.058	0.915	0.361
购并后组织提升							0.504	7.460	0.000
沟通氛围							0.113	1.930	0.045
组织公平感							0.212	3.330	0.001
F 值更改	13.985			97.127			75.638		
R^2	0.242			0.447			0.705		
R^2 更改	0.242			0.205			0.258		
Sig. F 更改	0.000			0.000			0.000		

由表4中的模型1可以看出，原组织认同对新组织认同产生显著的积极影响($\beta=0.476, p<0.01$)。模型2显示在加入延续感与原组织认同的交互项之后，延续感能发挥显著的积极调节效应($\beta=0.646, p<0.01$)，解释的方差也有显著增加($\triangle R^2=0.205, p<0.01$)。这说明层次回归的结果支持了H1。在随后的模型3中，沟通氛围、组织公平感和购并后组织提升均对新组织认同产生显著的积极影响(购并后组织提升 $\beta=0.504, p<0.01$；沟通氛围 $\beta=0.113, p<0.05$；组织公平感 $\beta=0.212, p<0.01$)，且解释的新组织认同的方差也显著增加($\triangle R^2=0.258$)，从而支持了H2、H3和H4。

但是，我们也注意到在模型3中，随着新组织认同、沟通氛围和组织公平感的加入，原组织认同及延续感的影响急剧下降，延续感的调节效应也不再显著。从统计学角度看，这可能是多重共线性造成的，但是如前文提示，这种可能性可以排除；它也可能是新增变量发挥了中介作用，但这需要进一步的理论与实证研究进行辨析。无论如何,这说明相对于原组织认同和延续感,购并后组织提升、沟通氛围和组织公平感对于新组织认同的影响更大、更显著,这也意味着在延续感理论和再认同理论所揭示的作用机制之间,后者的作用更大。

四、结论与讨论

本文的主要目的是探索购并后新组织认同的形成机制和影响因素。通过理论梳理、模型构建、访谈和实证检验,在理论上,我们提出新组织认同包括续认同和再认同两个子过程,而这两个子过程的相对重要性会随着时间而改变,续认同的重要性随时间延长降低,而再认同的重要性随时间延长增加;实证研究表明,延续感调节原组织认同与新组织认同之间的正相关关系,但相对来说,购并后组织提升、沟通氛围和组织公平感更能够预测购并后组织认同水平。

本文研究的价值首先体现为在综合已有研究成果的基础上,揭示了新组织认同的过程结构,并对其动态演变提出了初步的结论;其次,在过程模型的基础上提出并检验了新组织认同的影响因素,这为未来相关研究提供了一个可共同探讨的理论模型;最后,本文的研究凸显了购并的有利性与组织认同的柔性、开放性,这与以往文献更喜欢强调购并的消极性、组织认同的刚性构成了鲜明对比。无论对于研究者还是实践者,这都很有意义。

我们建议未来的研究者可考虑通过纵向研究进一步分析新组织认同两个子过程的演变及互动。对于本文发现的再认同因素影响显著大于续认同因素,我们认为有可能跟样本采集"时间"有关(购并后 1—2 年),未来可尝试采集不同时点的数据来进行比较。此外,本文的描述性统计数据显示购并后的组织认同水平显著低于购并前的组织认同水平,对此还缺乏明确的理论解释。当然本文的研究也有一些局限,主要是访谈和样本采集都来自同一个企业集团,这自然会限制研究结论的一般性,甚至可能产生偏差。比如,从访谈中得到的信息是所有受访人都对购并持有积极态度,这与延续感理论暗含的前提不太一致,却与再认同理论的前提相匹配,结果也显示了再认同理论更能揭示新组织认同的形成机制。对于此类的可能偏差,需要通过扩大访谈和样本采集范围来修正,从而对这个问题有更深入、精确的研究。

参考文献

[1] SEO M, HILL N. Understanding the Human Side of Merger and Acquisition: An Integrative Framework[J]. The Journal of Applied Behavioral Science, 2005, 4: 422-443.

[2] 孙健敏,姜铠丰.中国背景下组织认同的结构:一项探索性研究[J].社会学研究.2009(1):184-216,246.

[3] MONIN P. Giving Sense to and Making Sense of Justice in Postmerger Integration[J]. Academy of Management Journal, 56(1): 256-284.
[4] 颜士梅.创业型并购中的知识员工整合研究[M].北京:科学出版社.2013.
[5] SHRIVASTAVA P. Postmerger integration[J]. The Journal of Business Strategy, 1986, 7(1): 65-76.
[6] 袁声莉,马士华.员工满意度实证研究[J].技术经济与管理研究.2002(3):22-25.
[7] ZAHEER S, SHOMAKER M, GENK M. Identity versus culture in mergers of equals[J]. European Management Journal, 2003, 21, 185-191.
[8] VAN R, ULLRICH J, TISSINGTON P. Working under a Black Cloud: How to Sustain Organizational Identification after a Merger[J]. British Journal of Management, 2006(27): 69-79.
[9] 魏钧.组织契合与认同研究—中国传统文化对现代组织的影响[M].北京:北京大学出版社,2008.
[10] RIKETTA M. Organizational identification: A meta-analysis[J]. Journal of Vocational Behavior, 2005, 2: 358-384.
[11] BRIDWELL E, MEZIAS S. The Quest for Cognitive Legitimacy: Organizational Identity Crafting and Internal Stakeholder Support[J], Journal of Change Management, 2012, 2: 189-207.
[12] COLMAN H, LUNNAN L. Organizational Identification and Serendipitous Value Creation in Post-Acquisition Integration[J]. Journal of Management, 2011, 3: 839-860.
[13] CLARK S, GIOIA D, KETCHEN Dmas J, et al. Transitional Identity as a Facilitator of Organizational Identity Change during a Merger[J]. Administrative Science Quarterly, 2010, 3: 397-438.
[14] TEERIKANGAS S. Dynamics of acquired firm pre-acquisition employee reactions[J]. Journal of Management, 2012(2): 599-639.
[15] VAN E, VAN D, ELLEMERS N. Continuing and Changing Group Identities: The Effects of Merging on Social Identification and Ingroup Bias[J]. Personality and Social Psychology Bulletin, 2003(29): 679-690.
[16] VAN D, VAN B, MODEN L, LIMA F, et al. Organizational identification after a merger: A social identity perspective[J]. British Journal of Social Psychology, 2002(41): 233-252.
[17] ULLRICH J, WIESEKE J, VAN R. Continuity and Change in Mergers and Acquisitions: A Social Identity Case Study of a German Industrial Merger[J]. Journal of Management Studies, 2005, 42: 1549-1569.
[18] BARTELS J, DOUWES R, JONG M, et al. Organizational Identification During a Merger: Determinants of Employees' Expected Identification With the New Organization[J], British Journal of Management, 2006, 17: 549-567.
[19] TERRY D, O'BRIEN A. Status, legitimacy, and ingroup bias in the context of an

organizational merger[J]. Group Processes and Intergroup Relations, 2001(4): 271-289.
[20] EMPSON L. Organizational identity change: managerial regulation and member identification in an accounting firm acquisition[J]. Accounting, Organizations and Society, 2004, 8:759-781.
[21] SMIDTS A, PRUYN A, VAN R. The impact of employee communication and Perceived external prestige on organizational identification[J]. Academy of Management Journal, 2001, 44(5):1051-1062.
[22] ASHFORTH B, MAEL F. Social identity theory and the organization[J]. Academy of Management Review, 1989(14): 20-39.
[23] NIEHOFF B, MOORMAN R. Justice as a mediator of the relationship between methods of monitoring and organizational citizenship behavior[J]. Academy of Management Journal, 1993, 36: 527-556.

新创企业失败学习内容:维度结构与测量
——基于浙江企业的实证研究

黎 常 何 萍

(浙江工商大学工商管理学院,浙江杭州 310018)

摘 要: 在 Jason Cope 定性研究中提出的创业失败学习内容分类的基础上,本文通过文献研究和对创业者的访谈,从创业失败学习的视角建构了新创企业失败学习内容的四维测量模型,并修订量表的初始项目,进而通过探索性因子分析和验证性因子分析,得到了创业失败学习内容4个维度的测量量表,即商业学习、网络和关系学习、自我学习、企业管理学习。最后,统计检验的结果表明,研究开发的四维量表具有较好的信度和效度。

关键词: 创业失败学习 新创企业 失败学习内容 维度 测量量表

一、问题的提出

在如今动荡的商业环境中,很多中小企业处在生存危机的边缘,新创企业更是如此,它们在运营过程中所遭遇的失败远多于成功。Song 等发现美国技术型新企业在5年后存活率仅为21.9%[1],我国工商行政总局在2013年发布的《全国内资企业生存时间分析报告》中指出,企业成立后3—7年为退出市场高发期,有近五成企业的生存年龄在5年以下。广受创业者推崇的精益创业理念提到,建立“构建—衡量—学习”的反馈回路,并基于事物可能并且将会出错的假设,鼓励创业者研究失败并从中学习。《哈佛商业评论》在2011年围绕“从失败中学习”这个主题,从

基金项目:浙江省高等教育教学改革项目(JG2013063).

“认识失败”“从失败中学习”和“从失败中恢复”三个方面，探讨了失败学习对于企业经营与管理的重要意义。因此，从失败中学习是创业者和研究者普遍关注的问题。

在创业研究领域，创业者及其企业的学习是基于已有经验，不断地尝试和总结，进而抛弃失败的决策、选择最有前景的决策[2]。在这一过程中，那些不连续的事件，如失败，能触发创业者“双环”和“变革性”的学习结果[3]，纠正创业者先前无效的管理活动和错误的经营观念[4]，并增加创业过程中所需要的技能和知识，激发行为创新，提高创业者成功的可能性[5]。因此，失败普遍被认为是学习的前提[6][7]。与此同时，创业失败学习也被认为是一个动态发展的过程，创业者在经历了失败所带来的各种挫折和成本之后，通过批判性反思和反思行动逐渐恢复，并最终利用从失败中学习到的自我认知、企业经营和管理、网络关系等内容，或者重新开始新的创业，或者从事其他活动[5]。

现有研究主要采用理论分析或者案例研究的方法，对于创业失败学习内容，即创业者能从创业失败中学到什么，存在各种不同的观点。例如，Schutjens 和 Stam 把失败学习的内容分为内部学习与外部学习[8]；Cope 在其 2005 年研究的基础上，通过案例分析，将失败学习内容整合成商业、自我、网络和关系、企业管理四个方面[5]；Shepherd 等则将从项目失败中学习的内容分为项目关联的学习和个人关联的学习[9]；而 Cannon 和 Edmondson 则认为[10]，只有当创业者感知到学习的内容能够应用到新企业时，这种学习才算完整，因此，Yamakawa和 Cardon 仅采用“将先前失败经验应用到现有企业的程度”来测量创业失败学习[11]。国内一些学者，如陈文婷和李新春、单标安等，对创业学习开发了相关量表，但都仅仅对创业学习方式进行分类，如经验学习、认知学习、实践学习等，并未涉及从失败中学习的内容[12][13]。

由于对失败学习内容的测量缺乏一个客观的评价测量工具，导致现有文献对许多问题并不清楚，如创业失败学习效果如何评价。例如 Baumard 和 Starbuck 的研究并未发现企业能够从失败中学习[14]；创业失败的学习内容对创业者能力及企业绩效的提升具有什么作用；学习内容对后续创业意向影响如何；动态创业失败学习过程如何发展[3]；等等。因此，需要采用定性和定量研究相结合的方式，以得出更为全面的“从创业失败中学习”的内容维度[15]。本文将在已有的创业失败学习相关文献研究和对创业者访谈调研的基础上，结合我国企业创业文化和情境，开发测量创业失败学习内容的量表，为企业失败学习的实践提供可操作的理论指导模型和测评工具。

二、测量模型的构建

创业研究对于失败的定义分为两类：一是将失败等同于企业关闭[16]，由于这一定义将创业者主动关闭企业的情形包含在内(Bates, 2005)[17],因此常常受到学界的诟病;二是将失败定义为组织绩效因在营运过程中出现失误和问题而未达到预期目标这种结果[18],Politis 和 Gabrielsson 也认为[19],在组织行为研究中,应将失败定义为创业企业未达成预期结果的阶段性情景或事实。鉴于后者更加适合刻画创业理论与实践的特征,本文中"创业失败"将采用第二种定义,而非狭义地指企业破产和关闭这种结果。因此,创业者或其企业在经营过程中的失败经历包括:预算、人员配置、阶段性(包含截止期限的)计划、质量、成本、效率、客户满意、服务等没有达到预期目标的情形[20][21]。

由于创业失败能够进一步帮助创业者搜寻和识别创业机会,提高组织和团队管理技能,提升自我管理和挫折应对,Cope 提出[3]创业学习任务的五个维度:自我学习、商业经营学习、环境和创业网络管理学习、小企业管理学习及关系性质和管理学习,并认为需要分析激发这些学习内容的特定学习过程。而后 Cope 通过对一些有失败经历的创业者运用解释性现象学研究方法,进一步将创业失败学习归纳为四个维度(如图1所示)。

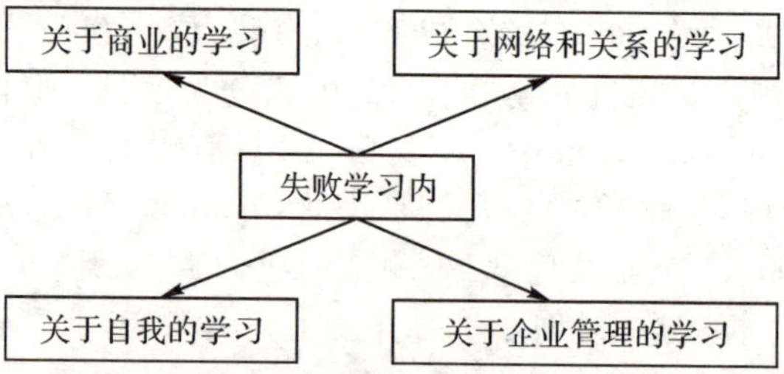

图1 失败学习内容的四维测量模型(Cope,2011)

(一)关于商业的学习

主要是指为掌握有关市场需求、新企业成长、行业发展前景等知识而进行的学习,包括商业的优劣势及失败的原因[5]。企业不断地积累行业与市场相关的经验来理解未来发生的事,不断重组信息和经历各种失败,同时知识的存储量也越来越大[22]。这方面的学习内容更多的是以社会人的角度对市场做判断和诊断,它使创业企业和创业者能够更加清晰地辨识企业所在的市场存在的问题和威胁,通过不断改进和实践来加强这类认知,提高对行业或市场优势与劣势的辨识率和反应速度,它也要求创业者对企业经营中的失败做出合理的归因[23]。

(二)关于自我的学习

主要是指客观认识企业自身的优势和劣势、技术、文化等[3]。关于自我的学习所包含的内容主要针对企业或创业者的核心能力、缺陷等,与归因理论中组织或创业者个体对自我的认识等因素相关[5]。它强调的是企业和创业者对过去发生的事情进行重新思考,并探寻其发展的规律。通过对创业过程中已发生的关键事件进行反思,思考其潜在的规律,分析自身存在的优劣势从而积累经验,提高其成功应对未来事件的能力。

(三)关于网络和关系的学习

主要是指学习如何管理客户、供应商与竞争对手的关系等[3]。与关于自我的学习不同,关于网络和关系的学习考察了企业或创业者与外部事物之间的关系,它衡量了创业者管理合作关系及管理内外部资源的能力[5]。同时,关于网络和关系的学习也是企业在创业过程中通过各种渠道获得相关信息的行为,在信息收集过程中,创业企业构建了自己的社会关系网,这种网络促进了信息的交流和知识的转移,使得合作者之间更加理解彼此的行为,这便促使企业能够根据所需信息做出合理的决策,提升信息的价值,获得高额的回报[24]。

(四)关于企业管理的学习

主要是指学习如何有效经营并控制企业,包括人员招募、建立薪酬与绩效体系、财务监控等重要程序和体系[3]。它相对于关于商业的学习,包含着更多实践操作的成分。通过关于企业管理的学习,创业者不但能够知道企业的优缺点,更学到了怎样管理企业的优势和劣势,制定适当的企业策略与规章制度,规避可能存在的风险[5]。此外,Nicholls-Nixon 及学者 Homsma 等通过研究证实,创业企业关于企业管理的学习活动对企业的绩效具有显著的促进作用[25][26]。同时,关于企业管理的学习是组织持续适应环境变化的过程,这就要求创业企业要主动尝试新的方法、技术和规则,以解决现存和潜在的问题,进一步促进企业的发展与成长。

三、量表项目的产生

(一)国内外相关文献研究

为了收集国内外有关创业失败学习内容的具体项目,本研究主要参考和借鉴国外学者,如 Schutjens 和 Stam[8],Cope[3][5],Carmeli 和 Schaubroeck[23],McGrath[20][22],Shepherd[4],Sardana 和 Scott-Kemmis[27],Shepherd et al.[9] 等的研究,以及国内学者,如于晓宇[24][28][29]、蔡莉和单标安等[13][30],胡洪浩和王重鸣[31]、赵文红等[15]等的研究,建立访谈分析和量表构建的文献基础。

(二)个体访谈和开放式问卷调查

本研究对来自浙江的 9 名新创企业的创业者和合伙人进行半结构化访谈,访谈由了解其创业背景开始,逐步引入主题。首先,我们会向被访者描述并确认"失败”是指过去两年企业经营管理过程中出现的预算、人员配置、阶段性(包含截止期限的)计划、质量、成本、效率、客户满意、服务等没有达到预期目标的这类情形[20]。接着,让被访者(5 位创业者,4 位创业团队成员)根据所提问题进行尽可能详细地回答,同时让其对“失败学习内容”的理解发表自己的看法和见解。

访谈之后,我们根据访谈记录设计出了关于失败学习内容的开放式问卷并进行调查,被访者(另 20 位创业者和创业团队成员)需要在开放式问卷上详细回答关于失败学习的四个问题。接下来,我们将访谈记录及问卷收集到的项目进行归类、汇总、合并意义相近或相似的项目,而后经过内容分析和专家评价,对调查结果进行总结,形成了 34 个项目。其中关于商业的学习 6 项,关于自我的学习 8 项,关于网络和关系的学习 7 项,关于企业管理的学习 13 项。随后进行随机编排,发给 8 名创业管理和组织学习方向的教师和博士生进行审阅,以检查是否存在项目表述不清、语义模糊等问题;同时请参与访谈的创业者对问卷内容进行确认,看项目是否能够被理解,从而保证语言表达的流畅性。最终删除 5 个项目,得到 29 个项目的初始问卷,采用 Likert 五点计分法,即“1=完全不符合、2=不太符合、3=不确定、4=比较符合、5=完全符合”。

四、数据分析与统计结果

首先,预测试阶段运用 SPSS19.0 将预试样本(N=90)进行 C.R. 值与 T 检验精简项目;其次,正式测试阶段,将全部正式样本(N=287)使用 SPSS19.0 平均分为 A、B 两份,分别进行探索性因子分析与验证性因子分析。样本 A(N=140)使用 SPSS19.0 进行主成分分析法与方差最大正交旋转法提取公因子。样本 B(N=147)运用 Amos17.0 进行模型拟合与竞争模型比较;最后,将全部正式样本运用 SPSS19.0 进行 Cronbach's α 信度检验和内容效度、结构效度、判别效度的检验。综上,本研究将形成信度与效度良好的创业失败学习内容的测量量表。

(一)量表的预测试与分析

1. 样本统计

新创企业失败学习内容问卷的编制是本研究的重点,在这个阶段,选取浙江省以杭州、宁波、温州为主的知名创业园、企业孵化器中的创业者(合伙人)为调查对象,共发放问卷 213 份,实际回收 112 份,其中有效问卷为 90 份。回收率为 52.6%,有效回收率为 80.4%。其中有效问卷全部是以 8 年为限的新创企业[32],问卷填答者全为创业者和创业团队成员,否则已判为无效问卷。男性占 43.3%,女性占 56.7%;年龄在 40 岁以下占 93.3%;本科及以下学历占 77.8%;创业前有 2 年及以下工作经验的占 88.9%;之前没有创立过企业的占 57.8%,有创立过 1 家及以上企业的占 42.2%。其他企业相关的描述性统计见表 1。

表 1 预试样本描述性统计(N=90)

指标	类别	数量	百分比	指标	类别	数量	百分比
员工数量	小于 20 人	44	48.9%	年销售收入	小于 10 万元	4	4.4%
	20—50 人	33	36.7%		10 万—50 万元	24	26.7%
	51—100 人	12	13.3%		51 万—100 万元	32	35.6%
	100 人以上	1	1.1%		100 万元以上	30	33.3%
所属行业	农副食品加工业	14	15.6%		金融业	20	22.2%
	制造业	5	5.6%		批发和零售业	14	15.6%
	生物及医药	2	2.2%		计算机服务业	10	11.1%
	电力、燃气及相关	3	3.3%		住宿和餐饮业	7	7.8%
	建筑业和房地产	3	3.3%		租赁和商务服务业	5	5.6%
	交通运输、仓储和邮政业	6	6.7%		其他	1	1.1%

2. 数据分析过程及结果

本部分采用 SPSS19.0,对在文献研究、访谈和开放式问卷调查基础上所编制的 29 个项目的失败学习初始问卷使用相关的项目分析,以鉴别各个项目的区分度。项目分析的主要目的在于求出问卷每一个题项的“临界比率”即决断值,简称 C.R. 值(Mackinnon, 1991)。临界比的求法是将所有被试在预试量表的得分总和依高低排列,得分前 27%(第 24 位得分为 97)为高分组,赋值为 group 1;得分后 27%(第 24 位得分为 83)为低分组,赋值为 group 2。采用独立样本 T 检验,检验高低两组受试者在各条目平均数上的差异。如果题项的 C.R. 值达显著水准(*Sig.* <0.05或 *Sig.* <0.01),即表示这个题项能鉴别不同被试的反应程度,予以保留,反之则删除。详细结果见表 2。

表 2 失败学习内容问卷预试项目分析表(N=90)

题项	决断值(*Sig.*)	题项	决断值(*Sig.*)	题项	决断值(*Sig.*)	题项	决断值(*Sig.*)
E01	4.318(0.000)	E09	3.838(0.001)	E17	4.406(0.000)	E25	−0.831(0.410)
E02	5.759(0.000)	E10	6.317(0.000)	E18	1.503(0.140)	E26	4.480(0.000)
E03	2.736(0.009)	E11	4.780(0.000)	E19	1.814(0.077)	E27	3.646(0.001)
E04	3.574(0.001)	E12	5.272(0.000)	E20	3.649(0.001)	E28	2.512(0.016)

续 表

题项	决断值(*Sig.*)	题项	决断值(*Sig.*)	题项	决断值(*Sig.*)	题项	决断值(*Sig.*)
E05	3.676(0.001)	E13	5.733(0.000)	E21	-0.220(0.827)	E29	1.503(0.140)
E06	-0.778(0.440)	E14	5.553(0.000)	E22	4.103(0.000)		
E07	2.730(0.009)	E15	4.166(0.000)	E23	1.164(0.251)		
E08	3.550(0.001)	E16	3.770(0.000)	E24	5.026(0.000)		

注:表中 Sig. 为双尾检验。

由上表分析结果显示,题项 E06,E18,E19,E21,E23,E25,E29 共 7 项的 *Sig.* 值均大于 0.05,因此删除。最后,22 个项目得到保留。

(二)探索性因子分析

此部分采用预试样本基础上得到的 22 个项目的正式问卷,在浙江省(杭州、宁波、温州、台州等地)的创业园、企业孵化器中的创业者或创业团队成员进行正式调查,发放问卷共计 590 份,回收 342 份,回收率为 58%,其中有效问卷 287 份。用 SPSS19.0 将正式调查数据按大约 50%随机分为两半,其中一半($N=140$)作为样本 A,用于创业失败学习内容的结构探索,另一半($N=147$)作为样本 B,用于之后的创业失败学习内容的维度结构的验证。

1. 样本统计

样本 A 全部是以 8 年为限的新创企业[32],问卷填答者全为创业者和创业团队成员,否则已判为无效问卷。男性占 50.7%,女性占 49.3%;年龄在 40 岁以下占 92.9%;本科及以下学历占 78.6%;创业前有 2 年及以下工作经验的占 84.3%;之前没有创立过企业的占 56.4%,有创立过 1 家及以上企业的占 43.6%。其他企业相关的描述性统计见表 3。

表 3 样本 A、B 有效被试描述性统计($N=140/N=147$)

指标	类别	数量		百分比		指标	类别	数量		百分比	
				A	B					A	B
员工数量	小于 20 人	57	64	40.7%	43.5%	销售收入	小于 10 万元	6	16	4.3%	10.9%
	20—50 人	61	62	43.6%	42.2%		10 万—50 万元	27	28	19.3%	19.0%
	51—100 人	20	16	14.3%	10.9%		51 万—100 万元	55	55	39.3%	37.4%
	100 人以上	2	5	1.4%	3.4%		100 万元以上	52	48	37.1%	32.7%

续 表

指标	类别	数量		百分比		指标	类别	数量		百分比	
				A	B					A	B
所属行业	农副食品加工业	20	15	14.3%	10.2%	所属行业	金融业	27	22	19.3%	15.0%
	制造业	9	6	6.4%	4.1%		批发和零售业	20	25	14.3%	17.0%
	生物及医药	2	3	1.4%	2.0%		计算机服务业	14	20	10.0%	13.6%
	电力、燃气及相关	8	6	5.7%	4.1%		住宿和餐饮业	9	9	6.4%	6.1%
	建筑业和房地产	6	10	4.3%	6.8%		租赁和商务服务业	8	15	5.7%	10.2%
	交通运输、仓储和邮政业	16	13	11.4%	8.8%		其他	1	3	0.7%	2.0%

2. 数据分析过程及结果

运用 SPSS19.0 对正式调查所获得的随机分半样本 A 的 22 个题项进行探索性因子分析。由统计结果得知 $KMO=0.726$,Bartlett's 球形检验显著(近似卡方 $\chi^2=1058.075$,$df=231$,$\chi^2/df=4.58$,$Sig.=0.000$),说明数据符合因子分析的条件。采用主成分分析法抽取公因子,正交旋转对因子载荷矩阵进行旋转,并选择特征值大于 1 作为保留因子的标准并参照碎石图来确定项目和因子。删除多重载荷的项目、共同度小于 0.3 的项目及因子载荷小于 0.4 的项目后,剩余 15 个项目。经过探索性因子分析,得到了 4 个清晰的共同因子,旋转后累积解释方差为 60.613%,具体结果见表 4(不显示绝对值小于 0.4 的载荷系数)。

根据表 4 因子分析的结果显示,新创企业的失败学习内容结构包括 4 个因素,这 4 个因素解释了总方差的 60.613%。结合因子分析的结果和每个因子内项目的含义:因子 1 包括 4 个项目,内容反映了企业或创业者经过失败后掌握有关行业发展、特点、市场需求等知识而进行的学习,按照前述理论属于"关于商业的学习";因子 2 包括 4 个项目,内容反映了企业或创业者在管理客户、代理商和竞争对手之间的关系而进行的学习,按照前述理论属于"关于网络和关系的学习";因子 3 包括 4 个项目,内容反映了企业或创业者经过失败后客观分析企业自身或创业者自身方面的优劣势而进行的学习,按照前述理论属于"关于自我的学习";因子 4 包括 3 个项目,内容反映了企业或创业者经过失败后在如何有效经营、管理企业方面所进行的学习,按照前述理论属于"关于企业管理的学习"。因此,我们将这 4 个因子分别正式命名为,$F1$:商业学习;$F2$:网络和关系学习;$F3$:自我学习;$F4$:企业管理学习。

表4 创业失败学习内容问卷的探索性因子分析结果[a],[b]($N=140$)

项目	因子载荷				共同度提取
	F1	F2	F3	F4	
E12 能够更加及时地了解本行业最新发布的产品或服务动态与价格信息	0.842				0.775
E11 能够更加积极地分析本行业的发展趋势	0.766				0.664
E10 能够更加全面地了解与分析本行业的经营特点	0.749				0.647
E13 能够更加及时地关注本行业相关的政策法规动态	0.738				0.621
E16 能够经常与客户交流,保持信息畅通		0.808			0.681
E15 能够经常与供应商交流,保持信息畅通		0.762			0.668
E17 能够经常与其他企业、代理商、政府、科研院所等的相关负责人交流,保持信息畅通		0.710			0.578
E14 能够经常与同行交流,保持信息畅通		0.651			0.543
E03 具有了更为有效地分析企业自身优劣势的能力			0.784		0.621
E02 具有了更强的资源整合能力			0.779		0.693
E01 具有了更长远的战略与计划			0.769		0.620
E04 能够时刻将客户利益放第一位			0.459		0.373
E28 能够更加积极地寻求充足的资金进行企业正常运营、周转				0.802	0.658
E27 能够更加积极地开发适应市场需求的新产品或新服务				0.761	0.641
E20 能够在企业内部建立更加有效的激励制度				0.482	0.401
特征值	4.472	2.183	1.610	1.433	
累积解释方差(60.613%)	27.953	13.642	10.060	8.958	

注:a. 因子提取采用主成分分析法;b. 因子旋转采用方差最大正交旋转法。

(三)验证性因子分析

样本A的探索性因子分析的结果表明,新创企业失败学习内容是包含15个项目的四维结构,但这只是初步探索的结果,该理论模型是否存在,还需要对其进行再检验。本研究利用正式调查所获得随机分半样本B($N=147$)的数据,对探索性因子分析所得的四因素模型进行验证,看其是否既简单又良好地拟合模型。

1. 样本统计

被试为正式调查的随机分半样本B($N=147$),样本B全部是以8年为限的新创企业[32],问卷填答者全为创业者和创业团队成员,否则已判为无效问卷。男性占48.3%,女性占51.7%;年龄在40岁以下占95.2%;本科及以下学历占77.6%;创业前有2年及以下工作经验的占89.1%;之前没有创立过企业的占53.1%,有创立过1家及以上企业的占46.9%。其他企业相关的描述性统计见表3。

2. 数据分析过程及结果

运用统计软件Amos17.0进行验证性因子分析。使用结构方程模型评价构想模型是否得到了观测数据的支持,有三类拟合指标。一是绝对拟合指标,如χ^2,RMSEA,GFI,AGFI等;二是相对拟合指标,如CFI,IFI,NNFI等;三是简约拟合指标,如PNFI,PGFI等。通常采用的模型拟合指数有χ^2/df,CFI,GFI,IFI,AGFI,RMSEA等。

一般认为,$\chi^2/df<3$,表明整体模型拟合较好;如果$3<\chi^2/df<5$,表明模型拟合不太好,但可以接受;如果$\chi^2/df>5$,表示模型比较差;如果$\chi^2/df>10$,表示模型很差。*GFI*, *IFI*, *CFI*, *AGFI*, *NNFI* 应大于或接近0.90,越接近1越好;*RMSEA*处于0和1之间,*RMSEA*低于0.08表示较好的拟合,低于0.05表示非常好的拟合,低于0.01表示非常出色的拟合。

使用Amos17.0对正式调查所获得的随机分半样本B($N=147$)的15个题项进行验证性因子分析(见图2),四因素模型拟合情况见表5。图中E01,E02,E03,E04是“F3:自我学习”的测量题项编号;E10,E11,E12,E13是“F1:商业学习”的测量题项编号;E14,E15,E16,E17是“F2:网络和关系学习”的测量题项编号;E20,E27,E28是“F4:企业管理学习”的测量题项编号。

表5 创业失败学习内容模型拟合情况($N=147$)

χ^2	*df*	χ^2/df	*CFI*	*GFI*	*IFI*	*AGFI*	*RMSEA*
182.638	84	2.174	0.894	0.935	0.913	0.943	0.078

上表结果表明,$\chi^2/df<3$,表明该模型整体拟合度良好,而对于*CFI*,*GFI*,

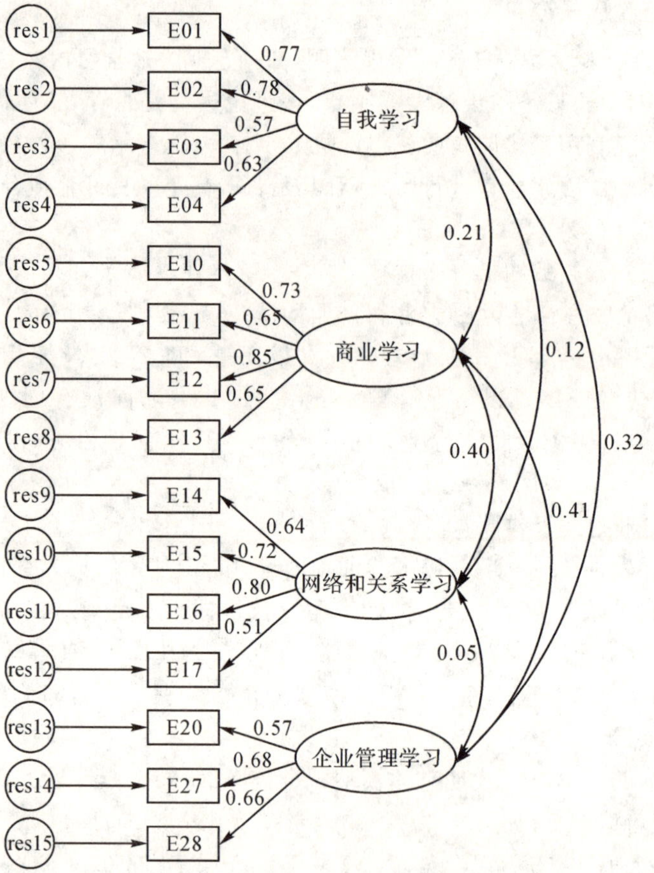

图2　失败学习内容四因子模型的验证性因子分析

IFI,*AGFI* 等值,都大于或接近 0.90,达到了较好的拟合。在本研究中,RMSEA 的值为 0.078,表示拟合较好。综上,失败学习内容的构想模型与观测数据的各项拟合指标,均达到较好的拟合水平,观测数据较好地支持了构想模型,因此,失败学习内容的四因子模型在一定程度上得到了验证。

3. 四因子、单因子模型比较

四因子模型得到了验证,但该模型是否比单因子模型更优,两者需要比较,以此确定最佳模型。单因子模型假设失败学习内容的 15 个观测变量只测量一个共同因子,若该模型得到验证,则表示失败学习内容结构不需要区分这 15 个观测变量,单因子模型的假设构想如图 3 所示,对单因子模型再次进行验证性因子分析的检验,其各项指标与四因子模型指标的对比见表 6。

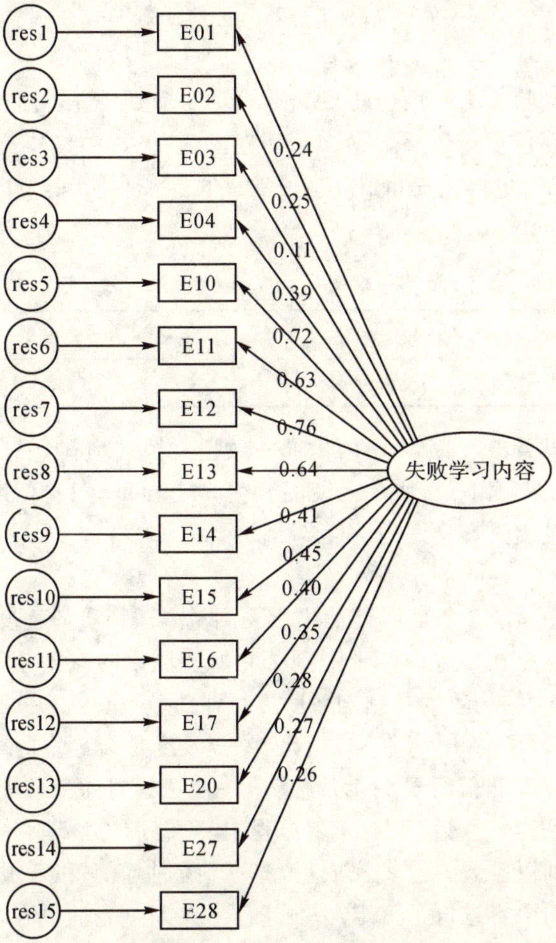

图 3　失败学习内容单因子模型的验证性因子分析

由表 6 不难看出,单因子模型的 $\chi^2/df>3$,说明模型拟合不太好;*CFI*,*GFI*,*IFI* 和 *AGFI* 的值都远未达到 0.90 的标准,且单因子模型的 *RMSEA* 值也远差于四因子模型。因此,与单因子模型相比,四因子模型整体拟合指数比较理想,能够更好地解释失败学习内容的结构。

表 6　四因子、单因子模型拟合指标比较(N=147)

模型	χ^2	df	χ^2/df	*CFI*	*GFI*	*IFI*	*AGFI*	*RMSEA*
四因子	182.638	84	2.174	0.894	0.935	0.913	0.943	0.078
单因子	426.806	90	4.742	0.461	0.715	0.474	0.620	0.160

(四)信度和效度检验

1. 信度检验

本研究采用检验内部一致性的Cronbach's α系数来进行信度检验。α系数越高代表内部一致性信度越好,α系数0.90以上为优秀,0.80左右为非常好,0.70则是适中,0.60以上可以接受,低于0.60为不可接受(Kline, 1998)。表7列出了问卷各维度的Cronbach's α系数。

表7 量表各维度 Cronbach's α 系数(N=287)

	F1 商业学习	F2 网络和关系学习	F3 自我学习	F4 企业管理学习	总量表
α系数	0.825	0.757	0.721	0.731	0.792

从上表7可以看出,四个因子的内部一致性α系数均在0.7以上,总量表的α系数接近0.80,另外,删除了每个维度的任何一个项目,问卷信度并未显著上升,这些结果说明总量表具有良好的信度。

2. 效度检验

效度指一个测验或量表实际能测出所要测量心理特质的程度,也就是说,它是用来衡量一个量表能在多大程度上测到了它所要测量的东西。在本研究中,我们对量表的内容效度、结构效度和判别效度进行评估。

(1)内容效度。Kerlinger(1986)指出,内容效度是指量表的"内容切实性",即量表内容是否能准确涵盖所要测量的内容,一般可通过主观进行测量(Zikmund, 2002)。在此项失败学习内容问卷编制过程中,我们最初整理和参考相关文献,之后深度访谈资料加以发展。量表完成后,我们请创业管理和组织学习方向的教师和博士生对问卷的内容进行了审定,并征求了一些新创企业创业者的意见,之后又请有关专家进行了评审,确保了问卷内容的有效性。

(2)结构效度。结构效度是指一个测验实际测到所要测量的理论结构和特质的程度,即实际的测试分数能解释某一心理特质的多少。本研究探索性因子分析和验证性因子分析的结果显示,失败学习内容问卷因子结构较为清晰、稳定,各项指标均符合心理测量的要求。而且验证性因子分析的结果与研究的理论构想也具有较高的一致性,通过Amos17.0的检验,本研究的15个测量指标标准化因子负载均大于0.5(见图2)。因此,问卷具有较好的结构效度。

(3)判别效度。可通过"平均抽取变异量"(Average Variance Extracted, AVE)来表征,AVE值反映了每个因子所解释的变异量中有多少来自于该因子中所有题目。Fornell和Larcker(1981)指出,当各因子的AVE值大于0.50或大于其相关系数的平方值时表示该因子具有较好的判别效度。对各因子AVE值进行计算(标于表中的因子相关对角线上),及各维度的相关系数,如表8所示。

表8 失败学习内容测量模型判别效度检验($N=287$)

	均值	标准差	F1	F2	F3	F4
F1:商业学习	3.59	0.78	(0.53)			
F2:网络和关系学习	2.95	0.70	0.378**	(0.46)		
F3:自我学习	3.09	0.83	0.268**	0.138*	(0.48)	
F4:企业管理学习	3.55	0.78	0.305**	0.133*	0.147*	(0.41)

注:* 表示 Pearson 相关系数在0.05水平显著(双尾);** 表示在0.01水平显著(双尾)。

由上表8统计结果可知,四个因子AVE值大于或接近0.50且远大于各维度的相关系数平方值(系数最大为$0.378^2=0.14$)。因此,可认为本研究四因子测量模型具有良好的判别效度。

五、结论与展望

创业学习本身应该涵盖复杂的情境因素,而以往国内外学者对创业学习的研究鲜有考虑"失败"情境,现有文献,如McGrath(1999),Shepherd(2003),Cope(2005, 2011)等,更多停留在理论和案例分析层面,未能对"企业从创业失败中学习到什么"进行有效的测量和评价。

本研究基于中国企业创业文化背景,在现有研究的基础上,从创业企业失败学习的实际出发,经过半结构访谈、开放式问卷和预试等程序编制了失败学习内容问卷,并在浙江省以杭州、宁波、温州等地为主的大型创业园和企业孵化器的590名被试进行调查。通过对其中有效问卷的调查数据($N=140$)进行探索性因子分析,初步萃取出四个结构清晰的因子,再经验证性因子分析($N=147$)验证模型的稳定性。我们的研究表明,新创企业的"失败学习"可以从商业学习、网络和关系学习、自我学习、企业管理学习四个方面内容进行测量,且这四个方面在整体模型架构上具有良好的信度和效度,可以有效地解释实践中企业的失败学习行为,并与已有的创业失败学习理论保持核心内涵的一致。在理论的一致性之外,我们也发掘了能丰富现有理论框架的实践内容。对于企业和创业者而言,失败在所难免,如果在创业过程中遭遇失败,本研究量表有助于指导他们如何衡量从失败中学习到什么,这对于他们有效获取信息与资源,加强管理,从而使企业经营得以恢复具有重要的指导意义。

作为一个探索性研究,本文可能存在以下方面的不足:(1)本文所采用的数据都是来自浙江省地区的新创企业,因此数据来源的区域性较强,这种方便取样的方法导致了在未来仍需进行更为广泛、更多数量的样本收集,从而能够对"从失败中学习"这一概念的内涵进行更深入的解释。(2)本研究由于缺乏国内外有关失败学习内容的成熟量表作为问卷项目基础,属于全新的量表开发,因此,量表的实践效用需要未来更多的检验。

参考文献

[1] SONG M, PODOYNITSYNA K, HANS B, et al. Success Factors in New Ventures: A Meta-analysis[J]. Journal of Product Innovation Management, 2008, 25(1): 7-27.

[2] PETKOVA A. A theory of entrepreneurial learning from performance errors [J]. International Entrepreneurship Management Journal, 2009, 5(4): 345-367.

[3] COPE J. Toward a dynamic learning perspective of entrepreneurship[J]. Entrepreneurship Theory and Practice, 2005, 29(4): 373-398.

[4] SHEPHERD D. Learning from business failure: Propositions about the grief recovery process for the self-employed[J]. Academy of Management Review, 2003, 28(2): 318-329.

[5] COPE J. Entrepreneurial learning from failure: An interpretative phenomenological analysis [J]. Journal of Bussiness Venturing, 2011, 26(6): 604-623.

[6] SITKIN S. Learning through failure: The strategy of small losses [J]. Research in Organizational Behavior, 1992, 14: 231-266.

[7] MINNITI M, BYGRAVE W. A dynamic model of entrepreneurial learning [J]. Entrepreneurship Theory and Practice, 2001, 25(3): 5-16.

[8] SCHUTJENS V, STAM E. Starting a new: Entrepreneurial intentions and realizations subsequent to business closure [R/OL]. [2013-10-01]. ftp://paper. econ. mpg. de/egp/discassionpapers/2006-10. pdf.

[9] SHEPHERD D, PATZELT H, WOLFE M. Moving forward from project failure: Negative emotions, affective commitment, and learning from the experience [J]. Academy of Management Journal, 2011, 54(6): 1229-1259.

[10] CANNON M, EDMONDSON A. Failing to learn and learning to fail (intelligently): How great organizations put failure to work to innovate and improve[J]. Long Range Planning, 2005, 38(2): 299-319.

[11] YAMAKAWA Y, CARDON M. Causal ascriptions and perceived learning from entrepreneurial failure [J]. Small Business Economics, 2014, 44: 797-820.

[12] 陈文婷,李新春. 中国企业创业学习:维度与检验 [J]. 经济管理,2010,32(8): 63-72.

[13] 单标安,蔡莉,鲁喜凤,等. 创业学习的内涵、维度及其测量 [J]. 科学学研究,2014,32(12): 1867-1875.

[14] BAUMARD P, STARBUCK W. Learning from failures: Why It May Not Happen[J]. Long Range Planning, 2005, 38(3): 281-298.

[15] 赵文红,孙万清,王文琼,等. 创业失败学习研究综述 [J]. 研究与发展管理,2014,26(5):

95-105.

[16] WATSON J, EVERETT J. Defining small business failure [J]. International Small Business Journal, 1993, 11(3): 35-48.

[17] BATES T. Analysis of young, small firms that have closed: Delineating successful from unsuccessful closures[J]. Journal of Business Venturing, 2005, 20(3): 343-358.

[18] TUCKER A, EDMONSON A. Why hospitals don't learn from failures: Organizational and psychological dynamics that inhibit system change[J]. California Management Review, 2003, 45(2): 55-72.

[19] POLITIS D, GABRIELSSON J. Entrepreneurs' attitudes towards failure: An experiential learning approach[J]. International Journal of Entrepreneurial Behaviour and Research, 2009, 5(4): 364-383.

[20] MCGRATH R. Exploratory Learning, Innovative Capacity and Managerial Oversight[J]. Academy of Management Journal, 2001, 44(1): 118-131.

[21] 李圭泉,葛京,席酉民,等.失败经历对领导行为的影响研究:基于史玉柱二手数据的分析[J].管理学报,2014(5): 634-670.

[22] MCGRATH R. Falling forward: Real options reasoning and entrepreneurial failure[J]. Academy of Management Review, 1999, 24(1): 13-30.

[23] CARMELI A, SCHAUBROECK J. Organisational crisis preparedness: the importance of learning from failures[J]. Long Range Planning, 2008, 41(2): 177-196.

[24] 于晓宇,蔡莉,陈依,等.技术信息获取、失败学习与高科技新创企业创新绩效[J].科学学与科学技术管理,2012,33(7):62-67.

[25] NICHOLLS C, COOPER A, WOO C. Strategic experimentation: Understanding change and performance in new ventures[J]. Journal of Business Venturing, 2000, 15(5): 493-521.

[26] HOMSMA G, DYCK C, GILDER D, et al. Learning from error: The influence of error incident characteristics[J]. Journal of Business Research, 2009, 62(1): 115-122.

[27] SARDANA D, SCOTT D. Who Learns What? A Study Based on Entrepreneurs from Biotechnology New Ventures[J]. Journal of Small Business Management, 2010, 48(3): 441-468.

[28] 于晓宇. 创业失败研究评介与未来展望[J].外国经济与管理,2011,33(9):19-26.

[29] 于晓宇,李厚锐,杨隽萍. 创业失败归因、创业失败学习与随后创业意向[J]. 管理学报,2013,10(8):1179-1184.

[30] 蔡莉,单标安. 中国情境下的创业研究:回顾与展望[J]. 管理世界,2013,(12):160-169.

[31] 胡洪浩,王重鸣. 国外失败学习研究现状探析与未来展望[J]. 外国经济与管理,2011,33(11):39-47.

[32] ZAHRA S, NIELSEN A, BOGNER W. Corporate Entrepreneurship, Knowledge, And Competence Development[J]. Entrepreneurship Theory & Practice, 1999, (3): 169-189.

中国上市公司总部迁移目标区位选择研究
——基于外部集聚观

吴 波 魏 菲

(浙江工商大学工商管理学院,浙江杭州 310018)

摘 要:对于总部迁移区位选择,已有研究重点关注了逆向迁移问题。学者们基于理性选择视角,以新经济地理学派为理论基础,提出了外部集聚观理论,认为总部更倾向了迁往总部集聚优势和信息沟通优势(后文把二者简称为区位优势)更为显著的区位,通过获得迁入地更高的区位优势提高总部运营效率。尽管我国学者也证实了外部集聚观,但主要采取的是描述性分析,相关的实证研究仍较为缺乏,尤其是缺乏以我国上市公司为研究样本的实证研究。为此,本文以2003—2011年沪深两市A股上市公司总部迁移案例为研究对象,对影响其总部迁移目标区位选择的影响因素进行实证分析。研究验证了外部集聚观在中国上市公司总部迁移中的部分适用性,其中,总部集聚优势对企业总部迁移目标区位选择有重要影响,但信息沟通优势的影响并不显著。

关键词:总部迁移 区位选择 总部集聚优势 迁移距离 区位网络嵌入性

一、引言

天猫总部迁至北京,阿里巴巴启动"杭州+北京双中心战略"的消息近日引起了社会各界的关注。事实上,总部迁移现象由来已久。尤其自2000年开始,中国企业掀起了总部迁移的浪潮。经过多年发展,随着企业总部职能的独立化,总部区位的再选择成为企业区位战略的重要构成部分。为此,众多企业总部携带其核心研发部门、营销部门进行跨区域迁移,以实现企业再次成长。以中国上市公司为

基金项目:国家自然科学基金项目(71372009;71202111);浙江省社科规划"之江青年课题"(13ZJQN057YB);浙江省高校人文社会科学重点研究基地(浙江工商大学工商管理学科)重大项目;研究生科技创新项目(3100XJ1514011)。

例，从 2000 年到 2007 年，共发生了 86 起总部迁移案例[1]；据本研究统计，2008 年 1 月至 2013 年 2 月，沪深两市 A 股上市公司发生的总部迁移案例达 129 起。

与之同时，总部迁移也引发区域政府的广泛关注，为避免本地企业总部外迁，也为了吸引外地企业总部的迁入，纷纷推出“腾笼换鸟”政策，通过打造“总部经济”实现绿色发展。《全国 35 个主要城市总部经济发展能力评价报告（2013）》根据基础条件、商务设施、研发能力、专业服务、政府服务和开放程度等多项指标评价将全国 35 个主要城市的总部经济发展能力进行评级。其中，第Ⅰ能级城市包括北京、上海、广州和深圳 4 个城市，第Ⅱ能级城市包括杭州、南京、天津、武汉、成都、宁波、重庆 7 个城市。报告显示，第Ⅰ、第Ⅱ能级的城市已经成为我国大型企业总部聚集的重要区域。从全国 500 强企业总部空间分布来看，拥有全国 500 强企业总部数量最多的前 10 位城市中有 8 个城市属于第Ⅰ、第Ⅱ能级的城市，这 8 个城市入选全国 500 强企业的数量占到全国的 45.2%。同时，根据本文对上市公司总部迁移案例的分析，2003—2011 年，在 43 个上市公司总部迁入地中，北京以迁入 35 家上市公司总部成为迁入上市公司总部最多的城市，而上海、杭州、广州、深圳则分别以迁入 12 家、9 家、5 家、4 家上市公司总部位列 2—5 名，与总部经济发展能力排名基本一致。

与日俱增的企业总部迁移行为、我国政府积极发展总部经济吸引优秀企业总部迁入，以及总部经济发展能力与迁入企业数量之间的一致性推动了国内外学者对企业总部迁移研究的逐步深入，但整体还处于相对边缘的地位[12]。对于总部迁移的目标区位选择，已有研究重点关注了逆向迁移问题。学者们基于理性选择视角，提出了外部集聚观。外部集聚观以新经济地理学派为理论基础，认为总部更倾向于迁往总部集聚优势和信息沟通优势（后文把二者简称为区位优势）更为显著的区位，通过获得迁入地更高的区位优势提高总部运营效率[3][4][5]，即目标区位指向区位优势跨度更大的区位。尽管我国学者也证实了外部集聚观，但主要采取的是描述性分析，相关的实证研究仍较为缺乏，尤其是缺乏以我国上市公司为研究样本的实证研究。为进一步验证我国上市公司总部迁移是否与外部集聚观研究结果相一致，也为了找出影响区位对迁移企业总部吸引力的具体指标，进而为政府发展总部经济提出更为科学的政策建议，本文以 2003—2011 年沪深两市 A 股上市公司总部迁移案例为研究对象，对影响其总部迁移目标区位选择的影响因素进行实证分析。

二、理论基础

作为部分迁移的重要形式，企业总部迁移自 20 世纪 70 年代起开始引起学术界的关注。对于总部迁移目标区位选择，已有研究主要基于理性选择视角，重点关注了企业总部的大城市集聚现象，认为总部迁移更倾向于指向外在总部集聚优势和信息沟通优势更为显著的区位,即外部集聚观。

在全球范围内,可以看出全球大部分跨国公司总部或地区总部集中在如纽约、伦敦和东京等世界城市体系顶端城市[6][7][8]。世界500强企业和上市公司也呈现出在少数都市区集聚的现象[9][10],如美国上市公司中40%的企业总部集中分布在20个州郡[11]。在中国,受制于企业总部独立化发展的进程,尽管起步较晚,但是中国学者们也发现企业总部倾向于集中在中心城市:中国制造企业500强总部主要集聚在特大城市[12][13];浙江省民营企业调查显示,企业实施迁移的目标区位主要集中在沿海发达地区[14][15]。

针对总部集聚发展的典型现象,基于20世纪90年代兴起的新经济地理学派,研究者认为,企业总部迁往大城市背后的核心动因是获取更高的区位优势。这种区位优势具体表现为总部集聚优势和信息沟通优势[16][17]。区位总部集聚优势又细分为三个方面:大量企业总部集聚所带来的知识溢出效应;专业化、多样性的商务服务优势;大量与之相关的高端人才集聚优势。一系列实证研究表明,为提升总部自身职能的效率(例如会计、法律、人力资源、广告等),企业总部更倾向于迁往更具总部集聚三大优势的区位,以提升总部自身的运营效率[1][5][18][19][20]。除了总部集聚优势,备择区位更优的信息沟通优势,特别是航空优势,有利于总部与各个分支机构的信息沟通,成为总部迁移目标区位选择的重要标准[4][19]。因为企业总部是企业有效运营的中枢神经,担负着企业战略决策、资源配置、资本经营、业绩管理及外部公关等职能[21];而这些职能的实现不仅仅依赖于总部集聚优势,更依赖于总部对内部核心资源的有效控制与协同,这就需要两者之间有效的信息沟通。所以,备择区位更高的信息沟通优势就成为企业总部目标区位选择的重要原因[4][16][19]。

总体而言,外部集聚观基于理性选择视角,将企业总部迁移目标区位选择的影响因素总结为区位优势(具体又可以细分为总部集聚优势和信息沟通优势),认为企业会迁往区位优势跨度更大的区位。本文将以外部集聚观为理论基础,对我国上市公司总部迁移目标区位选择的影响因素进行实证分析。

三、模型构建与假设提出

根据外部集聚观,企业总部更倾向于迁往更具总部集聚优势和信息沟通优势的区位[1][16],即选择区位优势跨度更大的区位。在理性选择视角之下,基于完全理性和完备信息假设,外部集聚观认为企业总部只要选择更具区位优势的区位,就能够自然而然获得迁入地优势,进而有效提高总部运营效率。已有理论和实证研究也初步证明,备择区位更优的总部集聚优势,具体包括知识溢出效应、商务服务优势、高端人才集聚优势，使得企业总部能够有效执行总部职能，提高职能效率，从而引发外部企业总部的迁入[1][5][18][19][20]。中国上市公司总部迁移的案例也证实了这一点，例如中航重机于 2010 年将总部由贵阳迁往了北京。据此本文提出研究假设 H1。

H1：企业总部更倾向于选择区位优势跨度更大的区位。

企业总部是企业运营的核心，不仅涉及企业战略、法律事务、研发设计、财务融投资、人力资源、广告营销、信息系统等具体业务[18]，同时还需要管控内部各个分支机构[22]。所以，企业总部对所在区位的资源需求就可以分为两个方面，分别是总部集聚优势和信息沟通优势。首先，总部集聚优势影响了企业总部各个具体业务的运营效率，成为企业总部目标区位评价的关键指标[2][3][4][5][18][19][23]。集聚优势分为知识溢出、外部规模经济及专业化劳动力供给等优势[5][24]，以此类推，可以认为总部集聚优势包括总部知识溢出优势、商务服务优势，以及生活服务优势[20]。一是，总部知识溢出优势有利于企业总部运营效率的提高[3][23]。企业总部在特定空间的密集网络关系促进了知识，特别是隐性知识，在不同企业总部之间的转移，从而能够使得企业总部获得总部集聚所带来的知识溢出优势，进而提升企业总部的运营效率。二是，商务服务优势有利于企业总部运营效率的提高[2][19][20][25]。多元化、专业化的商务服务企业的集聚，在规模经济和范围经济的作用下，能够为企业总部提供"外部规模经济优势"，使得企业以较高性价比获得多样化与专业化的商务服务，从而提高总部运营效率。三是，生活服务优势吸引了大量高端人力资源，从而有利于企业总部运营效率的提高[12][18]。生活服务优势，包括良好的中小学教育基础、良好的医疗服务设施、完备的消费条件等，将会吸引大量高端人力资源集聚，进而为企业总部运营效率的提升奠定基础。其次，信息沟通优势促进了企业总部与分支机构有效协同，成为企业总部满意区位选择的重要指标[4][12][18][19][23]。为实现内部协同，企业总部还需要有效协调设在外地的各个分支机构，这就依赖于所在区位的信息沟通优势。其中，以航空设施为代表的快速信息沟通优势能够在更大的范围、以更快的速度实现作为知识载体的人员与物品的有效转移，其中人员的快速转移促进了总部与分支机构隐性知识的有效传递。据此本文提出研究假设 H1a 与 H1b：

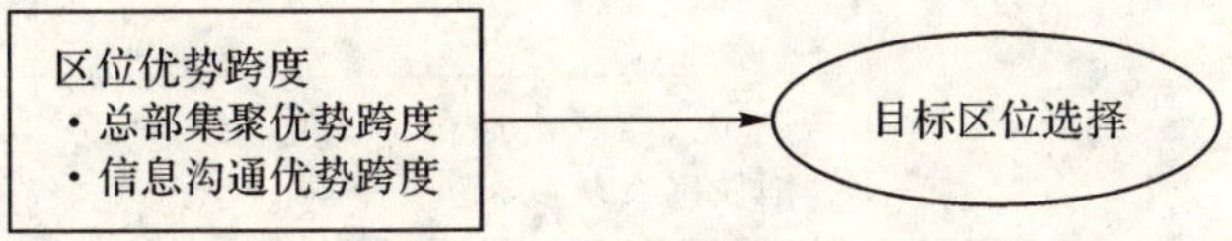

图 1　本文概念模型

H1a：企业总部更倾向于选择总部集聚优势跨度更大的区位。

H1b：企业总部更倾向于选择信息沟通优势跨度更大的区位。

四、实证分析

(一)变量定义与数据获取

因变量是总部迁移目标区位选择,参照余珮和孙永平(2011)在研究 FDI 区位选择时的方法,因变量以二元哑变量指代。具体是指对应的样本公司总部迁移行为情况,即 j 城市被当年发生总部迁移行为的所有上市公司选中作为迁入地的情况。如果 j 被选中标识为 1,没有则为 0。

区位优势跨度。区位迁移跨度包括总部集聚优势跨度和信息沟通优势跨度。根据已有文献研究,本文将总部集聚优势跨度划分为四个维度,即商业服务可得性跨度、金融服务可得性跨度、人才可得性跨度和集聚规模跨度;而信息沟通优势跨度则包括民航便利性跨度、电话通信跨度和互联网通信跨度三个方面。参考汪潇和姚辉(2011),余典范(2011),姜海宁、古人旭和李广斌(2011)等人的指标设置,根据内在关联性和资料可获得性,本文构建具体指标体系如表 1 所示。

表 1 区位优势跨度多指标主成分合成变量定义

一级指标	二级指标	三级指标	因子载荷	
总部集聚优势跨度 *KMO*:0.703 α 系数:0.920	商业服务优势跨度 *KMO*:0.856 α 系数:0.984	备选城市与迁出地交通运输、仓储及邮政业从业人员数差异	0.951	0.893
		备选城市与迁出地信息传输、计算机服务和软件业从业人员数差异	0.944	
		备选城市与迁出地批发和零售业从业人员数差异	0.900	
		备选城市与迁出地住宿和餐饮业从业人员数差异	0.961	
		备选城市与迁出地房地产业从业人员数差异	0.983	
		备选城市与迁出地租赁和商业服务业从业人员数差异	0.978	
		备选城市与迁出地科学研究、技术服务和地质勘查从业人员数差异	0.969	
	金融服务优势跨度 *KMO*:0.750 α 系数:0.968	备选城市与迁出地金融业从业人员数差异	0.983	
		备选城市与迁出地年末金融机构贷款余额差异	0.963	

续 表

一级指标	二级指标	三级指标	因子载荷	
总部集聚优势跨度 KMO:0.703 α 系数:0.920	金融服务优势跨度 KMO:0.750 α 系数:0.968	备选城市与迁出地年末金融机构各项存款余额差异	0.916	0.967
		备选城市与迁出地城乡居民储蓄年末余额差异	0.956	
	人才优势跨度 KMO:0.736 α 系数:0.979	备选城市与迁出地普通高等学校数差异	0.976	0.798
		备选城市与迁出地普通高等学校专任教师数差异	0.990	
		备选城市与迁出地普通高等学校在校学生数差异	0.974	
	集聚规模跨度	备选城市与迁出地上市公司数差异	—	0.879
信息沟通优势跨度 KMO:0.697 α 系数:0.873	民航便利性跨度	备选城市与迁出地民航客运量差异	0.841	
	电话通信跨度	备选城市与迁出地电话用户数之差	0.907	
	互联网通信跨度	备选城市与迁出地互联网用户数之差	0.931	

在变量定义的基础上，本文以 2003 年至 2011 年沪深两市 A 股上市公司中发生总部迁移的企业为研究样本，对其总部迁移的目标区位选择进行分析。数据收集过程可分为以下三个阶段。第一阶段，总部迁移上市公司筛选。根据企业总部迁移的概念，以 2001 年至 2013 年 2 月为时间界限，通过网易财经和新浪财经获取中国 A 股上市公司年报数据。如果年报公布公司办公地址前后两年不一致，视为企业总部迁移案例。选择 A 股上市公司为基本研究对象，一方面是因为样本采集自 2001 年起，而中小板和创业板公司多为 2006 年以后上市；另一方面，中小板和创业板上市公司与 A 股上市公司，在企业规模、经营范围上均有很大差异。通过筛选，从 2001 年至 2013 年 2 月，共得到 208 个总部迁移案例。第二阶段，区位指标与公司指标的数据收集。根据《中国城市统计年鉴》，对迁移当年迁出城市的区位指标进行数据收集。此外，通过上市公司年报，对总部迁移企业当年的指标进行数据收集。经筛选，剔除区位层面数据不可得案例，则样本为 2003—2011 年间总部迁移企业 126 个，迁入城市 43 个。第三阶段，样本配对。由于条件 Logit 模型的估计参数并不是直接给出自变量对于因变量的边际影响，本文采用二元Logistic 回归衡量回归系数。本文为每一个迁移样本按照当年所有迁入区位设定配对样本，共得到 1252 个实证样本。

(二)回归分析

本文首先对总部集聚优势跨度和信息沟通优势跨度进行因子分析,并生成相应的变量,以此为基础进行全样本相关分析和回归分析,具体结果见表2和表3。

表2 Pearson相关性分析结果

	是否迁到j	总部集聚优势跨度	信息沟通优势跨度
是否迁到j	1		
总部集聚优势跨度	0.075***	1	
信息沟通优势跨度	0.050*	0.906***	1

注:*** 为 *Sig.* <0.01,** 为 *Sig.* <0.05,* 为 *Sig.* <0.1。

表3 全样本二元Logistic回归分析结果

变量	模型1A	模型1B	模型1C
常量	−2.377***	−2.359***	−2.385***
总部集聚优势跨度	0.264***		0.564**
信息沟通优势跨度		0.165	−0.334
N		1252	
−2 LOG likelihood	726.358	730.446	724.158
Cox & Snell R Square	0.005	0.002	0.007
Nagelkerke R Square	0.012	0.005	0.016
Chi-Square	6.784***	2.696	8.983**

注:*** 为 *Sig.* <0.01,** 为 *Sig.* <0.05,* 为 *Sig.* <0.1。

从表3可以看出,根据模型1A和模型1C的回归分析结果,总部集聚优势跨度对因变量均具有显著正向影响,与已有研究结论一致,证明了H1a;但是根据模型1B和模型1C的回归分析结果,信息沟通优势跨度的影响均不显著,H1b并未得到证实。

(三)稳健性分析

为检验实证结果的稳健性,本文进一步把样本分为并购组和非并购组分别进行统计分析。所谓并购组样本是指企业在总部迁移之前曾经发生过重大并购案的样本所组成的样本组。在中国上市公司情境下多为被并购,进而为并购方所借壳上市。具体选择标准是,将发生控股股东变更的上市公司视作并购组,而未发生控股股东变更的上市公司则视为非并购组。区分之后,并购组企业样本共有637个,占到全样本总量的50.88%。之所以分为并购组与非并购组是因为已有研究表明，发生重大变更企业更倾向于并购，往往也会伴随控股股东和主营业务的变更，对总部迁移的区位选择会产生重要影响。所以区分二者不仅仅可以为本文研究假设的证明提供稳健性检验，也可以发现并购组与非并购组企业在总部迁移方面差异的具体规律。具体回归分析结果见表4和表5。

表4 并购组二元 Logistic 回归分析结果

变量	模型2A	模型2B	模型2C
常量	−2.365 ***	−2.369 ***	−2.381 ***
总部集聚优势跨度	0.114		0.442
信息沟通优势跨度		0.022	−0.350
N		637	
−2 *LOG likelihood*	368.205	368.891	366.797
Cox & Snell R Square	0.001	0.000	0.003
Nagelkerke R Square	0.003	0.000	0.008
Chi-Square	0.714	0.027	2.121

注：*** 为 *Sig.*＜0.01，** 为 *Sig.*＜0.05，* 为 *Sig.*＜0.1。

从表4可以看出，根据模型2A、模型2B、模型2C的数据分析结果，在并购组中，总部集聚优势跨度与信息沟通优势跨度对因变量的影响均不显著。因此，对于并购组子样本，研究H1a，H1b未得到证实。

表5 非并购组二元 Logistic 回归分析结果

变量	模型3A	模型3B	模型3C
常量	−2.443***	−2.490***	−2.440***
总部集聚优势跨度	0.446***	0.589**	0.645**
信息沟通优势跨度		−0.300	−0.229
N		615	
−2 *LOG likelihood*	355.498	701.438	354.961
Cox & Snell R Square	0.014	0.025	0.015
Nagelkerke R Square	0.031	0.057	0.033
Chi-Square	8.673***	31.704***	9.211**

注：*** 为 *sig.*＜0.01，** 为 *sig.*＜0.05，* 为 *sig.*＜0.1。

从表5可以看出，根据模型3A、模型3C的数据分析结果，在非并购组中，区位优势跨度中的总部集聚优势跨度对因变量有显著正向影响;而根据模型3B、模型3C的数据分析结果,在非并购组中,信息沟通优势的影响不显著。因此H1a得到证实,H1b未得到证实。

(四)讨论

通过实证研究,本文以2003—2011年我国上市公司总部迁移案例为样本所得出的研究结论证实了外部集聚观的部分适用性,即总部集聚优势跨度确实是影响上市公司总部迁移目标区位选择的重要因素,企业总部更倾向于迁往更具总部集聚优势的区位。但是,信息沟通优势跨度对上市公司总部迁移目标区位选择的影响并未得到验证,并且并购组中总部集聚优势跨度对总部迁移目标区位选择的影响并不显著,下面将对这两个问题进行讨论。

第一,对于信息沟通优势跨度对总部区位选择的影响不显著的问题,本文认为,这可能是由于中国大中型城市在信息沟通优势的差距相对较小,以至难以对总部区位选择产生显著影响。本文的43个迁入地城市均为我国的大中型城市。2000年以来,中国各个大中型城市在基础设施方面均进行了大范围投资,这就缩小了城市之间的信息沟通优势。既然不同区位信息沟通设施均能够基本满足总部的信息沟通需求,因而对于总部迁移目标区位选择的影响也就变得不再显著。

第二,对于并购组,总部集聚优势跨度也并非总部迁移目标区位选择的显著因素,本文认为这与并购组样本的特殊性有关,也是本文进行稳健性分析的意义所在。并购组样本均发生了重大并购,并且这种重组一般是围绕新的控股股东开展的,被并购企业往往摇身一变成为一家新企业,也就是所谓的借壳上市。当并购是为了借壳上市时,总部自然变更为并购企业总部所在地;即便并购不是为了借壳上市,当控股股东发生变更以后,为增强控股股东对企业的控制,并充分利用控股股东在其所在地的资源积累,当企业产生总部迁移需要时,迁往距离控股股东更近的区位才是选择目标区位的重要标准,区位优势跨度的考虑就相对较少。

五、结论与展望

对于总部迁移区位选择,已有研究基于理性选择视角,提出了外部集聚观,指出总部集聚优势与信息沟通优势是影响企业总部迁移目标区位选择的重要因素。但是,我国学者多以描述性分析为研究总部迁移区位选择的研究方法,以我国上市公司总部迁移案例为样本的研究仍较为缺乏。为此,本文基于国内外学者在总部迁移目标区位选择方面的理论成果,借鉴外部集聚观,以2003—2011年间我国沪深两市A股上市公司总部迁移案例为研究样本,对其总部迁移目标区位选择影响因素进行了实证研究。结果表明,总部集聚优势跨度对于我国上市公司总部迁移区位选择具有显著影响，验证了外部集聚观对于中国上市公司总部迁移的部分适用性。

本文的理论意义在于以我国上市公司总部迁移案例为研究对象，实证分析了企业总部迁移目标区位选择的影响因素，证实了我国上市公司总部倾向于迁往总部集聚优势跨度更大的区位，以谋求总部经营效率的提升，体现了理性分析在总部迁移目标区位选择中的重要作用。本文的实践意义在于两个方面：一是就我国大中型城市而言，进入21世纪以来，其用于提高信息沟通便利性的基础设施已不再成为影响总部迁移区位选择的重要因素，致力于提高城市的生活服务质量进而吸引更多人才，结合商业服务水平的提高、金融服务供给的加强，将会吸引总部的迁入，同时，总部的迁入会促进人才的增加、商业服务水平的提高与金融服务的增强，进而形成良性循环，促使该城市越发具有吸引力。二是政策优惠并不是总部经济建设的关键原因，但可以在一定程度上促进区域总部经济发展。当政府的优惠政策有利于吸引更多的人才资源，有利于企业获得更便利、更优惠的商业服务与金融服务时，这些优惠政策就会发挥重要作用。

本文也存在不足之处，这也指出未来的研究方向。第一，外部集聚观主要针对的是迁移指向问题中的逆向迁移，但并不是所有的总部迁移都是迁往区位优势最优的城市。在上市公司总部迁移样本中，存在迁往次优甚至较差的区位的现象，而这一现象是外部集聚观无法给予有力解释的，有待未来通过其他理论进行深入研究。第二，本文的稳健性分析表明，并购组企业总部迁移的目标区位选择影响因素并非区位优势跨度，那么其总部迁移的内在机理究竟为何，有待未来进行进一步探讨。第三，本文以上市公司为样本开展实证研究，未来可以考虑中小型的民营企业总部迁移目标区位选择影响因素，以提高本文结论的外部效度。第四，本文研究了企业总部迁移目标区位选择，未来可以进一步关注总部迁移后成长与迁移绩效，从而完善总部迁移理论研究体系。

参考文献

[1] 魏后凯，白玫. 中国上市公司总部迁移现状及特征分析[J]. 中国工业经济，2008(9)：13-24.

[2] STRAUSS V，VIVES X. Why and where do headquarters move? [J]. Regional Science and Urban Economics，2009，39:168-186.

[3] DAVIS J，HENDERSON J. The agglomeration of headquarters[J]. Regional Science and Urban Economics，2008，38:445-460.

[4] HENDERSON J，ONO Y. Where do manufacturing firms locate their headquarters? [J]. Journal of Urban Economic，2008，63(2):431-450.

[5] LOVELY M, ROSENTHAL S, SHARMA S. Information, agglomeration and the headquarters of U. S. exporters[J]. Regional Science and Urban Economics, 2005, 35 (2): 167-191.

[6] HEENAN A. The regional headquarters decision: A comparative analysis[J]. Academy of Management Journal, 1979, 22:410-415.

[7] COHEN R. The new international division of labor, multinational corporation and urban hierarchy [C]. Urbanization and Urban planning in capitalist society. 1981.

[8] FRIEDMAN J, WOLFF G. World city formation: an agenda for research and action[J]. International Journal of Urban and Regional Research, 1982, 6(3):309-344.

[9] HOLLOWAY S, WHEELER J. Corporate headquarters relocation and changes in metropolitan corporate dominance, 1980-1987 [J]. Economic Geography, 1991, 67 (1): 54-74.

[10] HORST T, KOROPECKIYI S. Headquarters effect[J]. Regional Financial Review, 2000, 2:16-29.

[11] SHILTON L, STANLEY C. Spatial patterns of headquarters[J]. Journal of Real Estate Research, 1999, 17:340-364.

[12] 姜海宁，谷人旭，李广斌. 中国制造业企业 500 强总部空间格局及区位选择 [J]. 经济地理，2011(10):1666-1673.

[13] 武前波，宁越敏. 中国制造业企业 500 强总部区位特征分析 [J]. 地理学报，2010(65): 139-152.

[14] 李王鸣，朱珊，王纯彬. 民营企业迁移扩张现象调查——以浙江省乐清市为例 [J]. 经济问题，2004(9):30-32.

[15] 张崇明. 慈溪市工业企业迁移现象思考 [J]. 浙江统计，2009(4):47-48.

[16] 吴波. 中国制造企业总部迁移的目标区位选择——基于泉州鞋帽服装知名民企的案例研究 [J]. 经济地理，2013(9):80-86.

[17] 吴波，郝云宏. 中国上市公司总部迁移绩效影响因素研究:迁入地优势及其分异获取机理 [J]. 南开管理评论，2014, (4):46-55.

[18] KLIER T. Where the Headquarters Are: Location Patterns of Large Public Companies, 1990-2000 [J]. Economic Development Quarterly, 2006, 20(2):117-128.

[19] STRAUSS V, VIVES X. Why and where do headquarters move? [J]. Regional Science and Urban Economics, 2009, 39:168-186.

[20] 吴波，郝云宏，魏立春. 中国上市公司总部迁移的动因与动因研究 [J]. 经济地理，2012 (12):8-14.

[21] 赵弘. 总部经济[M]. 2 版. 北京:中国经济出版社，2004.

[22] SUCHMAN M. Managing Legitimacy: Strategic and Institutional Approaches[J]. Academy of Management Review, 1995, 20(3):571-610.

[23] AARLAND K, DAVIS J, HENDERSON J. Spatial organization of rms: Decision to split

production and administration, RAND Journal of Economics, in press.

[24] KRUGMAN P. Increasing returns and economic geography[J]. Journal of Political Economy,1991,99(3):483-499.

[25] DURANTON G, PUGA D. From Sectoral to Functional Urban Specialization[J]. General Information, 2005, 57(2):343-370.

多通道、多层次社会资本与绩效关系的研究
——基于元分析的探索

孙　元[12]　蔡丽明[12]　尚荣安[3]　潘绵臻[12]

(1.浙江工商大学工商管理学院,浙江杭州 310018;2. 浙江工商大学浙商研究中心,浙江杭州 310018;3.东吴大学,台湾台北)

摘　要: 本文在 Nahapiet 和 Ghoshal (1998)关于社会资本三维度框架下对 53 项研究的 107 组变量进行元分析,探讨了社会资本各变量与绩效的关系。结果发现,社会资本各变量与绩效有中偏高的正相关,并进一步研究社会资本的研究层次和获取通道对社会资本变量与绩效关系的调节效应。尝试探讨分析个人社会资本与集体社会资本及线上社会资本与线下社会资本对绩效影响的差异性,从而丰富社会资本的理论。

关键词: 社会资本　绩效　元分析　个人与集体　线上与线下

一、引言

社会资本的概念最初由法国社会学家 Bourdieu 提出,将其定义为:个人或团体所拥有的社会关系加总[1]。往后,社会资本理论被广泛地运用到社会、政治科学、经济和管理等学科,由一个单一的概念演变成汇集多学科的研究领域[2],尤其是在管理学的研究中日益受到重视。基于组织内部环境,Nahapiet 和 Ghoshal[3] 定义社会资本是嵌入在或通过个人或社会单位的关系网络中获得的实际或潜在的资源总和。他们将社会资本划分为结构维度(structural dimension)、关系维度(relation dimension)和认知维度(cognitive dimension)三个维度。在此后的实证研究中,不同学者通过不同的变量来衡量这些维度,如 Tsai 和 Ghoshal[4] 在该基础

基金项目:国家自然科学基金青年科学基金项目(71302034);高等学校博士学科点专项科研基金资助课题(20123326120005);浙江工商大学 2014 年研究生科研创新基金项目(3100XJ1514011)(企业社会化软件使用对工作绩效的影响机理研究——基于社会资本角度)。

框架上提出用社会互动、信任与信赖、共同愿景分别解释结构维度、关系维度和认知维度;Chiu 和 Hsu[5]用社会互动解释结构维度,用信任、互惠、认同三个变量解释关系维度,用共同语言和共同愿景两个变量解释认知维度,等等。尽管研究者用不同变量解释这些维度,但已有大量基于企业背景下的实证类研究表明,社会资本各变量与工作绩效密切相关。

随着研究的不断深入,管理学者对社会资本的研究丰富到个人层次和集体层次(团队、企业和组织)。个人层次是指社会资本的受益对象是个人,为个人提供好处;集体层次社会资本的受益对象是集体,使整个组织受益。个体和集体是相对的概念,个体是指社会资本理论所描述的社会网络的个别组成分子,集体是指整个社会网络整体。个人和集体社会资本研究的对象不同,对象本身属性的不同决定了个人和集体社会资本两者的差异。已有的实证研究表明,不同层次社会资本与绩效关系存在差异,比如柯江林等[6]从集体层次社会资本角度研究与绩效的关系中发现,信任(关系维度变量)对企业绩效的影响最大;Chou 和 He[7]从个人层次社会资本角度研究与绩效的关系中认为中心性(结构维度变量)对绩效的影响最大。

如今,随着企业内部信息系统大量使用,企业及员工的一部分活动和交流基于线上信息平台开展,我们把这种以线上信息平台为媒介产生的社会资本称为线上社会资本[8][9][10]。目前,已有一部分实证研究开始关注线上社会资本与绩效的关系[11][12][13]。线下社会资本是传统的基于现实面对面的活动产生的社会资本。线上社会资本与线下社会资本两个研究角度,是对社会交往互动的媒介进行区分。就强关系和弱关系的研究视角而言,相比线上社会网络,许多学者认为线下社会网络形成的是一个相对亲密、友好、持续时间长的强关系网络[8]。Williams 基于桥接型和结合型社会资本提出测量线上社会资本[8]。近些年,许多学者都在探讨线上社会资本与线下社会资本的双向传递机制。有学者认为,社会资本可以从现实世界转移到虚拟世界,从而影响用户与虚拟世界用户进行交流互动[10]。这无疑都说明了社会资本产生的通道不一样,两者之间存在一定的差异性。

上述分析可以看出过去已有文献指出个人与集体、线上与线下存在差异,但是这种差异不容易在实证研究中验证,所以我们采用元分析,综合分析过去研究的结果。因此,本研究基于 Nahapiet 和 Ghoshal(1998)框架下的已有实证研究,采用元分析的方法来剖析不同层次(个人与集体)、不同通道(线上与线下)的社会资本与绩效关系的差异性。

二、理论基础

(一)社会资本维度及变量

Nahapiet 和 Ghoshal 将社会资本划分为结构维度、关系维度和认知维度。结构维度指行动者之间的联系的类型[3]，以此反映出行动者之间的互动或社交网络的结构，其变量主要有网络中心性[14][15][16]和社会互动[4][17][18][19]。行动者之间互动频繁有利于信息的传递和共享，降低沟通成本，帮助提高工作绩效[12][20][21]。行动者在社会互动中可以获取所需的资源，从而顺利完成自己的目标[3]。Astley和Sachdeva[23]指出，行动者越是处在社会网络中心的位置就越会集聚其他人的间接贡献，从而提高绩效。

关系维度指通过社会关系建立起来的资产，它主要描述嵌入在人们长期交往形成的社会关系中的资源，主要变量有信任[4][18][24][25][26]、互惠[14][17]、认同[5][27][28][29][30][31]、承诺[16][32]、义务[27][30]及社会规范[29][30][31]。信任是社会资本的重要变量[33][34]，促使行动者之间互帮互助完成共同的目标，是增加团队效能的前提条件[13]。

认知维度指促进行动者之间达成共识的资源[4][35]，是形成共同行动的基础，主要变量有共同愿景[4][8][36]、共同语言[5][16][27][31]、共同兴趣[4]和共同叙事[16]。行动者之间拥有共同的愿景有利于组织的决策和协调，对个人的工作任务不需要重复的解释说明[37]，行动者会自发地完成自己的工作任务。Klimstra和Potts[38]研究表明拥有共同愿景的团队完成项目成功率会提高。行动者之间拥有共同的语言会提升他们获取信息的能力[3]，从而帮助行动者完成复杂的工作任务。图1是对社会资本三维度框架下变量的总结。

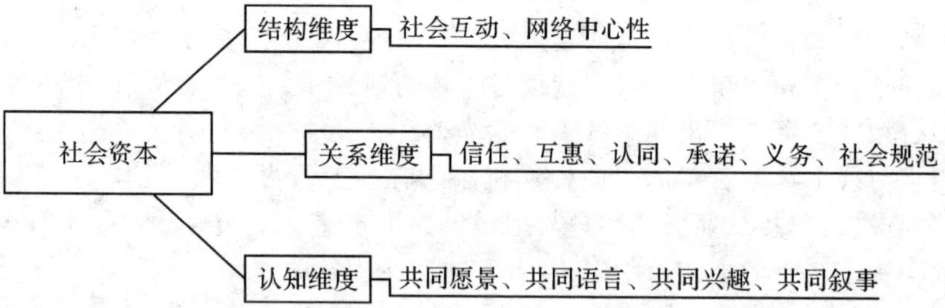

图1 社会资本测量变量

(二)个人社会资本与集体社会资本

社会资本是一个多层次的概念，已经取得了共识。从当前对社会资本的研究层次来看，大多数研究都将社会资本划分为个人、团队、组织内外及社会层次社会资本。但是，更为广泛的是可以将社会资本层次划分为个人社会资本和集体社会资本。个人社会资本是指因组织内个人的人际关系和网络位置而取得的资源[5]，为个体行动者带来便利和资源；集体社会资本指的是集体内部的某些组织特征，包括信任、规范、参与网络等集体内部成员共同拥有的资源，其功能在于促进集体成员的互惠合作，从而使整个组织受益[40]，在本文主要指团队、企业和组织内外社会资本。

集体社会资本着重于集体内部共同拥有的资源，是来源于个体社会关系但是反映集体层次社会关系的特殊资源，尽管个体层次社会资本与集体层次社会资本都强调了个体社会关系，但是个人、集体层次社会资本的内容、性质存在一定的差异。个体层次社会资本强调行动者的社会结构及其获得的资源，强调个体的网络结构对行动者的信息优势和控制优势[34]；集体层次社会资本更注重的是群体内部行动者通过长期的交往形成的信念、态度等心理变量[41][42]。由此，不同层次社会资本与绩效关系也存在一定差异。本研究想通过综合以往实证类的研究，以社会资本不同层次为调节变量探讨这种差异。

(三)线上社会资本与线下社会资本

Willams 在 Putnam 两维度框架的基础上，提出了线上社会资本的概念，首次将社会资本的测量区分了线上和线下，提出了线上和线下社会资本的理论模型[6][8]。线下社会资本是基于现实面对面的活动产生的社会资本；而基于线上媒介活动产生，非现实面对面交流沟通活动产生的，我们统称为线上社会资本。线上社会资本与线下社会资本其实是行动者之间的两个社会网络，行动者的交往联系不仅可以通过线下也可以通过线上。线上的交往给行动者的联系开设了另一个通道。

一些研究认为，相对于线上关系，线下的社会关系更加紧密、牢固，持续时间更长[43][44]；线上交流的话题及共享的活动会随着时间而减少[44]。也有一些研究认为，线上匿名的特点更加有利于讨论敏感话题[45]，同时也会觉得线上的朋友比线下朋友更加亲密[46]。线上与线下两个社会网络中互动方式的差异会影响社会资本的获取，从而影响与绩效关系的强弱。那么，线上社会资本和线下社会资本与绩效关系到底有着怎么样的不同影响？线上和线下两个网络中互动存在何种差异？本研究想通过综合以往实证类的研究，以社会资本的获取通道为调节变量，探讨这种差异。

三、研究方法

本论文将采用元分析方法[47][48]来分析提出的问题。元分析是一种以综合已有研究结果为目的，对单个研究结果进行综合的统计分析方法[49]。它将不同研究的样本量差异与效应值差异纳入考虑范围，调和先前多个独立研究结果的不一致性，给出一个全面、客观及可靠的研究结论，形成了关于全部研究结果的一个整体视角。相较于传统或叙述性文献综述而言，元分析是一种定量的、严谨的且更为精确的替代方案[50]。在已有的多种元分析方法中,本研究采用了 Hunter 和 Schmidt[48]的元分析技术,使用的是 Hunter 和 Schimdt 的元分析软件[51]。

(一)文献搜索

首先,本论文根据“社会资本”“绩效”“社会网络”,以及包括社会资本三维度下所有变量等全文关键词,在 CNKI(中国知网)、维普、万方等数据库进行中文文献搜索;之后,以“social capital”“social network”“performance”,以及包括社会资本三维度下所有变量等全文关键词,在 Web of science, Elservier, EBSCO 等数据库进行英文文献检索。

最后,我们依据五项主要标准对检索出的文献进行筛选:(1)确保是定量研究文献,排除非实证研究类文献;(2)众所周知,社会资本研究领域比较广泛,以工作场所为标准只选取社会资本与员工绩效或企业绩效相关关系的文献,排除主题不相关文献;(3)文献中必须明确含有社会资本的各变量的研究,排除社会资本整体研究和社会资本维度研究的文献;(4)文献中必须有明确反映元分析所需效应值或可转化的效应值[52];(5)排除变量模糊的文献,对一个样本数据重复研究的文献,本文只纳入一篇作为元分析样本。通过删选,我们得到满足元分析标准的期刊文献 44 篇,会议论文 5 篇及硕博论文 17 篇,总共 66 篇。

(二)编码

筛选出元分析所需的文献之后,我们需要对文献进行编码,将皮尔逊相关系数 r、样本量及信度 Cronbach 系数汇总成一张 Excel 表格。对于没有皮尔逊相关系数的文献,我们用文献中报告的其他相关统计量转化得到[52];对于没有信度 Cronbach 系数的,我们用相同变量其他研究的所有信度的平均值代替。为了便于观察,我们同时也把作者、发表年份、因变量及自变量名称、社会资本研究层次、社会资本获取通道、绩效研究层次等纳入 Excel 表格中。

绩效包括了个人层次的绩效和公司层次的绩效。个人层次的绩效包括任务绩效、周边绩效、创新绩效等。公司层次的绩效包括长期绩效与短期绩效,财务绩效与经营绩效,创新绩效等。在元分析中,为了避免从同一个样本中产生太多效应值而使结果偏差,对于因变量包含工作绩效或者公司绩效的多个维度的独立样本,只进行编码一次。先观察是否有整体层次的效应值,如果有就取整体效应值,否则就取各维度的效应值的均值得到整体效应值。对社会资本的维度编码进行相同处理,例如社会互动包括网络密度、网络强度两个维度要进行平均值编码。另外,对于那些使用了多个独立样本或者检验了多组变量关系的文献,我们也对应地进行多次编码。相对应地,采用同一数据的多篇文献我们只对其进行一次编码。对于某研究采用不同来源收集数据时,我们采用 Hunter 和 Schmit 的方法,使用样本加权平均相关系数作为最终的编码效应值。这类研究的样本量以 $k^* N$ 形式来估算，k 是收集途径量，N 是样本量。

调节变量根据如下要求进行编码。首先，我们从每一个研究中提取研究主体、社会资本概念及量表。基于这些，我们就可以评估社会资本的研究层次和获取通道。例如，在一些文献中研究的是团队/企业/组织内部社会资本或外部社会资本，我们就编码为集体社会资本；个体员工社会资本研究，我们就编码为个人社会资本。其次，根据上述对绩效的定义，对绩效研究层次也进行了编码。

本研究通过采用同一位编码者在不同时间段对所有需要编码的文献进行双步编码来检验编码的一致性。最终结果发现，除个别存在偏差需找第二位学者进行编码外，其他均一致，说明编码信度比较高。

(三)变量设计

基于图 1 的理论框架及表 1 显示的社会资本三维度框架下各变量实证文献数量，为了不影响元分析的效果，本研究选取了社会互动、中心性、信任、共同愿景、共同语言五个变量进行探讨。根据不同研究层次社会资本与绩效的变量关系如图 2 所示。调节效应的分析只分析个体层次社会资本与个体层次绩效的关系，集体层次社会资本与集体层次绩效的关系(即图中标记 * 的关系)，剔除其他变量关系。最终纳入元分析期刊文献 34 篇，会议论文 4 篇以及硕博论文 15 篇，总共 53 篇，得到了我们需要的 107 组变量关系，包含社会资本不同层次、不同通道的具体文献数量如表 2。

表 1　总结社会资本三维度框架下各变量实证文献数量(单位:篇)

维度	变量	层次		通道		总计
		个人	集体	线上	线下	
结构维度	社会互动	8	27	4	31	35
	中心性	5	3	3	5	8
关系维度	信任	4	29	11	26	37
	互惠	2	1	1	2	3
	认同	2	1	2	1	3
	承诺	1	2	0	3	3
	社会规范	2	2	1	3	4
	义务	1	1	1	1	2

续 表

维度	变量	层次		通道		总计
		个人	集体	线上	线下	
认知维度	共同愿景	3	16	3	16	19
	共同语言	1	8	1	8	9

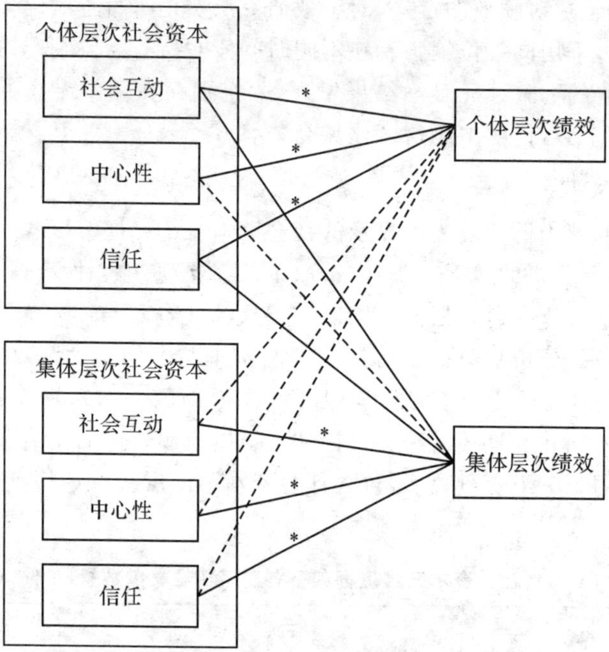

图2　不同层次社会资本与绩效的变量关系

备注:虚线表示相应关系未找到实证研究文献;调节效应的分析只选取了个体层次社会资本与个体层次绩效关系、集体层次社会资本与集体层次绩效关系的文献进行元分析。

表2　纳入元分析文献数统计

	层次		通道	
	个人	集体	线上	线下
文献数	14	31	14	39

(四)变量概念

社会互动是一种信息和资源流通的通道[4],代表行动者之间关系的紧密程度、花费的时间长短及联系的频繁程度[5]。当然,行动者之间社会互动越强,信息和资源交流越多，对自身工作绩效越有帮助。

中心性是指行动者在人际关系网络中的地位及较快的信息与资源流。相对高中心性的行动者能够用更少的精力直接接触到网络中的其他成员[53]。这就使得处于高网络中心性的行动者更快速、更多地获取信息资源，这些信息资源在某种程度上能够帮助行动者完成自身工作[54]。

信任是一种增加行动者之间相互依赖的行动，信任有很多正面影响效应[55][56]，包括团队的沟通、组织公民行为、团队绩效和工作满意度[57]。Nahapiet 和 Ghoshal[3] 认为，行动者之间存在信任，他们更愿意参与合作互动；Blau 也提到信任能够创建和维护行动者之间信息与资源的交换关系[58]。这些合作互动及交换关系都能帮助行动者提高工作绩效。

共同愿景体现了集体的目标和组织成员的共同愿望[4]。拥有共同愿景的行动者之间更愿意分享和交换资源。共同愿景圈定了行动者的人际网络，在这个网络中合作的可能性增大，并最终有利于整个组织网络。

共同语言不仅指语言上的相通，还涉及日常交流方面隐含的假设、术语和习语等[7]。一方面，共同语言能够提高行动者获得信息的能力；另一方面，共同语言有利于提高沟通效率，从而有利于行动者之间协作并提高工作完成的效率。

四、研究结果分析

本论文的结果分析分为两个阶段。第一阶段主要通过评估元分析结果的相关效应值，探讨社会资本各维度下变量与绩效的相关性。第二阶段分析本文的调节效应。

（一）整体效应分析

相关性分析结果见表 3，在每组成对关系中，修正后的相关系数（ρ）、独立研究的样本数（K），以及 k 个研究样本的总样本量（N）都在表 3 中可示。所有的相关系数在 $p<0.01$ 的水平下都具有显著性。研究模型中，我们感兴趣的相关系数的标准偏差（SD）、相关系数转化的费雪的 Z 系数（Z_r）、失安全系数（Fail safe N）、95%置信区间水平的 Z_r 估计、相关系数的范围都在表 3 中被具体描述。Z 的 95%置信区间也不包括零，这就进一步提供了效应值显著相关的证据。

要加入不显著的研究数量使得效应值由原本的显著水平降到非显著水平被称为失安全系数 N。在我们感兴趣的变量相关性之中，中心性与绩效的失安全系数 N 值达到最低水平，值为 16，这可能更多表明在早期的研究中，较少地关注两者之间的这种联系（$k=8$），而非这两个变量本身之间的联系比较弱。失安全系数值最高的是信任和绩效之间（Fail safe $N=99.9$；$K=37$）及社会互动和绩效之间（Fail safe $N=91;K=35$),这在早前的研究中已被普遍研究过。

根据表3可知,社会资本维度下的变量社会互动、中心性、信任、共同语言和共同愿景与绩效之间均显著成正相关。根据科恩[59]关于效应值(小效应=0.10,中等效应=0.30,大效应=0.50)的标准,以上所述的所有效应都在中等这一效应范围内。

从表中显示的结果可以看出,相关系数的大幅度变化性可在研究中观测得到。例如,中心性与绩效的相关系数由0.137到0.48不等,修正取样误差和测量误差后的相关系数均值为0.30。而且观察发现,所有变量与绩效之间的相关性波动范围都很大,说明现有关于社会资本变量与绩效之间的研究结果存在着很大的不一致性。

比较社会资本变量与绩效之间的修正取样误差和测量误差后的相关系数均值我们发现,共同语言与绩效之间的相关系数最高($\rho=0.42$),紧随其后的是信任($\rho=0.37$),社会互动($\rho=0.36$)和共同愿景($\rho=0.35$)。尽管在现有的研究中,众多的学者更多的是考虑信任、社会互动两个变量作为社会资本的活跃变量,但是共同愿景和共同语言与绩效之间存在的中等至大的效应揭示了认知维度对绩效的强效应,这与王向楠等人得到的元分析结果相一致[60]。这表明,企业可以侧重考虑如何提高员工之间、企业之间认知的一致性。此外,在早期的研究中,对社会资本维度下的其他变量,例如承诺、互惠和认同与绩效两者联系的研究较少,本论文没有将其列入元分析。随着这类研究的增加,后期的元分析可以考虑纳入更多社会资本变量。

表3 社会资本各变量与绩效关系元分析统计结果汇总

	ρ	SD	Z_r	K	N	失安全系数	原相关系数范围		95%置信区间	
							下限	上限	上限	下限
社会互动	0.36**	0.23	0.38	35	9340	91	−0.182	0.87	0.28	0.44
中心性	0.30**	0.10	0.31	8	1676	16	0.137	0.48	0.23	0.37
信任	0.37**	0.20	0.39	37	8908	99.9	−0.007	0.76	0.31	0.43
共同愿景	0.35**	0.26	0.37	19	5477	47.5	−0.524	0.63	0.23	0.47
共同语言	0.42**	0.16	0.45	9	2584	28.8	0.053	0.68	0.32	0.52

注:ρ表示修正取样误差和测量误差后的相关系数均值;SD是ρ的标准偏差;Zr是转化的费雪Z值;K为独立研究的样本数;N为K个研究样本的总样本数;失安全系数为加入不显著的研究数量使得效应值由原本的显著水平降到非显著水平。

显著性:*表示$p<0.05$,**表示$p<0.01$,***表示$p<0.001$。

(二)调节效应分析

为了检验不同层次、不同通道的社会资本是否调节各个企业社会资本变量与绩效的关系，我们首先做了三次同质性检验，研究观察到的相关系数的变化是否可以归类为调节效应。首先，Hedges 和 Olkin[61]计算的所有变量之间的相互关系的 Q 统计值都大于在 $p<0.01$ 水平下服从自由度为 $k-1$ 的卡方分布临界值(见表4)。这表明研究中变量之间相关系数的变化比抽样误差产生的变化更明显。其次，抽样方差对各效应值变异的解释量 Vart(%)(由 3.9%至 24.7%不等)都小于用于消除调节效应的 75%临界点。最后，80%的可靠性区间(80% CrI)都排除了零值(见表 4)，这也说明了调节变量的存在。基于这三种检验，我们有很充分的理由相信社会资本变量与绩效关系中存在着调节变量。

表 4　调节同质性检验分析

	ρ	Zr	Q	80% CrI		Vart(%)
				Lower	Upper	
社会互动	0.36	0.38	529.88	0.10	0.76	5.59
中心性	0.30	0.31	25.1	0.20	0.58	24.7
信任	0.37	0.39	383.13	0.15	0.71	8.00
共同愿景	0.35	0.37	389.73	0.20	0.77	3.90

注：ρ 表示修正取样误差和测量误差后的相关系数均值；Zr 是转化的费雪 Z 值；Q 为 Hedges 和 Olkin's Q 统计值；80% CrI 为 80%的可靠性区间；Vart (%)为所有误差对应的方差占修正后相关系数对应的方差的百分比。

为进行调节分析，根据 Hunter 和 Schmdit[48]的建议，我们以每个调节变量的不同水平为基础，把文献数据集分为独立的子集并对每个独立子集做了元分析。但是受当前实证研究样本量的限制，社会资本的研究层次只对社会互动、网络中心性、信任与绩效关系做调节分析；社会资本的获取通道只对社会互动、网络中心性、信任和共同愿景与绩效关系做调节分析，分析结果如表 5 所示。Fisher 的 Z 检验是用来检验各组子集间的元分析效应值差异是否显著。结果显示，社会资本的研究层次在社会互动、中心性及信任与绩效关系中具有调节作用；社会资本的获取通道在社会互动、信任及共同愿景与绩效关系中具有调节作用，但在中心性与绩效关系中不具调节作用。

表 5　相关因素对社会资本变量与绩效关系调节效应分析

	调节变量	类别名称	ρ	K	N	Z
社会互动	层次	个人	0.45^{**}	8	2268	5.67^{**}
		集体	0.33^{**}	21	5958	

续 表

	调节变量	类别名称	ρ	K	N	Z
中心性	层次	个人	0.36**	5	889	2.9**
		集体	0.23**	3	777	
信任	层次	个人	0.25**	4	666	3.9**
		集体	0.40**	27	6539	
社会互动	通道	线下	0.39**	31	8189	3.6**
		线上	0.29**	4	1161	
中心性	通道	线下	0.29**	5	1073	0.43
		线上	0.31**	3	603	
信任	通道	线下	0.40**	26	6539	5.21**
		线上	0.29**	11	2369	
共同愿景	通道	线下	0.40**	16	4420	9.14**
		线上	0.11**	3	1057	

注：ρ 表示修正取样误差和测量误差后的相关系数均值；K 为独立研究的样本数；N 为 K 个研究样本的总样本数；Z 为 Fisher 的 Z 检验值；p 为显著性水平。
显著性：* 表示 $p<0.05$，** 表示 $p<0.01$，*** 表示 $p<0.001$。

五、研究讨论

回顾社会资本变量与绩效的实证类研究，对社会资本的五个主要变量与绩效关系进行了量化元分析。结果发现，社会互动、中心性、信任、共同愿景和共同语言与绩效存在显著的正相关关系。

个人和集体比较，社会互动和中心性的影响在个人层次也比在集体层次大。信任的影响在集体层次比个人层次大。这也正说明，个体层次的社会资本强调行动者自身网络结构为其带来的利益[39][40]；而集体层次的社会资本强调了行动者互动所形成的社会情感，诸如信任、互惠、合作规范等[34]。社会互动及中心性的网络位置最终都是有助于获取利于工作绩效的信息与资源。个体层次与集体层次相比较，个体工作绩效很大程度上来源于自身的能力，需要个体自己获取信息及资源来完成自己的工作绩效。那这就说明个人绩效的差异在很大程度上归结于社会互动的强弱及人际关系中心性的位置，所以，管理者尽可能不要限制员工社会交往及互动，要加以利用员工的个人社会资本，提高员工自身工作绩效。集体绩效是企业层次绩效，是内部员工共同努力的成果，在很大程度上取决于成员之间的协作，而信任正是协作的关键因素。因此对于企业而言，培养员工之间互相信任的水平有助于企业整体绩效的提高。

对线上和线下比较发现：在显著的关系中，所有变量线下的影响都比线上大。相较于通过线上社会网络获取的资源而言，通过线下社会网络获取的资源对工作绩效的提高帮助更大。不管线上还是线下，互动是工作需求，面对面的互动比透过媒介的交往互动效果更好。尤其是在同事之间交往互动中，基于各种媒介的交往互动相比面对面交往，不容易培养和建立彼此之间的社会关系。但是线上社会资本在工作绩效中依旧扮演着重要的角色。

有趣的是，中心性线上社会资本扮演了重要的角色，并未比线下低。中心性位置是帮助建立纽带关系，维持不同行动者之间的联系从而帮助获取信息、资源，从而有利于自身[62]。由此，无论是线上网络还是线下网络，处于网络中心地位的主体能够比非中心地位的主体更快速地获取信息资源，从而更好地提高工作绩效。由于没有空间和时间的限制，线上社会网络信息与知识的传递和交流更加迅速、广泛，这时中心性的位置就显得尤为重要。简单讲，线上社会网络的互动特点决定其大多数是弱关系的存在，是发生频率相对少，亲密度低的一类社会互动关系。这种弱关系在群体之间建立桥接联系、传递信息方面起到突出作用。

由于社会资本某些变量的实证类文献不足，因此未纳入我们的研究中。随着社会资本与绩效实证类文献的丰富，未来的元分析研究还可以考虑纳入社会资本的三维度下的更多变量，探讨分析它们与绩效的关系的强度差异；根据本文元分析得到的结果：个人层次社会互动、中心性比集体层次影响大，集体层次信任比个体层次影响大。由此未来对个人层次社会资本的研究，可以侧重在社会资本结构维度；对集体层次社会资本的研究，较多侧重在关系维度的研究；线上与线下社会资本联系与区别也是未来实证研究的方向。

参考文献

[1] BOURDIEU P. Outline of a Theory of Practice [M]. Cambridge: Cambridge University Press, 1977.

[2] KWON S, ADLER P. Social capital: Maturation of a field of research[J]. Academy of Management Review, 2014, 39(4):412-422.

[3] NAHAPIET J, GHOSHAL S. Social capital, intellectual capital, and the organizational advantage[J]. Academy of management review, 1998, 23(2):242-266.

[4] TSAI W, GHOSHAL S. Social capital and value creation: The role of intrafirm networks [J]. Academy of management Journal, 1998, 41(4):464-476.

[5] CHIU C, HSU M, WANG E. Understanding knowledge sharing in virtual communities: An integration of social capital and social cognitive theories[J]. Decision support systems, 2006,

42(3):1872-1888.

[6] 柯江林，孙健敏，石金涛，等. 企业 R&D 团队之社会资本与团队效能关系的实证研究——以知识分享与知识整合为中介变量 [J]. 管理世界，2007 (3):89-101.

[7] CHOU S, HE M. The factors that affect the performance of open source software development-the perspective of social capital and expertise integration[J]. Information Systems Journal, 2011, 21(2):195-219.

[8] WILLIAMS D. On and off the'Net: Scales for social capital in an online era[J]. Journal of Computer-Mediated Communication, 2006, 11(2):593-628.

[9] 李宁宁，王爱娟. 网络社会的社会资本及其运作 [J]. 学海，2007 (6):121-124.

[10] YE Q, FANG B, HE W, et al. Can social capital be transferred cross the boundary of the real and virtual worlds? An empirical investigation of Twitter[J]. Journal of Electronic Commerce Research, 2012, 13(2):145-156.

[11] 章郑. 网络社会资本对虚拟社区知识共享及创新的影响研究[D]. 杭州:浙江大学，2008.

[12] BARUCH Y, LIN C. All for one, one for all: Competition and virtual team performance [J]. Technological Forecasting and Social Change, 2012, 79(6):1155-1168.

[13] CAO X, VOGEL D, GUO X, et al. Understanding the influence of social media in the workplace: An integration of media synchronicity and social capital theories [C]. System Science (HICSS), 2012 45th Hawaii International Conference on. IEEE, 2012:3938-3947.

[14] WASKO M, FARAJ S. Why should I share? Examining social capital and knowledge contribution in electronic networks of practice[J]. MIS Quarterly, 2005:35-57.

[15] YUAN Y, MONGE P, FULK J. Social capital and transactive memory systems in work groups: a multilevel approach[C]. Academy of Management Proceedings. Academy of Management, 2005, 2005(1):C1-C6.

[16] LIN C. Assessing the mediating role of online social capital between social support and instant messaging usage[J]. Electronic Commerce Research and Applications, 2011, 10(1):105-114.

[17] 周涛，鲁耀斌. 基于社会资本理论的多动社区用户参与行为研究 [J]. 管理科学，2008，21(3):43-50.

[18] LI G X, LI Y. Management of Innovation and Technology (ICMIT), 2010 IEEE International Conference on. IEEE, 2010:910-915.

[19] CHANG H, CHUANG S. Social capital and individual motivations on knowledge sharing: Participant involvement as a moderator[J]. Information & Management, 2011, 48(1):9-18.

[20] MCFADYEN M, CANNELLA A. Social capital and knowledge creation: Diminishing returns of the number and strength of exchange relationships[J]. Academy of Management Journal, 2004, 47(5):735-746.

[21] PIROLA A, MANN L. The relationship between individual creativity and team creativity:

Aggregating across people and time[J]. Journal of Organizational Behavior, 2004, 25(2): 235-257.

[22] KRACKHARDT D. The strength of strong ties:The importance of philos in organizations [J]. Networks and organizations:Structure, form, and action, 1992:216-239.

[23] ASTLEY W, SACHDEVA P. Structural Sources of Intraorganizational: Power: A Theoretical Synthesis[J]. Academy of management review, 1984, 9(1):104-113.

[24] INKPEN A, TSANG E W. Social capital, networks, and knowledge transfer[J]. Academy of Management Review, 2005, 30(1):146-165.

[25] CHOW W, CHAN L. Social network, social trust and shared goals in organizational knowledge sharing [J]. Information & Management, 2008, 45(7):458-465.

[26] LING P, MIAN Z. An empirical study of social capital in participation in online crowdsourcing [C]. E-Product E-Service and E-Entertainment (ICEEE), 2010 International Conference on. IEEE, 2010:1-4.

[27] SHERIF K, HOFFMAN J, THOMAS B. Can technology build organizational social capital? The case of a global IT consulting firm [J]. Information & management, 2006, 43 (7):795-804.

[28] HASHIM K, TAN F. Understanding passive knowledge sharing within an online business community from the perspectives of Expectancy Theory & Social Capital Theory [J]. PACIS 2009 Proceedings, 2009:45-53.

[29] ZHENG Y, ZHAO K, STYLIANOU A. Building Social Capital in Online Communities:a Perspective of Information and System Quality [C]. AMCIS. 2010:481-495.

[30] CHOI J, SCOTT J E. Social Network Sites and Digital Word of Mouth:A Social Capital Perspective [C]. AMCIS. 2011:1-13.

[31] LAW S, CHANG M. Social Capital and Knowledge Sharing in Online Communities: A Mediation Model [C]. System Science (HICSS), 2012 45th Hawaii International Conference on. IEEE, 2012:3530-3539.

[32] MATHWICK C, WIERTZ C. Social capital production in a virtual P3 community [J]. Journal of Consumer Research, 2008, 34(6):832-849.

[33] COLEMAN J, COLEMAN J. Foundations of social theory [M]. Cambridge: Harvard University Press, 1994.

[34] PUTNAM R. Bowling alone:America's declining social capital [J]. Journal of Democracy, 1995, 6(1):65-78.

[35] CICOUREL A. Cognitive sociology:Language and meaning in social interaction [M]. Free Press, 1974.

[36] WANG J, CHIANG M. Social interaction and continuance intention in online auctions:A social capital perspective [J]. Decision Support Systems, 2009, 47(4):466-476.

[37] LYNN G, REILLY R, AKGÜN A. Knowledge management in new product teams:

practices and outcomes [J]. Engineering Management, IEEE Transactions on, 2000, 47 (2):221-231.

[38] KLIMSTRA P, POTTS J. What we've learned managing R&D projects [J]. Research Technology Management, 1988, 31(3):23-39.

[39] 罗家德,陈晓萍,徐淑英,等. 组织社会资本的分类与测量[M]//陈晓萍,徐淑英,樊景立. 组织与管理研究的实证方法,北京:北京大学出版社,2008.

[40] 宋中英. 论社会资本概念的分类及其意义 [J]. 齐鲁学刊,2011 (1):95-99.

[41] ADLER P, KWON S. Social capital: Prospects for a new concept [J]. Academy of Management Review, 2002, 27(1):17-40.

[42] PAYNE G, MOORE C, GRIFFIS S, et al. Multilevel challenges and opportunities in social capital research [J]. Journal of Management, 2011, 37(2):491-520.

[43] COLEMAN J. Social capital in the creation of human capital [J]. American journal of sociology, 1988:S95-S120.

[44] KUVAAS B. Work performance, affective commitment, and work motivation: the roles of pay administration and pay level [J]. Journal of Organizational Behavior, 2006, 27(3):365-385.

[45] COLE H, GRIFFITHS M. Social interactions in massively multiplayer online role-playing gamers [J]. CyberPsychology & Behavior, 2007, 10(4):575-583.

[46] MCKENNA K, GREEN A, GLEASON M. Relationship formation on the Internet: What's the big attraction? [J]. Journal of social issues, 2002, 58(1):9-31.

[47] GLASS G, MACGAW B, SMITH M. Meta-analysis in social research [M]. Beverly Hills, CA.:Sage, 1984.

[48] HUNTER J, SCHMIDT F. Methods of meta-analysis: Correcting error and bias in research findings [M]. Sage, 2004.

[49] 崔智敏,宁泽逵. 定量化文献综述方法与元分析 [J]. 统计与决策,2010 (19):166-168.

[50] SUN Y, BHATTACHERJEE A. Looking inside the "it black box": technological effects on it usage [J]. The Journal of Computer Information Systems, 2014, 54(2):1-15.

[51] SCHMIDT F, LE H. Software for the Hunter－Schmidt meta-analysis methods [D]. University of Iowa, Department of Management & Organization, Iowa City, IA, 2004, 42242.

[52] WU J, LEDERER A. A meta-analysis of the role of environment-based voluntariness in information technology acceptance [J]. Mis Quarterly, 2009:419-432.

[53] POWELL W, KOPUT K, SMITH L. Interorganizational collaboration and the locus of innovation: Networks of learning in biotechnology [J]. Administrative Science Quarterly, 1996:116-145.

[54] 小虎. 企业社会资本与战略管理:基于网络结构观点的研究[M]. 北京:人民出版社,2006.

[55] LAZAROVA M, TAYLOR S. Boundaryless careers, Social capital, and knowledge management: Implications for organizational performance [J]. Journal of Organizational Behavior, 2009, 30(1):119-139.

[56] PETERS L, KARREN R. An examination of the roles of trust and functional diversity on virtual team performance ratings [J]. Group & Organization Management, 2009, 479-504.

[57] DIRKS K, FERRIN D. The role of trust in organizational settings [J]. Organization science, 2001, 12(4):450-467.

[58] BLAU P. Exchange and power in social life [M]. Transaction Publishers, 1964.

[59] COHEN J. Statistical power analysis for the behavioral sciences [M]. Academic press, 2013.

[60] 王向楠，张立明. 企业社会资本与企业绩效关系的元分析 [J]. 西部论坛，2012，22(5)：41-47.

[61] HEDGES L, OLKIN I. Statistical method for meta－analysis [M]. Academic press, 2014.

[62] RYBERG T, LARSEN M. Networked identities: understanding relationships between strong and weak ties in networked environments [J]. Journal of Computer Assisted Learning, 2008, 24(2):103-115.

[63] ARLING P, SUBRAMANI M. The effect of virtuality on individual network centrality and performance in on-going, distributed teams [J]. International Journal of Internet and Enterprise Management, 2011, 7(4):325-348.

[64] AHUJA M, GALLETTA D, CARLEY K. Individual centrality and performance in virtual R&D groups: An empirical study [J]. Management science, 2003, 49(1):21-38.

[65] ANJUM M, AHMED S, KARIM J. Do Psychological Capabilities Really Matter? The Combined Effects of Psychological Capital and Peace of Mind on Work Centrality and In-role Performance [J]. Pakistan Journal of Commerce and Social Sciences, 2014, 8(2):502-520.

[66] BIN I, ALIAS R, DAMODARAN L. Intellectual capital and performance: an empirical study on the relationship between social capital and R&D performance in higher education [C]. Managing Knowledge for Global and Collaborative Innovations, 2009, 8:269-280.

[67] GOH S, WASKO M. The effects of leader－member exchange on member performance in virtual world teams [J]. Journal of the Association for Information Systems, 2012, 13(10):861-885.

[68] KAI K, JINGYIN L, JIE Z. An empirical study of the effects of social capital on inter-firm knowledge transfer and innovation performance[C]. Information Management, Innovation Management and Industrial Engineering, 2009 International Conference on. IEEE, 2009, 2:414-417.

[69] MAURER I, BARTSCH V, EBERS M. The value of intra－organizational social capital: How it fosters knowledge transfer, innovation performance, and growth [J]. Organization Studies, 2011, 32(2):157-185.

[70] MUETHEL M, SIEBDRAT F, HOEGL M. When do we really need interpersonal trust in globally dispersed new product development teams? [J]. R&D Management, 2012, 42(1): 31-46.

[71] PORTER T, LILLY B. The effects of conflict, trust, and task commitment on project team performance [J]. International Journal of Conflict Management, 1996, 7(4):361-376.

[72] RHEE J, JI H. How to further exploit social capital: An empirical investigation of three dimensions of social capital and their contributions to individual performance [J]. Asian Business & Management, 2011, 10(4):485-507.

[73] SARKER S, AHUJA M, SARKER S, et al. The role of communication and trust in global virtual teams: a social network perspective [J]. Journal of Management Information Systems, 2011, 28(1):273-310.

[74] THOMPSON J. Proactive personality and job performance: a social capital perspective [J]. Journal of Applied Psychology, 2005, 90(5):1011-1017.

[75] ZHANG X, VENKATESH V. Explaining employee job performance: the role of online and offline workplace communication networks [J]. Mis Quarterly, 2013, 37(3):695-722.

[76] TSAI Y, JOE S, DING C, et al. Modeling technological innovation performance and its determinants: An aspect of buyer-seller social capital [J]. Technological Forecasting and Social Change, 2013, 80(6):1211-1221.

[77] THOMAS D, BOSTROM R. Building trust and cooperation through technology adaptation in virtual teams: Empirical field evidence [J]. EDPACS, 2010, 42(5):1-20.

[78] HONGMING X, CHENG W, HANFEL X, et al. The synergistic effect of internal social capital and learning orientation on technical innovation[C]. 5th International Symposium on Management of Technology, 2007:218-245.

[79] WANG C, LAN H, XIE H, et al. Internal Social Capital and Firm Performance: is Knowledge Integration a Missing Link? [C]. 7th Wuhan International Conference on E-Business, 2008:65-80.

[80] 陈涛，刘佳佳，朱智洺. 企业社会资本有助于提高企业绩效吗？——一项来自中国长三角地区415家企业实证研究 [J]. 宁夏大学学报(人文社会科学版), 2013, 35 (3):133-144.

[81] 程德俊，龙静，赵曙明. 高参与工作系统和组织创新绩效，社会资本的中介作用 [J]. 经济理论与经济管理, 2011, 9:66-76.

[82] 戴万亮. 内部社会资本对产品创新影响研究：知识螺旋的中介效应[D]. 天津：天津大学, 2011.

[83] 符正平，周文亮. 集群内企业社会资本对其创新绩效的影响 [J]. 战略管理, 2010, 1: 25-36.

[84] 顾琴轩，王莉红. 人力资本与社会资本对创新行为的影响——基于科研人员个体的实证研究 [J]. 科学学研究, 2009, 27(10):1564-1570.

[85] 韩子天，谢洪明，王成. 结构和关系维度的内部社会资本对绩效影响的实证研究 [J]. 科

学学与科学技术管理，2008，29(8):151-155.

[86] 黄强，陈汉辉. 企业社会资本与企业绩效关系实证研究 [J]. 常州工学院学报，2012，25(4):53-60.

[87] 黄秋雯. 个体人力资本与社会资本对创新行为影响的实证研究 [J]. 哈尔滨商业大学学报(社会科学版)，2009 (6):49-52.

[88] 李薇. 公务员认知性社会资本与工作绩效关系的实证研究[D]. 临汾:山西师范大学，2012.

[89] 李作战. 企业社会资本对技术创新绩效的作用机理分析 [J]. 未来与发展，2010 (5):86-88.

[90] 刘寿先. 企业社会资本与技术创新关系研究:组织学习的观点[D]. 济南:山东大学，2008.

[91] 刘晓菁. 科研人员个体人力资本与社会资本对组织绩效影响实证研究[D]. 上海:上海交通大学，2009.

[92] 吕晖. 供应链社会资本，信息共享及运营绩效关系的研究[D]. 广州:华南理工大学，2012.

[93] 吕晴. 企业社会资本对突破性技术创新的影响研究 [J]. 中小企业管理与科技，2012(25):11-12.

[94] 秦敏，黄丽华. 员工 IT 创新使用形成机理:需要理论和社会资本视角 [J]. 软科学，2011，25(7):50-55.

[95] 任小秀. 社会资本对供应链竞争优势及组织绩效影响的研究[D]. 重庆:重庆大学，2006.

[96] 尚泉泉. 社会资本，资源整合能力与新创企业绩效之间关系的研究[D]. 南京:南京财经大学，2011.

[97] 宋方煜. 企业社会资本与企业创新绩效的关系研究知识转移的中介作用 [J]. 东北大学学报(社会科学版)，2012，14(5):412-417.

[98] 孙平. 社会资本调节下跨部门冲突管理与创新绩效关系研究——基于高科技企业的实证分析 [J]. 山东大学学报(哲学社会科学版)，2014 (1):121-130.

[99] 王国顺，杨昆. 社会资本，吸收能力对创新绩效影响的实证研究 [J]. 管理科学，2011，24(5):23-36.

[100] 王莉红，顾琴轩，郝凤霞. 团队学习行为，个体社会资本与学习倾向:个体创新行为的多层次模型 [J]. 研究与发展管理，2011，23(4):11-18.

[101] 魏亚南. 基于社会资本视角的企业社会责任与企业绩效关系研究[D]. 成都:西南财经大学，2012.

[102] 吴鑫磊. 创新行为与组织绩效:人力资本和社会资本的作用研究[D]. 上海:上海交通大学，2009.

[103] 谢洪明，王成，吴业春. 内部社会资本对知识能量与组织创新的影响 [J]. 管理学报，2007，4(1):100-107.

[104] 杨昆. 社会资本，吸收能力对企业创新绩效的影响研究[D]. 长沙:中南大学，2012.

[105] 于爱峰. 企业渠道社会资本，营销能力与企业绩效的关系研究[D]. 杭州:浙江理工大学，

2011.
[106] 张镇鸿，王莉红，许彦妮. 知识共享及创新行为——R&D 人员人力资本与社会资本作用实证研究[J]. 长春理工大学学报，2011，4:45-56.
[107] 郑海涛. 基于企业集聚的网络结构，外部社会资本和技术创新绩效关系研究[D]. 广州：华南理工大学，2011.
[108] 庄玉梅. 企业内部社会资本对员工绩效影响研究[D]. 济南:山东大学，2011
[109] 庄宗儒. 知识分享对于虚拟团队绩效影响:社会资本之观点 [J]. 台中:朝阳科技大学，2010:1-87.

CoPS 创新风险生成机理研究:香港高铁项目案例

盛 亚 郑可一

(浙江工商大学工商管理学院,浙江杭州 310018)

摘 要:近年来,我国复杂产品系统(CoPS)事故频发,其风险生成机理有待厘清。一方面,CoPS 创新涉及众多主体,各创新主体同时又嵌入于网络中,引入嵌入性理论解释风险生成有其合理性;另一方面,嵌入性理论作为宏观结构与微观行为的桥梁,用以直接解释 CoPS 创新风险生成时,应当引入行为变量作为中间变量。基于此,本文通过对广深港高速铁路香港段项目进行案例分析,尝试性地提出"嵌入性—机会主义行为—CoPS 创新风险"这一风险生成机理,并通过理论推演进行疏通。

关键词:复杂产品系统 风险生成 嵌入性

一、引言

复杂产品系统(Complex Product and System,CoPS)与现代工业休戚相关,在经济社会中扮演着越来越重要的角色,甚至影响到一国的综合国力和产品的国际竞争力[1]。但是,CoPS 并非一般的技术创新,其复杂性决定了它具有客户需求难以识别、利益相关者众多、系统定制化程度高、用户参与度高及项目管理复杂等特点[2][3]。近年来,温州高铁事故、我国大飞机频频误点、欧洲英吉利海峡轨道事件及三峡大坝超支等都说明 CoPS 创新面临的风险远高于一般技术创新,厘清 CoPS 创新风险生成机理并以此为基础对 CoPS 创新风险进行控制成为当务之急。但现有 CoPS 创新风险研究一般从风险管理和风险生成两大视角出发[3],多停留于运用一般技术创新风险管理的框架,并未深入揭示 CoPS 风险生成机理。风险管理

基金项目:国家自然科学基金项目(71272142)。

视角研究沿着“风险识别－风险评估－风险控制”这一逻辑展开,运用到CoPS创新风险管理上具备一定的情景创新。但是CoPS创新同一般技术创新在产品特征、生产特征、创新过程、竞争策略和创新协作、产业协作和变革、市场特征等方面都存在显著差异[4][5],因此仅在不同场景下进行理论套用,难免有失偏颇。其次,风险管理视角的研究往往停留在对表面现象的考察,只就现象谈方法,缺乏深度研究。风险生成视角研究沿着“风险要素－风险生成－风险管理”这一逻辑展开,更重视揭示风险生成机理的黑箱,具备深入研究的价值。但目前该视角下的研究大多停留在“风险要素”的研究阶段[6][7][8],而具体的生成机理仍然少有提及[3]。

一般而言,风险来源的不确定性,具体表现为结果与预期的差距。本文基于一般风险的概念,结合前人的研究[1][9][10],将风险定义为:在CoPS创新过程中,由主体、客体因素所诱发的创新结果与预期目标的差距及由此造成的损失(质量下降、成本上升和工期延误)。另外,考虑到CoPS创新参与主体的多元化是风险产生的主要根源,众多的创新主体(包括集成商、分包商和供应商等)相互联结,形成“系统集成商－利益相关者”多主体网络,各主体嵌入于该网络中,采取的各项决策受其所在网络位置和关系影响。基于此,本文将引入经济社会学的嵌入性概念,以揭示CoPS创新风险生成机理。

二、探索性案例研究:广深港高速铁路香港段项目①

本文研究的问题是“CoPS创新风险如何生成”,根据Yin[11]的观点,案例研究最适合回答关于“How”的问题。其中探索性案例是指当研究者对于个案特性、问题性质、研究假设及研究工具不了解时所进行的初步研究,以提供正式研究的基础。它需要研究者对案例进行总结和归纳,提炼理论模型,即把故事转换为理论[12]。现有的CoPS创新风险研究主要集中在风险管理视角,而风险生成视角尚存在较大的理论空缺,因而探索性案例分析适用于本研究。

(一)案例概述

广深港高铁香港段项目属于复杂产品系统。该项目是中国广深港高速铁路位于香港的部分,起于香港西九龙填海区西九龙总站,止于香港与深圳的边境,全程26公里。通车后,每日会有200班客车前往内地,每年可节省市民乘车时间4000万小时,并提供上千个就业岗位(民生工程)。2010年年初,港铁公司给出的预算

① 由于通过调研港铁集团获取一手数据存在较大难度,本文中的案例资料主要为二手数据,数据来源包括港铁公司官网、相关事件的新闻报道、政府监督审查报告及已有的关于该项目的技术类文献等。为了提高二手资料的可靠性和准确性,本文尽可能地通过多个渠道获取资料,并对资料进行比较以提高信度、效度。

是 650 亿港元(高成本)[①]。上述特征都表明广深港高铁香港段项目是非常典型的复杂产品系统。在该项目中,作为集成商的港铁公司(Mass Transit Railway,MTR)是香港最大的铁路运输系统,拥有 12 条路线的轻铁系统及昂坪 360 缆车系统,总计 87 座铁路站及 68 座轻铁站,铁路网覆盖全港,有领先行业的创新能力。而政府和用户(群众)同样在项目中发挥重要作用(港铁所报预算由政府全额出资;高铁轨道由“公用通道”改为“专用通道”也是由群众和政府共同决定的)。此外,截至 2013 年 6 月,项目中大型的已批合约已经多达 38 个[②],每个合约都由若干承建商负责。

高铁项目本身就是一项极其复杂的工程,而广深港高铁香港段由于一些特殊原因,采用了“专用通道方案”,即全隧道铺设(国内第一条全隧道高速铁路),这无疑进一步增加了工程难度。随后,港铁公司两次对外宣布项目延期,并提高项目预算,CoPS 创新风险由此产生。本文结合香港立法会《有关广深港高速铁路香港段建造工程延误的关注事项》和作者收集的相关资料,对该案例开展分析。

(二)案例分析

1. CoPS 创新风险

根据前文定义,并结合项目管理三要素——时间、质量、成本,本文将 CoPS 创新风险划分为三个维度:工期延误、质量下降、成本上升。通过对广深港高速铁路香港段项目的深入解析,本研究将其面临的 CoPS 创新风险概括如下,见表 1。

表 1 广深港高速铁路香港段项目创新风险

	成本上升	质量下降	工期延误
广深港高速铁路香港段项目创新风险	成本由 2010 年公布的 650 亿港元上升至853 亿港元,增长近三成。	首批抵港的电缆被疑质量问题(铜芯纯度不足),可能引致漏电、爆炸事故(安全隐患)。	2014 年 4 月,港铁公司宣布原定于 2015 年完工的港铁广深港高速铁路香港段延期至 2017 年;2015 年 6 月港铁方面再次宣布工程项目将延期至 2018 年第三季度。

资料来源:作者自行整理。

需说明的是,在“质量下降”一项中,由于香港高铁项目仍然处在施工阶段,并没有出现较为严重的质量问题。另外,在“成本上升”一项中,不仅包含由于项目延期带来的预算上升,机会成本也计入其中。该项目作为广深港高铁的一个支段,一旦建成,往返香港和广州的时间将由 100 分钟缩短为 48 分钟。项目的延期导致相

① 数据来源:中国新闻网——《广深港高速铁路正式拍板,香港到深圳只需 14 分钟》。
② 数据来源:港铁集团官网。

关的预期经济效益后延，受影响的还有广深港高铁的其他路段，这部分机会成本也应当计入。

2. 机会主义行为

机会主义是交易成本理论的重要假设之一。Williamson(1985)认为，人都是有自利倾向的，并将机会主义行为定义为“一种以欺诈的方式寻求自我利益的行为”，包括信息方面的误导、歪曲、掩盖、搅乱或混淆的蓄意行为，这一定义受到广泛认可(Yadong Luo，2006)。从本质上看，机会主义行为是一种以牺牲合作伙伴的利益为代价的自利行为[13]。

a. RL集团隧道钻挖机存在质量问题。由于该项目属于全隧道高速铁路，隧道钻挖效率的高低与工期密切相关。其中，元朗隧道段的两台隧道钻挖机(Tunnel Boring Machine)挖掘效率低下，严重拖慢工程进度。隧道钻挖机“昭君”因为支撑靴和前后支撑(两者均用以承受TMB工作时所产生的巨大反作用力)发生故障；另一台钻挖机“樊梨花二世”则因为防水系统故障而遭受雨水侵蚀。挖钻机制造流程复杂，必须按照隧道的尺寸定制，价格极高，同样属于复杂产品系统。就这两台故障钻挖机(“昭君”和“樊梨花二世”)而言，其制造商都是RL集团，造价都在1.5亿港币以上，且维修费用极高。根据港铁公司独董的报告，机具在运行过程中并未出现操作性失误致损。可见，RL集团为了在机具的维护和修理上获取额外的收益，在钻挖机定制时偷工减料，致使其出现一定程度的质量问题。

b. 承建商XC强制修改合同。802合约是该项目工程最早批出的合约之一，工程范围是“南昌物业地基移除及重置工程”。作为承建商，XC营造厂在施工前想当然以为需要被抽除的桩柱是垂直的，并以此为前提报价3.33亿港币(合约价值)。但施工时发现很大一部分桩柱是变形的，先前的移桩方法并不适用。因此，承建商违背合约内容，私自采用日本最新的转动机和楔块(Rotator and Wedge)方法施工，虽然效果良好，但工期和成本都大幅提升。2011年中，港铁公司表示该合约将延期约44周。此外，该合约也因为超支1.6倍而成为超支最严重的一份合约，目前估计需耗8.6亿港币。

c. 承建商XL隐瞒电缆质量问题。问题来自西九龙低压供电系统工程，该工程总价值5.49亿港元，承建商为XL冷热工业株式会社。此类工程所用电缆一般为欧洲进口的高品质电缆，但在该项目中，承建商为了降低成本，改用价格更低廉的某品牌电缆，并将此信息进行隐瞒。这种电缆在业内口碑较差，铜芯纯度不足，存在安全隐患，导致项目质量出现问题。

根据上述内容，本研究将广深港高速铁路香港段项目参与主体机会主义行为进行了概括，如表2所示。

表 2　广深港高速铁路香港段项目参与主体机会主义行为

	机会主义行为实施主体		
	RL 集团	XC 营造厂	XL 冷热工业
机会主义行为	偷工减料	强制修改合同	逆向选择

资料来源:作者自行整理。

3. 嵌入性

嵌入性是指经济行为和结果被行为人的双边社会关系和整体社会关系所影响[14]。该理论认为,网络中的主体行为受到两方面影响:①主体所在的二元关系与性质;②网络结构及其所在的网络位置[15]。这两方面内容也成为划分结构性嵌入和关系性嵌入的依据。结构性嵌入描述的是网络整体结构[16]以及主体在网络中的位置[17]对主体行为的影响,其中一个重要指标是网络中心度,可以通过计算网络中某个节点同其他节点之间直接联系的数量来获得。关系性嵌入描述的是主体同网络中的其他主体的关系的密切程度[14][18],测量指标是关系强度,一般学者采用互动时间、情感强度、亲密程度及互惠行动这几个指标测量。介于数据的可获得性,本文仅利用主体之间合作项目的多寡来衡量关系强度,并绘制出广深港高铁香港段项目创新网络图(如图 1)。

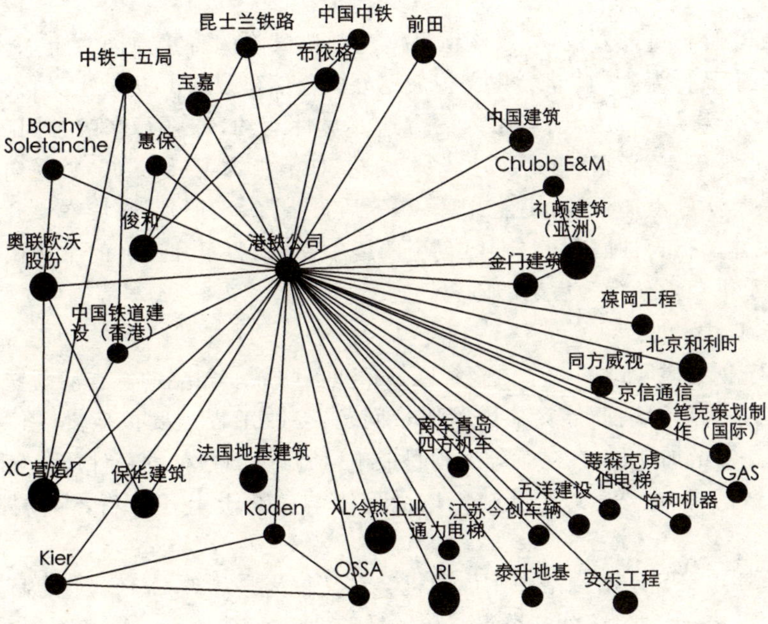

图 1　广深港高铁香港段项目的创新网络图

资料来源:根据广深港高铁香港段项目中所涉及的合约进行绘制。

图1中点的大小表示该主体同港铁公司之间存在的项目合约的数量(港铁公司除外),本文将其简单理解为关系嵌入程度;结构嵌入程度则通过中心度来衡量。需要说明的是,RL并没有直接出现在合约承建商的名单资料中,但它是项目中4台隧道钻挖机("昭君""樊梨花二世""嫦娥""铁娘子")的制造商。这种动辄上亿港元的机具本身就属于复杂产品,因此在进行绘图时,本文将RL和港铁公司之间看作存在4份合约,而这种合约并非仅是买卖关系,机具的工作、维护、修理都需要RL参与。

可以看出,XC、礼顿建筑(亚洲)、澳联欧沃股份这几家公司在该项目网络中结构嵌入程度较高。其中,XC涉及的合约包括:802,810b,826。而这几份合约中每份都需要若干承建商合作完成,如810b涉及澳联欧沃、保华等多家公司,同这些承建商的合作提高了XC的网络中心度。另一方面,RL和XL两者仅同港铁存在大量合作(项目涉及的4台隧道挖钻机由RL制造;港铁和XL之间存在4项合约:816a,816c,846,847),这种高频率的合作正是高关系嵌入的体现。

三、CoPS创新风险生成机理:命题与模型

(一)CoPS创新风险与机会主义行为

由上述分析可以发现,导致该项目出现创新风险的直接原因在于承建商所实施的机会主义行为。[19]将机会主义行为划分成公然(Blatant)机会主义行为和合法(Lawful)机会主义行为,前者指缔约方违背显性契约,如强行修改合同或违背合同、逃避责任等,后者指缔约方违背隐性契约,如消极怠工、偷工减料、逆向选择等。分包商一旦实施上述行为,便会出现CoPS质量下降、工期延误、成本上升等问题,而创新主体的行为被嵌入于CoPS创新网络中,受其关系和所在的结构位置影响。此外,关于机会主义行为后果的研究,主要包括绩效、关系、成本等因素(图2)均会直接影响CoPS创新风险。

CoPS创新风险中的三个风险维度是相互关联而非独立的。香港高铁项目中,西九龙总站天幕的钢筋连接器因为质量问题,导致工程进度被拖慢;项目再三延期,各类支出增加项目成本;为缩减项目成本,项目中的各种零部件质量(钢筋连接器、隧道钻挖机、电缆)又不可避免地受到影响。基于上述分析,本文提出如下命题。

命题1:CoPS创新网络中主体的机会主义行为是导致CoPS创新风险的直接原因,且CoPS创新风险的三个维度会相互影响。

(二)机会主义行为与嵌入性

根据交易成本理论,专用性资产是机会主义行为产生的主要原因。但现实中,

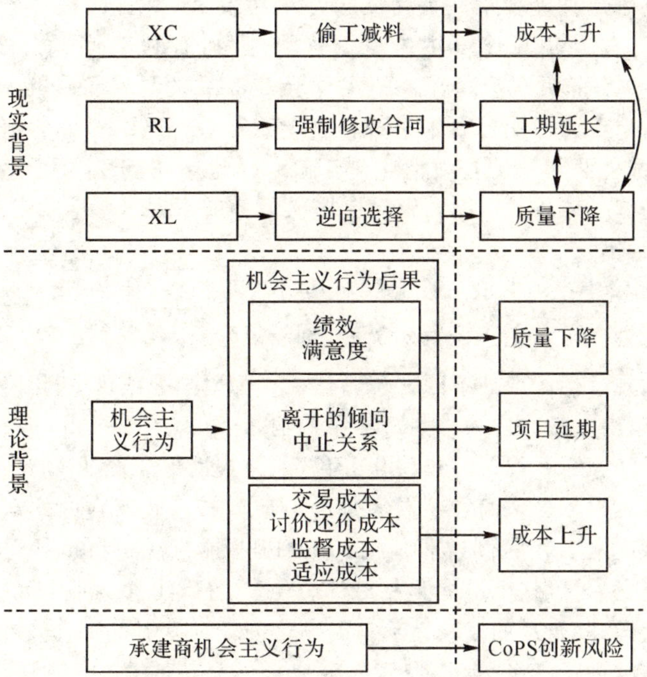

图 2　机会主义行为与 CoPS 创新风险

资料来源:在参考高嵩(**2009**)基础上绘制。

专用性资产的投入非常常见,而机会主义行为却不是伴随着必然发生的。Werder(2011)认为专用性资产只是机会主义行为发生的必要条件。在本案例中,XC 因为较高的结构性嵌入而拥有网络权力,这种权力使其有能力抵抗(against)港铁公司所给予的惩罚。因此它倾向于实施公然机会主义行为。另一方面,XL 和 RL 在项目网络中的关系性嵌入程度高,这使得其实施机会主义行为能够获得更多的利益,权力和信息都不占优的它们只有通过隐性机会主义行为以获取准租。可见,同嵌入性相关的情景因素同样可以触发主体实施机会主义行为。

目前机会主义行为的研究存在两大理论视角。社会交换理论认为,嵌入在网络中的公司更容易产生一种"泛化的道德",这种道德会抑制企业实施机会主义行为[14][20]。换言之,这一观点认为嵌入性会降低网络中的主体实施机会主义行为的动机。交易成本理论认为,信息不对称、资产专用性等因素会影响主体实施机会主义行为的动机。这两种理论与结构性嵌入和关系性嵌入对机会主义行为的影响不谋而合。根据结构性嵌入的内容,分包商所投入的专用性资产将决定其所在网络位置,网络位置影响权力和利益。中心度越高,权力和地位越高[21],进而影响网络中的主体行为。Ahuja 等认为,中心度高的主体可以操控网络中的信息流(信息不对称),最终以掩盖其机会主义行为[22]。中心度高和占据结构多的主体可以获得更多新信息,这些新信息使得主体占据优势地位,有利于其实施机会主义行为(Maggie,2014)。而高关系性嵌入的主体会与联结的另一方产生一种社会凝聚(social cohesion),这种社会凝聚某种程度上意味着与联结一方的信任、共识和行为准则,这些都会抑制机会主义行为的实施[23]。此外,出于对社会惩戒的惧怕,关系性嵌入较高的主体也会抑制实施机会主义行为的意愿[24]。基于上述分析,本文提出如下命题。

命题2:网络中主体的嵌入性会影响其实施机会主义行为。

(三)嵌入性-机会主义行为-CoPS创新风险

与一般大规模生产产品不同,CoPS往往作为单一的项目进行开发(Y Ren等,2014),由硬件、内嵌的软件和一些跨学科的输入(inter-disciplinary inputs)组成,定制化程度极高。CoPS采用"模块化分包"的方式进行开发,创新过程涉及系统集成商、所有者(客户)、分包商和主要零部件供应商甚至政府在内的众多创新主体。以英吉利海峡隧道工程为例,该项目自开工以来频频延期和超支(预算150亿美元,超支211亿美元),整个工程涉及220家贷款银行,70多万股东及其他众多的供货商和建筑公司,其管理的复杂性不言而喻。创新过程中,系统集成商直接同客户接触,接受订单,进行任务分包,最后向客户提供完整的CoPS产品。主体之间相互联结,形成"客户-集成商-分包商-供应商"这一多主体创新网络。换言之,每个创新主体也嵌入于该创新网络中。罗家德(2005)认为,嵌入性理论是社会关系塑造经济行为的过程,是微观行为和宏观现象之间建立起的一座桥梁。主体嵌入性并非直接影响网络中的风险或绩效,而是通过影响网络中主体的经济行为对其产生间接作用。嵌入于该网络中的企业由于投入了专用性资产,这种投资在很大程度上转换为沉没成本,使其无法在不受损失的情况下退出这一网络。另一方面,专用性资产的投入会使得网络中的交易双方相互依赖,面临机会主义行为的威胁[19]。交易成本理论认为,任何一个主体都拥有实施机会主义行为的动机,而动机的大小取决于某些内外部的因素。在CoPS创新网络中,不同的利益相关者由于投入的专用性资产不同,嵌入于网络的位置也有所不同,不同的位置会影响其权力和利益,当权利不对称时,就会出现机会主义行为[25]。而机会主义行为会进一步导致项目在成本、质量、工期等方面出现问题,即CoPS创新风险。可见,从嵌入性理论出发,引用机会主义行为解释CoPS创新风险的生成存在理论与现实的合理性。

四、研究结论

本文以复杂产品系统为研究对象,通过对广深港高速铁路香港段项目的案例

分析,研究了嵌入性视角下 CoPS 创新风险生成机理。主要结论包括:

(1)系统网络主体的机会主义行为是导致 CoPS 创新风险的直接原因。从现实上,承建商(RL、XC、XL)的机会主义行为(偷工减料、强制修改合同、逆向选择)直接导致了香港高铁项目出现严重超支、延期等问题。从理论上,本文对机会主义行为后果的研究进行总结,发现相关因素主要集中在成本、质量和时间三方面(CoPS 创新风险的三维度)。

(2)系统网络中主体的嵌入性会影响其实施机会主义行为。CoPS 创新主体嵌入在集成商、分包商和供应商所联结的多主体网络中,从嵌入性视角理解主体的行为,进而分析风险存在合理性。高结构性嵌入的主体,因为拥有较高的网络权力,更倾向于实施公然机会主义行为。而高关系性嵌入意味着更多的可占用准租,所以网络主体在不占据权力优势的情况下会倾向于实施合法机会主义行为。因此,本文提出"嵌入性—机会主义行为—CoPS 创新风险"以期解释风险生成机理。

本文的不足之处在于,仅仅解释了结构性嵌入对公然机会主义行为和关系性嵌入对合法机会主义行为的影响。事实上,高度结构性嵌入所带来的信息不对称同样有利于实施合法机会主义行为。而这部分机理由于二手资料的缺陷,并未通过理论展开。另外,本文的理论模型(如图 3)同样有待进一步的数据验证和定量分析。

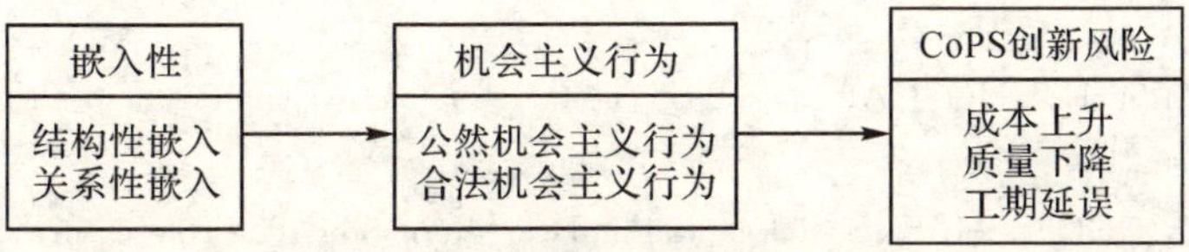

图 3 CoPS 创新风险生成机理模型

参考文献

[1] 陈劲,周子范,周永庆.复杂产品系统创新的过程模型研究[J]. 科研管理,2005,26(2):61-67.

[2] 景劲松. 复杂产品系统创新项目风险识别,评估,动态模拟与调控研究[D]. 杭州:浙江大学,2004.

[3] 盛亚,王节祥,吴俊杰.复杂产品系统创新风险生成机理研究——利益相关者权利对称性视角[J]. 研究与发展管理,2012,3:011.

[4] BRADY T. Tools,management of innovation and complex product systems [J]. Report prepared for CENTRIM/SPRU project on Complex Product Systems,EPSRC Technology Management Initiative,CoPS Publication,1995 (3).

[5] HOBDAY M. Product Complexity,Innovation and Industrial Organization[J]. ESRC:

Product Complexity, Innovation and Industrial Organization, 1998.

[6] 陈劲，景劲松，童亮. 复杂产品系统创新项目风险因素实证研究 [J]. 研究与发展管理，2006，17(6):62-69.

[7] HALMAN J M, KEIZER J A. Diagnosing risks in product-innovation projects [J]. International Journal of Project Management, 1994, 12(2):75-80.

[8] HOBDAY M. The project-based organisation: an ideal form for managing complex products and systems [J]. Research policy, 2000, 29(7):871-893.

[9] HANSEN K L, RUSH H. Hotspots in complex product systems: emerging issues in innovation management [J]. Technovation, 1998, 18(8):555-590.

[10] Hobday M, Rush H. Technology management in complex product systems (CoPS)-ten questions answered [J]. International Journal of Technology Management, 1999, 17(6): 618-638.

[11] YIN R. Case study research: Design and methods[M]. Beverly Hills, 1994.

[12] 吴金希，于永达. 浅议管理学中的案例研究方法 [J]. 科学学研究，2004，12:116-120.

[13] GHOSHAL S, MORAN P. Bad for practice: A critique of the transaction cost theory [J]. Academy of Management Review, 1996, 21(1):13-47.

[14] GRANOVETTER M. Economic action and social structure: the problem of embeddedness [J]. American Journal of Sociology, 1985:481-510.

[15] 张闯，张涛，庄贵军. 渠道权力应用，冲突与合作:营销渠道网络结构嵌入的影响 [J]. 商业经济与管理，2015 (2):57-67.

[16] NAHAPIET J, GHOSHAL S. Social capital, intellectual capital, and the organizational advantage [J]. Academy of management review, 1998, 23(2):242-266.

[17] TSAI W, GHOSHAL S. Social capital and value creation: The role of intrafirm networks [J]. Academy of Management Journal, 1998, 41(4):464-476.

[18] UZZI B. Social structure and competition in interfirm networks: The paradox of embeddedness [J]. Administrative Science Quarterly, 1997:35-67.

[19] WILLIAMSON O E. The economic intstitutions of capitalism [M]. Simon and Schuster, 1985.

[20] PROVAN K G. Embeddedness, interdependence, and opportunism in organizational supplier-buyer networks [J]. Journal of Management, 1993, 19(4):841-856.

[21] WASSERMAN S, FAUST K. Social network analysis: Methods and applications[M]. Cambridge: Cambridge university press, 1994.

[22] AHUJA M, GALLETTA D, CARLEY K. Individual centrality and performance in virtual R&D groups: An empirical study [J]. Management Science, 2003, 49(1):21-38.

[23] EL A A, MIGNONAC K, PERRIGOT R. Opportunistic behaviors in franchise chains: The role of cohesion among franchisees [J]. Strategic Management Journal, 2011, 32(9): 930-948.

[24] WESTPHAL J D, KHANNA P. Keeping directors in line: Social distancing as a control mechanism in the corporate elite [J]. Administrative Science Quarterly, 2003, 48(3): 361-398.
[25] 盛亚，王节祥. 利益相关者权利非对称，机会主义行为与 CoPS 创新风险生成[J]. 科研管理，2013，34(3):31-40.

企业产学研合作模式与组织二元学习的关系研究

韦 影 王梦婷

(浙江工商大学工商管理学院,浙江杭州 310018)

摘 要:组织二元学习对于企业生存和发展具有重要意义,而产学研合作关系的建立为组织学习提供了平台,研究两者的关系具有重要意义。本文从产学研合作模式的关系强度特征和组织二元学习本质出发,根据产学研各方合作关系的持续时间、交互频率、资源配置将产学研合作模式划分为两类,识别不同类型产学研合作模式与组织二元学习的关系并提出理论框架。最后结合宁波海天集团的发展历程进行了实证分析。

关键字:产学研合作模式 探索式学习 利用式学习 关系强度

一、引言

一直以来,合作模式都是产学研合作研究领域的重要研究议题,国内外学者围绕产学研合作模式的分类、特征、选择影响因素等进行了大量研究。但较少有学者从组织学习视角出发探究产学研合作的选择问题,仅有少数学者对产学研合作情境下的组织二元学习的规范分析[1]和实证研究[2][3]进行了有益的尝试。在复杂动荡的市场环境下,企业既需要利用式学习来确保已有的灵活性,又需要探索式学习以应对未来的不确定性[4]。组织学习对于技术创新的重要性不言而喻,而作为一种典型的组织间合作形式,产学研合作不仅是一种技术创新活动,也是一个学习过程,为组织间学习提供了平台和机制[5]。产学研合作模式的选择在一定程度上反映了企业产学研合作的需求,同时也能体现其组织学习倾向。

基金项目:国家自然科学基金青年项目"企业社会资本对产学研合作中知识转移的作用机制及结构优化:多层次研究"(71102171, 2012.01-2014.12);浙江省社科规划"之江青年课题研究"成果(11ZJQN057YB, 2012.01—2014.12)。

产学研合作在帮助企业获取外部创新资源的同时，也为合作参与各方提供了良好的学习机会。Coleman (1988)、Burt (1992)和 Uzzi (1997)等学者认为，组织学习主要由关系结构即组织间的联系模式决定[6]。作为一种结构功能模式，合作模式是产学研合作关系在合作过程中的反映，呈现出不同的关系强度特征。在产学研合作创新过程中，合作创新主体架构了两种强度不同的合作关系，即强关系和弱关系[7]。关于社会网络和社会资本的文献研究已经表明，不同关系强度对组织二元学习的影响存在差异[6][8][9]。而产学研合作本质上是社会关系网络，呈现不同关系强度的产学研合作模式与组织二元学习之间必定存在不同联系。因此本文从产学研合作模式的关系强度特征出发，结合组织二元学习本质，来识别不同类型产学研合作模式与组织二元学习的关系。

企业能否通过产学研合作有效地进行探索式学习或利用式学习与其采用哪种合作模式密切相关，理解不同的产学研合作模式与组织学习类型的关系，将有助于企业根据自身战略发展和产学研合作需求选择合适的产学研合作模式，从而真正发挥产学研合作优势。本文在对产学研合作模式关系强度特征和组织二元学习本质分析的基础上，探讨产学研合作模式与组织二元学习的关系，以此提出企业产学研合作模式的选择策略。

二、概念界定

(一)组织二元学习

根据 March[10] 对组织学习的分类，组织学习可以分为探索式学习和利用式学习。激烈的国际竞争和快速的技术变革要求企业不断根据外界环境调整战略目标，而探索式学习和利用式学习与企业的战略目标密切相关，与创新过程紧密相连。企业促进战略变革的方法之一便是通过外部网络进行探索和利用[11]，一方面要维持现有的稳定性，利用现有的竞争能力，以获取既有产品和服务的最大回报；另一方面要探索未来的优势来源，创造新的理念和运营方式，发展新的产品和服务以应对新兴市场[1]。

本文遵循 March[10] 和 Gupta 等人[12] 的观点：利用式学习是组织对已有能力、技术和范式等的提炼和拓展，探索式学习是指组织对新知识、新技术等的寻求和发现；两者都包含学习，但在学习类型和量上存在差异。联系本文的研究情境，从企业视角出发，我们认为企业通过产学研合作获得的是与其现有知识、技术差异较大的新知识、新技术即为探索式学习；如果企业在产学研合作中所接触的是已经熟悉的知识，旨在深入、细化现有知识和技术则为利用式学习。需要说明的是，本文所指的熟悉和新颖都是对企业自身而言，并非是对整个行业。探索式学习和利用式学习具有不同的内涵和特征(表1),两者之间的差异会影响企业对外部技术网络的应用。

表1 探索式学习和利用式学习的比较

	探索式学习	利用式学习
本质	创造、探索新知识	细化、利用原有知识
行为特征	搜寻、变异、冒险、实验、灵活、探索、创新	精炼、筛选、生产、效率、选择、实施、执行
组织特征	有机、程序灵活、职责模糊	职责明确、程序集中、流程精细
目的	旨在长期利益	旨在短期效益

资料来源:作者根据 March(1991)整理。

(二)产学研合作模式的分类

国内外学者对产学研合作模式进行了大量的分类研究[13][14][15],具体可分为合作研发、委托研发、共建实体、人才联合培养、咨询顾问等合作模式。从企业视角看,合作研发是最重要的渠道,使用频率最高;其次是共建实体、委托研发、人才联合培养等,且企业参与产学研合作最关注的是提高产品性能、增加产品功能及开发全新产品等[16][17][18]。结合国内产学研合作的实际,在分析和总结现有关于产学研合作模式分类的基础上,本文把国内企业采用的产学研合作模式归纳为六大模式。表2展示了这六大产学研合作模式的特点和运用频率。

表2 国内主要产学研合作模式的特点和使用频率

产学研合作模式	特点	运用频率
合作研发	由企业根据生产和市场需求提出技术合作要求,或由学研方根据所掌握的技术将其推向生产,双方共同参与,共同开发	较高
咨询顾问	服务于企业技术创新需求的信息交流	较高
共建实体	企业与科研机构、大学分别投入一定比例的资金、人力或设备共同建立联合研发机构、联合实验室和工程技术中心等研发平台	中等
人才联合培养	企业和高校合作定向培养人才,扩大科研和技术人才使用范围,使人才双元化	中等
委托研发	企业委托高校、科研院所等学校机构对新产品、新技术、新工艺、新材料等进行研究开发	较低
参与会议	企业与学研方参与各种形式的学术会议或行业会议	较低

资料来源:作者根据王文岩(2008)、李梅芳等(2012)和仲伟俊等(2009)整理。

除常见产学研合作模式外,参与会议也是值得探讨的一种模式[18],因此,本文也将其作为研究对象，与其他五种模式一起进行分析。在产学研合作模式选择方面，多数学者认为企业参与产学研合作的模式并不是一成不变的[19][20][21]。

三、研究框架

现有研究表明，不同的产学研合作渠道适用于企业不同的组织学习类型[3]，且不同性质的产学研合作成果对企业组织学习的影响也存在差异，或有利于探索式学习，或有助于利用式学习[2]。另有学者将产学研合作系统作为组织二元学习的平台，来研究探索式学习和利用式学习的平衡机制[1]。但这些研究都没有关注产学研合作模式与组织二元学习的关系，而不同产学研合作模式代表企业方和学研方之间的不同关系程度，呈现不同强度特征，作用于不同组织学习类型。因此，本文从分析不同产学研合作模式的关系强度特征出发，结合组织二元学习本质来探究两者的关系。

（一）产学研合作模式的关系强度特征

在产学研合作创新过程中，合作创新主体架构了两种强度不同的合作关系，即强关系和弱关系[7]。产学研合作模式作为一种结构功能模式，实质上表达了产学研合作关系构建中的合作结构，是产学研合作关系强度的体现。无论产学研合作具体模式怎样，其性质最终可以由以下方面决定：大学参与合作的组织资源、合作持续时长、合作关系正式化程度[22][15]。根据 Granovetter 的研究，主体间关系强度可以用交互时间、情感强度、亲密度（相互信赖）、互惠服务来衡量[23]，并且在技术创新过程中，不同组织学习导向的合作关系在合作交互范围、频率、持续时间、信任等方面存在差异[24]。因此本文根据上述关系强度特点，对产学研合作模式进行进一步划分（如表 3 所示）。

表 3　产学研合作模式的划分

类型	具体合作形式	特征		
		交互频率	持续时间	投入资源
强关系产学研合作模式	合作研发	较高	较长	较多
	共建实体			
	人才联合培养			

续 表

类型	具体合作形式	特征		
		交互频率	持续时间	投入资源
弱关系产学研合作模式	参与会议	较低	较短	较少
	咨询顾问			
	委托研发			

资料来源:作者根据 Bonaccorsi&Piccaluga(1994)、D'Este&Patel(2007)整理。

(二)产学研合作模式与利用式学习

利用式学习的本质是精炼、细化当前知识。企业通过产学研合作来提高现有产品的性能或完善产品功能,关注的是当前利益,此时企业呈现利用式学习特征。

1. 强关系产学研合作模式与利用式学习

合作研发模式多由企业根据生产和市场需求向学研方提出技术合作要求,双方共同参与,共同开发。这种模式的主要特点是市场导向明确,合作各方交流频繁,在合作各阶段相互依存、互为反馈,各方力量充分调动,有利于资源的高效利用,知识的深入学习,是在产学研合作中企业使用频率最高的合作模式[14][18]。在合作研发模式下,企业熟悉合作内容相关知识且具备一定技术基础,紧密的合作过程使企业与学研方建立信任关系,这有利于双方共享细化知识,开展利用式学习进行技术改进、创新。共建实体模式要求合作方必须形成自负盈亏的公司组织形式,因此,在合作中科研需求始终要服务于经济利益,偏向于技术经营[13]。另外,学研方和企业的人才联合培养除创新型人才的培养,企业也会借助产学研合作平台培养针对企业运作的应用型人才,旨在增强企业当前的技术能力和竞争力。如雅戈尔集团与浙江纺织服装学院、浙江工商大学联合培养管理类人才,以提高公司当前的生产效益。

在上述模式下,企业着眼于当前利益,产学研合作关系持续时间长、交互频率高,企业投入资源丰富,双方互惠程度高。提高产品性能和完善产品功能占企业产学研合作内容的大部分比例,而合作研发模式是企业运用频率最高的产学研合作模式[16],可见合作研发模式更有利于企业利用式学习的进行。强关系产学研合作模式有利于合作各方彼此间信任关系的建立,有利于促进彼此知识传递的意愿,便于现有知识的利用和重组,能使合作关系中的成员在某一特定知识领域获得更多更深层次的知识[6]。企业和学研方能更快地交换和分享有价值的知识,通过制度化的路径来促进知识的流动[25]。具有职责明确、程序集中、流程精细等强关系特点的强关系产学研合作模式更适合企业开展利用式学习导向的组织间合作[26]。

2. 弱关系产学研合作模式与利用式学习

咨询顾问模式是企业常用的产学研合作模式，对于研发密集型企业来说尤为重要，而且这些企业往往拥有长期合作对象，合作关系稳定，相较于非正式交流渠道，其正式化程度高。该模式通常服务于企业的技术创新需求，学研方提供技术咨询及顾问服务，旨在找到最好的问题解决方案[27]。咨询顾问模式有助于利用式学习的开展，通过对已有技术的深化和提炼，不仅增强了市场机会，也丰富了相关技术领域的经验和知识。但咨询顾问模式常伴随着其他合作关系发生[28]，且并非持续性行为，因此互动频率相对较低、双方投入资源较少，呈现弱关系的特点。在这种模式中，学研方通常是为企业解决在当前生产和技术开发中出现的问题，是解决当前技术需求的模式。且企业对产学研合作中接触的知识、技术是已经熟悉的，体现出利用式学习特征。

(三)产学研合作模式与探索式学习

当企业参与产学研合作的内容围绕开发全新产品、获得最新行业信息等技术创新活动展开时，企业的组织学习类型则为探索式学习。

1. 强关系产学研合作模式与探索式学习

人才联合培养模式在某种情况下，也有利于探索式学习。当企业和学研方联合培养的是具有研发能力的高层次创新人才时，相较于其他人才，这类人才更能帮助企业注入新理念、新思想，更能推进企业的技术创新进程[3]。如三一重工和华中科技大学在人才联合培养方面存在长期稳定的战略合作，双方共建高层次人才培养基地，开办三一集团工程硕士研究生班，实行企校双导师制，共同培养技术、研发高层次人才，帮助企业更好地进行技术创新活动。

2. 弱关系产学研合作模式与探索式学习

产学研合作模式中，非正式合作形式多样，如企业参与高校举办的学术研讨会，科研人员和企业人员个人层面的非正式信息交流等，其中参与会议是企业获取最新、最前沿技术信息的有效途径，能帮助企业通过获得最新行业动态来激发企业的创新灵感。在这些非正式合作模式下，学研方向企业提供的咨询服务有时是临时性的，有时是公益性的，双方互动频率低、持续时间短、资源配置少，呈现弱关系特征。委托研发这种产学研合作形式是指企业委托学研方对新产品、新技术、新工艺及材料等进行研究开发[13]。虽然委托研发作为经济法律行为[13]具有正式的协议，但主要的研究任务是由研究实力较强的学研方进行操作，企业参与度不高，基本上是资金的投入，双方交互频率低，合作持续时间较短，双方的关系松散呈现弱关系的特征。

在参与会议和委托研发模式下，产学研各方的合作关系是“有机的”，企业和学研方之间存在一座跨越界限传递异质性信息、知识的桥梁,低信息冗余度和低成本优势更有利于异质信息的传递及新知识的发现[8]。探索式学习的本质在于获得新的知识和信息,企业通过这种形式的产学研合作获得的新知识和信息有助于用新方法来处理现存问题。已有研究表明,工作程序灵活、职责模糊的有机组织间合作更适合探索式学习的进行,更有利于新知识的学习及技术的创新[26]。因此,弱关系产学研合作模式更有利于这种"有机化"合作关系的形成,更支持探索式学习的开展。

基于上述分析,从产学研合作模式的特征和组织二元学习的本质出发,本文提出产学研合作模式与组织二元学习的关系模型(如图1所示)。

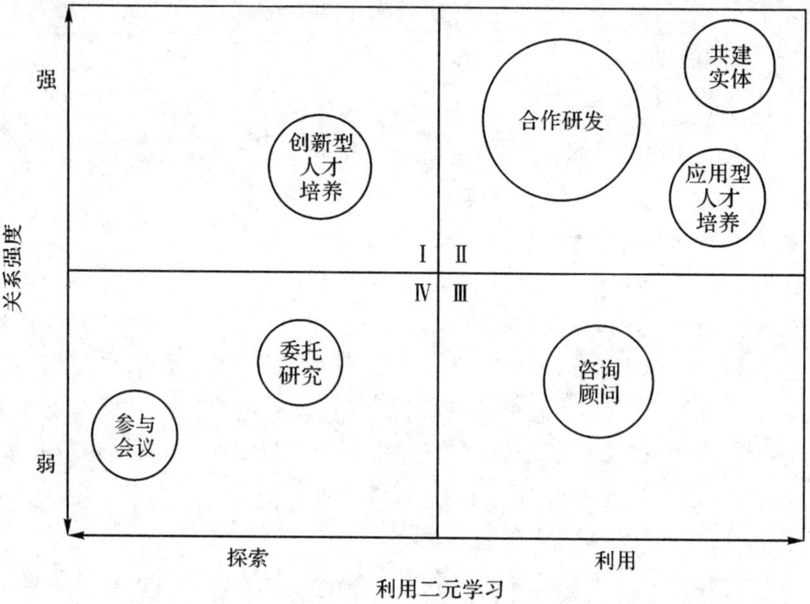

图1 组织二元学习与产学研合作模式的关系

注:圆圈面积大小表示圆圈中产学研合作模式的使用频率高低,面积越大表示使用频率越高。

从总体上看,弱关系产学研合作模式,由于低信息冗余度能更好地传递异质性知识,提供新观念和新方法,有利于企业进行探索式学习。而强关系产学研合作模式下,企业与学研方更容易建立信任关系提高合作效率,有助于企业解决当前面临的技术难题。关于社会网络和社会资本的文献研究已经表明,强合作关系更有利于共享细化和深度的知识,也就是更支持企业的利用式学习;弱合作关系则因发挥"信息桥"的作用而更有利于探索式学习[6][8][9]。

四、案例研究

(一)研究方法与数据收集

(1)研究方法。关于组织学习的研究,纵向案例研究是常用的研究方法之一。单案例研究可以用于研究有代表性的典型案例,从这一案例中得出的结论将有助于加深对于同类事件的理解[29]。在企业产学研合作活动中,合作模式选择一定程度上反映其组织学习倾向。采用纵向案例研究能够更好地分析企业产学研合作模式选择与组织二元学习的协同演化关系,从而有助于保证研究深度,所得结论有助于加深对同类事件的理解。鉴于此,本文采用纵向单案例研究方法展开分析并检验上文提出的研究框架。

(2)企业资料。1966 年于宁波成立的海天集团,至今已有 40 多年的发展历程,至 2013 年海天集团已成为世界上产量最大的注塑机制造企业,总资产已超过 108 亿元,在塑料机械装备制造业中十分具有代表性。海天成功的公司形象与响亮的品牌效应归功于企业将全部的精力与财力投入在产品的研发与制造中,与其不断的组织学习及丰富的产学研合作活动紧密相关,非常适合组织学习视角下的产学研合作研究。本文采取网络收集的方式获取资料,收集的资料包括:已发表的有关研究海天的文章以及从行业或专题材料中选取的文章;直接从海天获得的材料,主要是网站信息和年报资料;媒体报道,海天作为国内注塑机业的领军企业经常受到新闻媒体关注、报道。

(3)阶段划分。在纵向案例研究中,首先要进行时期的划分。根据海天集团董事长的讲话资料显示,海天的发展历史被划为四个时期:初创期(1966—1970 年)、探索期(1971—1990 年)、规范发展期(1991—2000 年)、高速发展期(2001 年至今)。由于海天于 1971 年才正式介入注塑机行业,故剔除初创期。在借鉴彭新敏等[30]的研究基础上,充分考虑海天注塑机不同阶段的产学研合作情况和合作模式的变化,本文最终把海天注塑机的产学研合作历程划分为三个阶段,如表 4 所示。

表 4 海天注塑机产学研合作进程的阶段划分

	探索期(1971—1990)	规范发展期(1991—2000)	高速发展期(2001 至今)
代表性产品	750 克注塑机	电脑控制的液压注塑机	二板/伺服节能机和 HTD 全电动注塑机
研制时间	1987 年	1992 年	2005 年、2006 年

续 表

	探索期(1971—1990)	规范发展期(1991—2000)	高速发展期(2001至今)
主要合作科研机构	北京化工大学、上海轻工研究所	北京化工大学、上海轻工研究所、浙江大学	北京化工大学、浙江大学、上海大学、上海交通大学
合作特点	以技术咨询、顾问为主	开始进行合作研发	多种合作形式并存
技术性能	20世纪80年代末国内领先水平	20世纪90年代国内领先、国际中等水平	国内外领先水平

(4)数据编码。案例分析应对构念进行清楚的界定,降低作者主观认识造成的变差[31]。本文所分析的组织学习包括探索式学习和利用式学习两个维度,如果企业参与产学研合作目的主要是深化和升级现有技术和利用已有知识,则为利用式学习;如果是为了获取新知识,探索新技术和业务领域则是探索式学习。根据上述收集数据的方法,并剔除与研究主题不相关的文章,本文初步获取了新闻报道30篇,相关文献和专题文章12篇。数据编码过程由主要研究成员进行整理并通读案例资料,然后由研究团队中的3名成员分别独立进行渐进式编码,在编码时以初步构建的理论模型及涉及的主题、构念为参考依据。通过对这42篇文章进行编码处理,本文得到了114个条目。其中至少2人同时编码一致的条目才进入构念条目库中,最终确定97个条目,再将这97个条目根据构念进行二次编码。编码提炼过程如表5所示。

表5 编码提炼过程

关键词表	初级编码	聚焦编码	所属主题	初级编码数量
新知识、新技术、创造性学习、不熟悉、首创、新产品、陌生领域、填补空白	探索	探索式学习	组织学习	55
经验积累、技术改进、精炼、不断改进	利用	利用式学习		
资助、参观学习、技术考察、博览会、展会、技术咨询、技术交流	参与会议、委托研发、咨询顾问	弱关系合作模式	产学研合作模式	42
共建研发平台、基地、立项、培养工程师、培训工人、联合开发	共建实体、人才联合培养、合作研发	强关系合作模式		

（二）案例分析与讨论

（1）探索期（1971—1990 年）：初入塑机领域的海天，技术基础薄弱，以技术引进、模仿创新为主。这个阶段海天并不具备塑机领域的先验知识和经验积累，所以需要搜寻外部技术，寻找科研机构的帮助，其技术来源主要是向该领域技术成熟企业、高校和科研院所购买，如表 6 所示。这个阶段的海天找到了作为塑料加工机械领域中的顶级学术机构——北京化工大学及上海轻工研究所，前期的合作方式以成果转化[①]、咨询顾问为主，技术创新的关系强度较弱。该阶段企业完全按照技术输出方的标准生产，旨在生产与技术输出方同样水平的产品。从知识距离来看，此时的海天学习的是陌生、外来的知识，因此以探索式学习为主，且网络连接结构松散，体现弱关系产学研合作模式的特征。该阶段探索式学习占主导地位。

表 6　海天第一阶段产学研合作典型案例资料举例

典型案例资料举例	关键词	初级编码	编码结果
宁波海天塑机成立之初缺乏必要的技术，主要是通过向宁波以外的高校、科研院所购买获取，从北京化工大学、上海轻工研究所等获得技术支持，使产品技术开发实现了从无到有的积累。	从无到有	探索	探索式学习
	购买获取	成果转化	弱关系合作模式

（2）规范发展期（1991—2000 年）：经过探索期的技术引进和模仿创新，海天学习了相关的技术和知识，已具备了一定的技术基础和研发能力。这一阶段的海天致力于开发新产品，总体战略是市场导向的，技术创新以工艺创新为主，如表 7 所示。由于该阶段海天的学习侧重对市场的把握，其产学研合作活动也是围绕着市场需求进行研发或产品、工艺改进。在第一阶段合作的基础上，该阶段的产学研合作关系由弱变强，具体形式以合作研发为主。企业接触的是已经熟悉、现有的知识，体现利用式学习的特征。与此同时，海天也清楚地认识到突破前沿关键核心技术的重要性，在利用式学习之余也兼顾探索式学习。

表 7　海天第二阶段产学研合作典型案例资料举例

典型案例资料举例	关键词	初级编码	编码结果
通过加大科技投入，加强产学研合作研究开发，突出自主的技术创新，加速科技成果的产业化，加快塑机产品的升级。	产品升级	利用	探索式学习
	合作研发	合作模式	强关系合作模式

① 根据李梅芳（2012）的研究表明，企业使用成果转化模式的频率非常低，因此不作为本文的研究对象。但鉴于海天探索期的产学研合作情况，成果转化确为其主要的产学研合作模式。

(3)高速发展期(2001年至今):进入21世纪,海天主要任务是针对本地市场进行改进创新,积累研发能力,实现自主研发。这一阶段的海天与学研机构同时保持着广泛联系,产学研合作形式趋向多样化、知识特性多元化,技术创新网络趋于强大,如表8所示。一方面,海天与北京化工大学、浙江大学等院校保持着紧密的合作关系。如2005年,与北京化工大学共同投资创建了"宁波海天北化科技有限公司",与浙江大学合作组建了"海天浙大塑机研发与信息集成平台"。另一方面,海天积极参加业界各种高级会议,广泛建立与高校的联系,以及时获取最前沿技术信息,有利于探索式学习的开展。在技术创新的征程中,海天集团积极依托产学研合作突破产业关键技术,增强自主创新能力。在积极开展大量利用式学习的同时也进行了大量探索式学习。

表8 海天第三阶段产学研合作典型案例资料举例

典型案例资料举例	关键词	初级编码	编码结果
海天根据国内注塑机的特点与市场需求的可行性进行创造性改造,不仅通过与科研院所的研发合作来获取新知识和促进技术创新,还频繁参加各种国际注塑机展会,借此来获取国际上最新的市场和科研信息。	改造	利用	利用式学习
	最新	探索	探索式学习
	研发合作	合作研发	强关系合作模式
	展会	参与会议	弱关系合作模式

五、讨论与结论

通过对海天案例三个阶段的纵向分析,发现企业产学研合作模式与组织二元学习之间存在一定关系,验证了本文提出的两者关系模型。海天的组织学习类型与产学研合作模式的关系如图2所示。首先,在探索期,海天的产学研合作模式以成果转化、技术咨询等形式为主,与学研方的联系呈现弱关系特征。由于是进入一个全新的领域,几乎没有技术基础,因此海天这一阶段以探索式学习为主。其次,进入规范发展期,其产学研合作形式主要是合作研发模式,与学研方合作关系由弱变强,更有利于该阶段利用式学习的进行。最后的高速发展期,企业技术创新网络逐渐稳定,海天不再满足于已有技术的改进,渴望实现突破,通过与学研方的多元化合作,如共建实体、合作申报课题、参与会议等模式,强弱关系并存,探索式与利用式学习兼顾,不断推进企业的技术创新征程。

本文主要结论为强关系产学研合作模式有利于利用式学习,弱关系产学研合作模式则更有利于探索式学习。本研究一定程度上丰富了组织学习视角下产学研

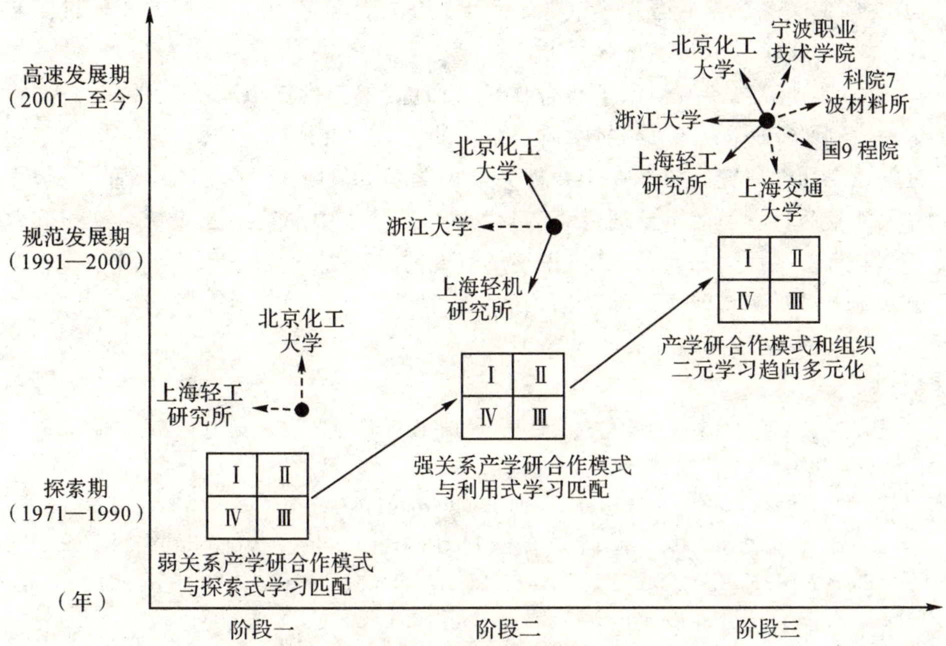

图 2　海天组织学习类型与产学研合作模式匹配过程

注：实线表示强关系，虚线表示弱关系；阴影部分表示海天该阶段产学研合作模式与组织二元学习的关系。

合作领域的相关研究。以往有学者对产学研合作模式和组织二元学习的关系提出一些看法，但并未做深入探讨[3]。而本文用案例分析方法，引入关系强度视角，将产学研合作模式分为强、弱关系两类来分析其与组织二元学习的关系，为研究产学研合作模式提供了新的视角。另外，本文部分回应了 Granovetter（1985）提出的相对于强关系而言，弱关系更有利于传递异质性知识和信息的观点。从本文研究结论可以看出，在产学研合作方面，企业更倾向于采用强关系产学研合作模式来进行利用式学习。这在某种程度上表明，企业参与产学研合作旨在解决当前短期的技术、生产问题，没有立足于长远发展的眼光。但从海天的产学研合作实际中，我们可以看出弱关系产学研合作模式，如参与会议对企业获得新知识、新市场等的重要性，探索式学习可能带来更长远的发展机会。这从侧面说明探索式学习和利用式学习的平衡是企业生存和发展的关键，两者缺一不可[4][10][32]。

本研究得出的结论对企业的技术创新管理具有一定实践指导意义，主要体现在以下两个方面。首先，企业在进行产学研合作时，采用强关系产学研合作模式更有利于利用式学习的进行，弱关系产学研合作模式则更有利于开展探索式学习。其次，从整体发展上看，企业需要根据自身发展阶段和行业特征等因素，通过多元化运用强、弱关系产学研合作模式,来平衡组织二元学习,并适时调整才能进一步提高产学研合作效益,从而增强企业的持续竞争力。

另外,本研究虽丰富了产学研合作领域研究,但仍存在以下局限性。首先,由于单一案例研究所固有的局限性,研究结论的普适性有待进一步验证。其次,组织学习领域二元性研究的根本在于处理探索式学习与利用式学习间的矛盾[33],但本文并无涉及两种学习的平衡研究,而产学研合作情景中的组织二元学习平衡问题是一个非常值得探讨的问题,是值得继续研究的方向之一。最后,我们希望能在此研究基础上进行定量研究以检验结论的推广性。

参考文献

[1] 王利敏,袁庆宏. 产学研合作中双元性学习的平衡机制研究 [J]. 研究与发展管理,2014. 26(2):17-24.

[2] BISHOP K, D'ESTE P, NEELY A. Gaining from interactions with universities: Multiple methods for nurturing absorptive capacity [J]. Research Policy, 2011, 40(1):30-40.

[3] JOHN P W, WESLEY M C, RICHARD, R. N. Links and Impacts: The Influence of Public Research on Industrial R&D [J]. Management Science, 2002, 48(1):1-23.

[4] LAVIE D, STETTNER U, TUSHMAN M L. Exploration and Exploitation Within and Across Organizations [J]. The Academy of Management Annals, 2010, 4(1):109-155.

[5] 刘璇华. 产学研合作中组织间学习效果的影响因素及对策分析 [J]. 研究与发展管理,2007,19(4):112-118.

[6] SHAD S M, SCOTT A S. Relational Archetypes, Organizational Learning, and Value Creation: Extending the Human Resource Architecture [J]. Academy of Management Review, 2007, 32(1):236-256.

[7] 喻科. 产学研合作创新网络特性及动态创新能力培养研究 [J]. 科研管理,2011,32(2):82-87.

[8] 蔡宁,潘松挺. 网络关系强度与企业技术创新模式的耦合性及其协同演化——以海正药业技术创新网络为例 [J]. 中国工业经济,2008,(4):137-144.

[9] CARRIE R L. Organizational Social Capital and Employment Practices [J]. Academy of Management Review, 1999, 24(3):págs. 538-555.

[10] MARCH J G. Exploration and exploitation in organizational learning [J]. Organization Science, 1991, 2(1):71-87.

[11] DITTRICH K, DUYSTERS G, MAN A P. Strategic repositioning by means of alliance networks: The case of IBM [J]. Research Policy, 2007, 36(10):1496-1511.

[12] GUPTA A K, SMITH K G, SHALLEY C E. The interplay between exploration and exploitation [J]. Academy of Management Journal, 2006, 49(4):693-706.

[13] 王文岩,孙福全,申强. 产学研合作模式的分类、特征及选择 [J]. 中国科技论坛,2008,

(05):37-40.

[14] 仲伟俊，梅姝娥，谢园园. 产学研合作技术创新模式分析 [J]. 中国软科学，2009，(8): 174-181.

[15] D'ESTE, P, PATEL P. University-industry linkages in the UK: What are the factors underlying the variety of interactions with industry? [J]. Research Policy, 2007, 36(9): 1295-1313.

[16] 李梅芳. 产学研合作成效研究[D]. Unpublished 博士，武汉理工大学，2011.

[17] FUENTES C, DUTRÉNIT G. Best channels of academia-industry interaction for long-term benefit [J]. Research Policy, 2012, 41(9):1666-1682.

[18] 李梅芳，刘国新，刘璐. 企业与高校对产学研合作模式选择的比较研究 [J]. 科研管理，2012，33(009):154-160.

[19] 张千帆，方超龙，胡丹丹. 产学研合作创新路径选择的博弈分析[J]. 管理学报，2007，4(6):748-755.

[20] ARZA V. Channels, benefits and risks of public—private interactions for knowledge transfer: conceptual framework inspired by Latin America [J]. Science and Public Policy, 2010, 37(7):473-484.

[21] BEKKERS R, FREITAS I B. Analysing knowledge transfer channels between universities and industry: To what degree do sectors also matter? [J]. Research Policy, 2008, 37(10): 1837-1853.

[22] BONACCORSI A, PICCALUGA A. A theoretical framework for the evaluation of university-industry relationships [J]. R&D Management, 1994, 24(3):229-247.

[23] GRANOVETTER M S. The strength of weak ties [J]. American Journal of Sociology, 1973, 1360-1380.

[24] GILSING V, NOOTEBOOM B. Density and strength of ties in innovation networks: an analysis of multimedia and biotechnology [J]. European Management Review, 2005, 2(3): 179-197.

[25] DYER J H, NOBEOKA K. Creating and managing a high-performance knowledge-sharing network: The Toyota case [J]. Strategic Management Journal, 2000, 21(3):345-367.

[26] OSHRI I, PAN S L, NEWELL S. Trade-offs between knowledge exploitation and exploration activities [J]. Knowledge Management Research & Practice, 2005, 3(1): 10-23.

[27] WRIGHT M, CLARYSSE B, LOCKETT A, et al. Mid-range universities' linkages with industry: Knowledge types and the role of intermediaries [J]. Research Policy, 2008, 37(8):1205-1223.

[28] PERKMANN M, WALSH K. University-industry relationships and open innovation: Towards a research agenda [J]. International Journal of Management Reviews, 2007, 9(4):259-280.

[29] YIN R K. Case study research：Design and methods[M] Sage publications，2013.

[30] 彭新敏，吴晓波，吴东. 基于二次创新动态过程的企业网络与组织学习平衡模式演化——海天 1971—2010 年纵向案例研究 [J]. 管理世界，2011，(4)：138-149.

[31] 毛基业，李晓燕. 理论在案例研究中的作用——中国企业管理案例论坛（2009）综述与范文分析 [J]. 管理世界，2010，(2)：106-113.

[32] 朱朝晖，陈劲. 探索性学习与挖掘性学习及其平衡研究 [J]. 外国经济与管理，2008，29(10)：54-58.

[33] 刘洋，魏江，应瑛. 组织二元性：管理研究的一种新范式 [J]. 浙江大学学报：(人文社会科学版)，2011，41(6)：132-142.

基于综合评价法的战略联盟合作伙伴评价选择研究

刘　慧　陈学光　王文韬

（1.浙江工商大学工商管理学院，浙江杭州 310018；
2.河海大学商学院，江苏南京 211100）

摘　要：为了给战略联盟合作伙伴选择提供行之有效的决策分析方法，充分发挥合作伙伴各自独特的优势，形成优势互补、强强联合的战略联盟，本研究在建立战略联盟合作伙伴评价指标体系的基础上，分别运用模糊群决策法和“熵值法”求得评价指标的主观权重值和客观权重值，再将主客观权重值通过加法集成法求得综合权重值，最后求出被评估潜在合作企业的综合评价值，确定战略联盟合作伙伴。本研究对于战略联盟的构建具有一定的理论借鉴作用，同时也为顺利构建战略联盟提供了一个切实有效的决策框架。

关键词：战略联盟　合作伙伴选择　模糊群决策法　“熵值法”

一、引言

战略联盟是指两个或两个以上具有法人地位的企业，为了实现一定时期中各自相应的战略目标，凭借共享彼此间的竞争优势，从而增强各自竞争力，更好地应对内外部环境变化挑战的一种合作组织。随着我国经济的迅猛发展，企业处于动荡的内外部环境中，面临着越来越多的不确定性，尤其是外部环境市场竞争的加剧和消费者需求的不断多样化，对企业的整体实力、专业生产技术和服务质量水平等方面的要求也越来越高[1]。面对这种情况，部分竞争优势单一的专业化企业希望能以战略联盟的合作组织形式来弥补技术及资源缺口，增强竞争能力，分散经营风险。类似地，多元化经营企业可以在与其他专业化企业联合的过程中取长补短，增强整体运营的竞争力，降低生产成本，提升服务质量[2]。事实上，根据麦肯锡公司

基金项目：国家自然科学基金(71002091)。

过去几年对战略联盟的一项跟踪调查结果显示:战略联盟对于当今公司经营业绩的提升的确起到了重要的影响。具体而言,在跟踪调查期间,麦肯锡公司发现2000家建立了战略联盟的世界领先公司获得的投资回报率接近17%,比所有公司的平均数高出50%。但是,调查也发现了虽然战略联盟对企业竞争力有着积极的影响,但是其成功组建的概率却令人失望,只有40%左右。同时,根据企业实力与发展规模划分成的强强战略联盟、强弱战略联盟和弱弱战略联盟,其成功组建的概率是依次下降的[3]。因此,企业在做出组建战略联盟的战略决策的同时,关键仍在于构建出一套科学合理的战略联盟合作伙伴评价标准体系,从而能够确保合适且优质的合作伙伴被甄选出来,形成优势互补的合作局面并确保战略联盟的长久稳定运转。

根据我国战略联盟的现状情况来看,战略联盟合作伙伴是建立在市场经济的基础之上,由两个或两个以上具有各自专长且企业资质达到彼此一定要求的企业建立的一定时期企业联合体。联合体成员企业按照契约或协议的规定共享资源、生产技术、产品专利和管理经验等彼此间互补的竞争优势,从而加速各合作伙伴战略目标的实现。随着战略目标的完成及战略联盟利益分配的结束,战略联盟也随即解散。战略联盟运作模式如图1所示:

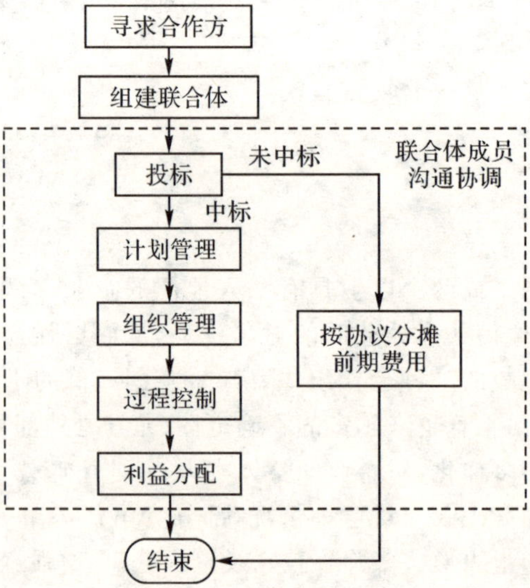

图1 战略联盟运作模式

关于战略联盟构建的研究,国内学者主要集中在三个方面:①联盟构建过程中所涉及的相关法律风险、法律性质等法律问题及权责关系研究。②在联盟构建过程中,评价合作伙伴的定性分析指标的选择与确定。③运用相关的决策模型以实证的方法来甄别合作伙伴。首先，在联盟相关法律及权责关系研究方面，张勇在研究技术联盟时认为联盟具有契约性、自愿性和临时性等法律特征，并在此基础上分析了技术联盟构建过程中可能面临的相关法律问题以及如何具体界定各合作伙伴权责关系的难题。[3]郑昱在探析专利联盟构建过程时，提出了应对联盟法律风险的三个策略：①综合分析企业自身的实力水平，挑选出与该实力水平相类似的企业。②与合作伙伴签订一套完整严谨的协议或合约等来准确界定各企业的义务和权利。③在正式协议或合约的基础上，加强与合作伙伴的沟通交流，建立并保持良好的合作关系[4]。其次，在对评价合作伙伴的定性分析指标的选择与确定方面，袁磊列举了战略联盟构建过程中评析合作伙伴情况的指标，并详细指出从硬指标和软指标两个层面如企业规模、管理理念、潜在伙伴的财务状况、市场状况、互补指标、融洽性、文化、信任等多个方面考察合作伙伴[5]；王晓辉则从市场、资源、战略、文化和信誉五个方面的匹配程度对战略联盟潜在合作伙伴进行了定性评价[6]。最后，相关学者提出了相应的决策模型来实证分析战略联盟构建过程中合作伙伴的选择。如李文博运用了粗集理论来分析并探讨战略联盟合作伙伴的选择问题，为战略联盟甄别出潜在的合作伙伴提供了一种可行的方法[7]；梁家强运用证据理论来研究战略联盟的合作决策，该种理论对于大部分企业构建战略联盟都具有重要的借鉴作用[8]。

根据现有的研究成果分析，我国大部分学者对于战略联盟构建的研究主要停留在联盟构建过程中所涉及的相关法律风险、法律性质等法律问题和权责关系研究，或者是评价合作伙伴的定性分析指标的选择与确定这两个阶段。相关的模型在战略联盟构建方面的研究应用尚不广泛，鲜有人将主客观综合评价应用到战略联盟构建的研究当中。这就导致了众多关于战略联盟评价选择研究的主观性和片面性，未能准确科学合理地甄别优质的合作伙伴。在对众多相关文献仔细分析和梳理的基础上，借鉴相关研究成果并通过对拥有战略联盟的公司的走访与调查咨询，本文拟构建出战略联盟合作伙伴的二级评价指标体系。具体而言，本文综合运用模糊群决策法和“熵值法”来详细分析合作伙伴的评选，并通过实际案例来进一步检验说明评估方法的科学性与准确性，从而为相关企业在构建战略联盟过程中提供一种切实可行的方法。

二、战略联盟合作伙伴评价步骤

组建战略联盟旨在弥补合作企业的技术及资源缺口、分散企业经营风险、提高整体竞争能力。战略联盟的运行贯穿于企业的整个生命周期，能否选择合适的合作企业不仅关系到企业的正常经营运作，而且关系到企业长期竞争优势的形成与保持,对于企业的成长有着举足轻重的作用。因此,选择合适的合作企业是战略联盟组建的重中之重,必须对潜在合作企业进行全方位、深层次的考察评价。战略联盟合作企业评价选择的步骤如图2所示。

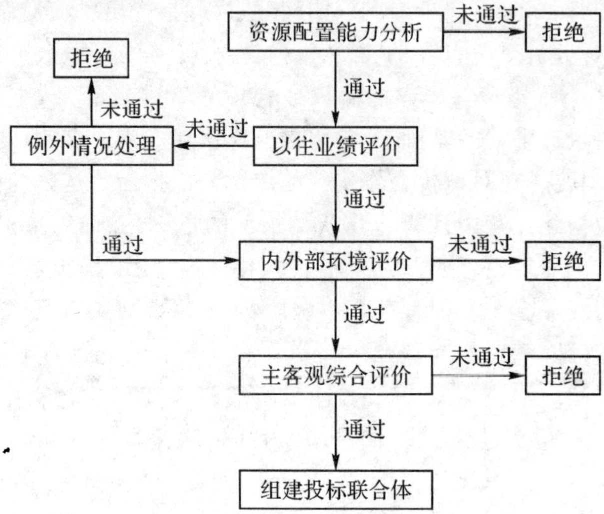

图2 战略联盟合作企业评价选择步骤

(一)资源配置能力分析

战略联盟的核心企业应首先对潜在合作企业各种经营、资源配置能力有大致的了解,对潜在合作伙伴的核心业务种类、相关资质条件、技术专长和服务资源状况等做相应的了解,在确定上述条件符合企业发展战略的要求之后进入下一步的评审,对不符合的潜在合作企业予以拒绝。

(二)以往业绩评价

潜在合作企业在该行业的以往业绩不仅能够影响其声望和信誉,并且能够直观地反映潜在合作企业的技术优势和核心专长,也可以了解该企业的问题所在,从多方面考察潜在合作企业,初步了解该企业是否具备所需合作伙伴应具备的实力。应注意,以往业绩评价并不能完全反映潜在合作企业的整体能力,故应设例外情况处理程序,防止以偏概全。

例外情况处理是指对未通过以往业绩评价的企业从技术能力、企业管理等做更深入的评价,分析问题出现的根源,对于因客观原因未通过以往业绩评价或可以采取有效预防措施的企业,应继续下述评价。

(三)内外部环境评价

外部环境评价即对战略联盟潜在合作伙伴所处的外部环境展开初步评价分

析，评价应包括经济社会环境、技术环境、企业信誉及投诉率、企业外部竞争环境等项目。内部环境评价是指对企业的内部经营环境的初步评价分析，评价的项目应包括人力资源因素、财务因素和能力因素几方面。

(四)主客观综合评价

上述三个步骤是对于战略联盟潜在合作企业的基本评价项目，通过初步评价的企业应运用科学合理的评价决策模型对其进行系统性、综合性的评价，优中选优，挑选出最适合的企业加入战略联盟，促进各自发展战略的共同实现。

三、评价指标体系的构建

郑政平根据合作企业风险承担的大小、以往的业绩、企业的硬实力及软实力四个方面评价战略联盟成员的贡献度，综合运用 AHP 和 Shapley 值分析战略联盟的利益分配[9]。薛伟贤从技术管理人员能力、商务能力、设备、相关业务经验、公司内部财务管理状况等十个方面对战略联盟潜在合作伙伴进行评价[10]。戴彬等则更加直接，从资源的投入、风险分担、成员努力程度、对结果的贡献及企业的无形资产五个方面来评价战略联盟合作伙伴[11]。通过对以上文献及相关资料的研究，以及对构建战略联盟的相关企业调研咨询，本文建立如图 3 所示的评价指标体系。

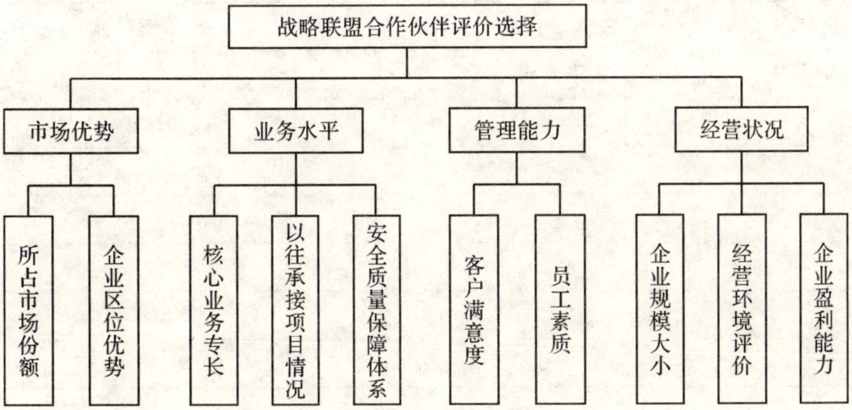

图 3 战略联盟合作伙伴选择评价指标体系

四、指标权重及合作伙伴重要性系数的计算

(一)评价指标的规范处理

假设潜在合作伙伴的数量为 m，分别为 P_1、P_2，…，P_m；同时有 n 项指标分别为

T_1、T_2,…,T_n。合作伙伴 A_i(其中 $1 \leqslant i \leqslant m$)在评价指标 T_j(其中 $1 \leqslant j \leqslant n$)下的指标值为$(P_{ij})_{m\times n}$,形成的这个矩阵我们称之为决策矩阵,记作 $P=(a_{ij})_{m\times n}$。

由于不同指标采用不同的量纲,所以首先应对评价指标进行规范化处理,将决策矩阵利用极值法进行无量纲规范化处理,得到 $R=(r_{ij})_{m\times n}$。

其中 $r_{ij}=\dfrac{P_{ij}-m_j}{M_j-m_j}$,$M_j=\max\{P_{ij}\}$表示某项指标下的最大值;$m_j=\min\{P_{ij}\}$表示某项指标下的最小值。

(二)模糊群决策法求主观权重向量

$$r_{ij}=\frac{M_j-P_{ij}}{M_j-m_j}$$

本文建立的评价模型综合考虑主客观的因素,运用模糊群决策法模型求主观权重向量,将各个因素进行两两比较大小,然后把结果用三角模糊数定量表示出来。

用三角模糊数进行定量分析的步骤如下:

1. 调查问卷法收集每位专家所给出的赋值结果

可以通过调查问卷的方式,各位参与评价的专家可以根据表1给出每个评价指标的专家主观权重向量模糊评估值。

表1 权重语言变量及三角模糊数

序号	权重语言变量	三角模糊数
1	非常不重要(VL)	(0,0,0.1)
2	不重要(L)	(0,0.1,0.3)
3	不太重要(ML)	(0.1,0.3,0.5)
4	一般重要(M)	(0.3,0.5,0.7)
5	比较重要(MH)	(0.5,0.7,0.9)
6	重要(H)	(0.7,0.9,1.0)
7	非常重要(VH)	(0.9,1.0,1.0)

分别为:$\overset{\sim(k)}{FS}=(S_1^k,S_2^k,\cdots,S_n^k)$,$k=1,2,\cdots,l$。其中,$\overset{\sim(k)}{S}$ 表示用语言变量表示的第 k 位专家给出的关于第 j 个指标的主观权重向量值,把 $\overset{\sim(k)}{S}$ 转化成三角模糊数有

$$\overset{\sim(k)}{S}=(d_j^k,e_j^k,f_j^k) \tag{1}$$

假设参与评价的每位专家的权重是相同的,可得到信息集合后专家评价的权重向量

$$\tilde{S}=(\tilde{S}_1,\tilde{S}_2,\cdots,\tilde{S}_n)$$

可以由以下公式求得，

$$\tilde{S}_j=(1/l)\otimes\left(\tilde{S}_j^{(1)}\oplus\tilde{S}_j^{(2)}\oplus\cdots\oplus\tilde{S}_j^{(n)}\right)=(d_j,e_j,f_j) \tag{2}$$

式中⊗和⊕分别为模糊数乘法和加法运算，且各三角模糊数参数可由下式计算得到。

$$d_j=\frac{1}{l}\sum_{k=1}^{l}d_j^k,e_j=\frac{1}{l}\sum_{k=1}^{l}e_j^k,f_j=\frac{1}{l}\sum_{k=1}^{l}f_j^k \tag{3}$$

2. 将模糊群体权重测评结果转化为精确值

假设有梯形模糊数$\tilde{H}=(a,b,c,d)$，其非模糊价值量为H，记为$D(\tilde{H})$，则

$$D(\tilde{H})=\frac{a+b+c+d}{4} \tag{4}$$

可以将三角模糊数$\tilde{H}=(1,m,n)$作为一个特殊的梯形模糊数来处理，把它表示成梯形模糊数为：

$$\tilde{H}=(l,m,m,n) \tag{5}$$

根据(2)到(5)式可以得到：

$$D(\tilde{S}_j)=(d_j+2e_j+f_j)\big/4 \tag{6}$$

由(7)式代入：

$$S_j=\frac{D(\tilde{S}_j)}{n} \tag{7}$$

这样就得到了指标归一化后的权重，进而可得到指标主观权重向量为：

$$\tilde{S}=(S_1,S_2,\cdots,S_n)^T$$

(三)"熵值法"求客观权重向量

在信息论的理论当中，"熵"是利用数学的方式表示事件的不确定性，信息量越大，"熵"值越小，表示不确定性越小；反之，信息量越少，"熵"值则越大，表示不确定性越大。"熵值法"在预测决策的研究中应用广泛，具有较强的普适性。根据上述特点，我们采用"熵值法"计算客观权重向量。

利用"熵值法"计算客观指标权重的步骤如下：

步骤1：计算第j项指标下，第i个系统的特征比值。

$$y_{ij}=r_{ij}/m \tag{8}$$

根据在现实当中的情况，假定$y_{ij}\geqslant 0$，且$\sum_{r_{ij}}^{m}>0$。

步骤2:计算第 j 项指标的“熵”值。

$$e_j=-\frac{1}{lnm}\sum_{i=1}^{m}y_{ij}lny_{ij} \tag{9}$$

步骤3:计算指标 T_j 的差异性系数。

$$d_j=1-e_j \tag{10}$$

d_j 的值越大,表示我们越应该重视该项指标。

步骤4:确定权系数

$$o_j=\frac{d_j}{\sum_{j=1}^{m}d},\text{其中 } j=1,2,\cdots,n \tag{11}$$

归一化处理后,得到指标的客观权重向量为

$$o=(o_1,o_2,\cdots,o_n)^T$$

(四)主客观综合赋值法

将上文中分别用模糊群决策法和“熵值法”分别求得的主观权重向量和客观权重向量用“加法”集成法把两者综合成

$$w_j=\alpha^* s_j+\beta^* o_j,\text{其中 } \alpha^*>0,\beta^*>0,\text{且 } \alpha^*+\beta^*=1 \tag{12}$$

(12)式表示的是主客观组合赋权法得到的综合评价指标的权重。

据此,被评价对象的综合评价值为

$$Z_i=\sum_{j=1}^{n}r_{ij}w_j=\sum_{j=1}^{n}(\alpha^* s_j+\beta^* o_j)r_{ij},\text{其中 } i=1,2,\cdots,m \tag{13}$$

其中 α^* 和 β^* 是待定系数。

构建拉格朗日函数并求极值:

$$\begin{aligned}L(\alpha\beta\lambda)&=\sum^{m}\sum^{n}(\alpha s_j+\beta o_j)r_{ij}+\lambda(\alpha^2+\beta^2-1)\\&=\sum^{m}\sum^{n}\alpha s_jr_{ij}+\sum^{m}\sum^{n}\beta o_jr_{ij}+\lambda(\alpha^2+\beta^2-1)\\&=\alpha\sum^{m}\sum^{n}s_jr_{ij}+\beta\sum^{m}\sum^{n}o_jr_{ij}+\lambda(\alpha^2+\beta^2-1)\end{aligned} \tag{14}$$

分别对 α,β,λ 求偏导数,并令其偏导数为0,得到:

$$\frac{\partial L}{\partial\alpha}=\sum^{m}\sum^{n}s_jr_ij=2\lambda\alpha=0$$

$$\frac{\partial L}{\partial\beta}=\sum^{m}\sum^{n}o_jr_ij=2\lambda\beta=0$$

$$\frac{\partial L}{\partial\lambda}=\alpha^2+\beta^2-1=0$$

三个式子整理可得:

$$\sum_{i=1}^{m}\sum_{j=1}^{n}s_jr_ij=-2\lambda\alpha$$

$$\sum_{i=1}^{m}\sum_{j=1}^{n} o_j r_i j = -2\lambda\beta$$

$$\alpha^2 + \beta^2 = 1$$

将整理的前两个式子相比可得：$\dfrac{\alpha}{\beta} = \sum_{i=1}^{m}\sum_{j=1}^{n} s_j r_i j$

(15)

由此可得 $\alpha = \left[\sum_{i=1}^{m}\sum_{j=1}^{n} s_j r_i j \middle/ \sum_{i=1}^{m}\sum_{j=1}^{n} o_j r_i j\right]$

把上式带入后整理得到的第三个式子为：$\left[\sum_{i=1}^{m}\sum_{j=1}^{n} s_j r_i j \middle/ \sum_{i=1}^{m}\sum_{j=1}^{n} o_j r_i j\right]^2 \cdot \beta^2 = 1$

可以解得：

$$\alpha = \frac{\sum_{i=1}^{m}\sum_{j=1}^{n} s_j r_i j}{\sqrt{\left(\sum_{i=1}^{m}\sum_{j=1}^{n} s_j r_i j + \sum_{i=1}^{m}\sum_{j=1}^{n} o_j r_i j\right)^2}}$$

$$\beta = \frac{\sum_{i=1}^{m}\sum_{j=1}^{n} s_j r_i j}{\sqrt{\left(\sum_{i=1}^{m}\sum_{j=1}^{n} s_j r_i j + \sum_{i=1}^{m}\sum_{j=1}^{n} o_j r_i j\right)^2}}$$

对 α 及 β 进行归一化整理：

$$\alpha^* = \frac{\alpha}{\alpha+\beta} \quad \beta^* = \frac{\beta}{\alpha+\beta}$$

将 α^* 和 β^* 代入(12)式中，最终得到评价指标的主客观组合权重向量：

$$W = (w_1, w_2, \cdots, w_n)^r$$

(五)潜在合作企业的综合评价

通过上文对于评价指标主客观权重及组合权重的计算可知，被评估对象的主客观综合评价值为：

$$Z_i = \sum_{j=1}^{n} w_j r_{ij} = \sum_{j=1}^{n} (\alpha^* s_j + \beta o_j) r_{ij} \tag{16}$$

将以上计算出的各个结果代入该公式，就可以得到各个潜在合作伙伴的重要度系数：$q_i = \dfrac{Z_i}{\sum_{i=1}^{m} Z_i}$。

五、案例分析

某市大型企业 A 为增强自身竞争力，顺利实现未来长期的发展战略，该企业计划寻找部分优秀合适的合作伙伴来构建战略联盟。因此,A企业组织4名专家(分别是s_1,s_2,s_3,s_4)成立专家组对通过初步评价的5家潜在合作伙伴(P_1,P_2,P_3,P_4,P_5)进行评价选择,专家组给出如表2所示的评价值(定性指标赋值范围为1—10)。每位专家根据表1中的语言变量对评价指标权重赋值,如表3所示。战略联盟潜在合作伙伴专业能力及水平的参数值及期望参数值如表5所示。

表2 专家组对于潜在合作企业的评价值

企业	市场份额	区位优势	核心专长	以往业务/项	安全质量	满意度	员工素质	企业规模	经营环境	盈利能力
P_1	7	4	7	14	7	7	6	6	5	7
P_2	6	7	5	8	8	6	5	7	7	4
P_3	4	8	4	10	6	8	8	6	6	8
P_4	5	6	7	6	7	6	3	4	7	5
P_5	2	8	3	9	6	4	7	5	4	6

表3 各位专家对于评价指标的语言变量权重赋值

专家	T_1	T_2	T_3	T_4	T_5	T_6	T_7	T_8	T_9	T_{10}
s_1	MH	H	H	ML	VH	MH	M	VH	M	ML
s_2	H	MH	H	H	VH	ML	M	H	MH	M
s_3	MH	MH	VH	M	H	H	MH	H	MH	M
s_4	M	H	H	ML	VH	MH	MH	MH	H	MH

表4 战略联盟潜在合作伙伴专业能力参数

企业	U_i/万元	s_i	f_i	t_i/d	p_i/%	r_i/%
P1	150	7	5	8	24	10
P2	60	6	2	6	20	9
P3	90	5	3	3	18	5
P4	40	9	8	2	15	6

续 表

企业	U_i/万元	s_i	f_i	t_i/d	p_i/%	r_i/%
P5	70	4	6	4	10	4
期望值	—	6	6		—	

运用本文所用的方法对专家组的评价值及专业能力参数进行计算，得到评价指标的主观权重值、客观权重值并由此可以得到主客观综合权重值，如表 5 所示。

表 5 评价指标的权重值

指标	T_1	T_2	T_3	T_4	T_5	T_6	T_7	T_8	T_9	T_{10}
主观权重	0.1138	0.1090	0.1254	0.1098	0.1291	0.0763	0.0786	0.0878	0.0854	0.0848
客观权重	0.1090	0.1031	0.1265	0.0906	0.1358	0.0810	0.0846	0.0887	0.0871	0.0801
综合权重	0.1118	0.1061	0.1268	0.0992	0.1338	0.0798	0.0833	0.0891	0.0872	0.0829

最终求得潜在合作伙伴的重要性综合评价值见表 6 所示：

表 6 潜在合作企业的综合评价值

P_1	P_2	P_3	P_4	P_5
0.2824	0.1326	0.1952	0.2651	0.1247

该战略联盟的 A 企业可以根据潜在合作企业的综合评价系数确定合作伙伴，组建战略联盟共同参与投标和工程建设。

六、结论

当下传统的竞争方式难以满足企业竞争及客户需求多样化的实际要求，这就为相关企业组建战略联盟来获取竞争优势提供了现实基础，战略联盟可以充分发挥联盟中合作企业的技术专长、资源优势及优秀的管理经验，从而分散经营风险，提升运营效率。

本文综合考虑战略联盟潜在合作企业的人力资源、企业运营状况等内外部因素，建立了战略联盟合作伙伴评价选择的二级评价指标体系。分别运用模糊群决策法和“熵值法”确定指标的主客观权重向量，最后把主客观向量结合求得主客观综合权重向量，并求得潜在合作伙伴的重要度系数，为战略联盟合作企业的评价选择提供了一种切实可行的方法，避免了合作伙伴选择的主观性和片面性，使决策过程更加科学合理。

参考文献

[1] 戴黎燕,徐志科. 战略联盟合作者的选择研究 [J]. 现代管理科学,2005(11):67-70.

[2] 陈剑涛. 战略联盟的稳定与战略联盟合作伙伴的选择 [J]. 商业研究,2004(19):10-12.

[3] 张勇,王晓东. 企业技术联盟的法律特征及相关思考 [J]. 理论月刊,2003(5):85-86.

[4] 郑昱,王晓先. 论我国专利联盟知识产权攻略及法律风险防范 [J]. 科技与法律,2012(4):70-74.

[5] 袁磊. 战略联盟合作伙伴的选择分析 [J]. 中国软科学,2001(9):53-57.

[6] 王晓辉,余佳群. 企业战略联盟伙伴选择的原则标准及方法 [J]. 上海管理科学,2008,30(2):91-93.

[7] 李文博,郑文哲. 基于粗集理论的战略联盟合作伙伴选择研究 [J]. 商业研究,2005(19):60-63.

[8]梁家强,韩学功. 基于证据理论的战略联盟合作伙伴选择研究 [J]. 华东经济管理,2010,24(12):97-100.

[9] 郑政平,周燕飞. 含 AHP 约束锥 DEA 模型在虚拟企业合作伙伴选择中的应用 [J]. 现代机械,2005,(1):43-44,51.

[10] 薛伟贤,张娟. 高技术企业技术联盟互惠共生的合作伙伴选择研究 [J]. 研究与发展管理,2010,22(1):82-89,113.

[11] 戴彬,屈锡华,李宏伟. 基于模糊综合评价的技术创新合作伙伴选择模型研究 [J]. 科技进步与对策,2011,28(1):120-123.

企业国际化过程模型研究评介与未来展望

吴　波　董朝伟

（浙江工商大学工商管理学院，浙江杭州 310018）

摘　要：本文在系统梳理企业国际化过程研究文献的基础上，根据过程模型的演进过程，从最初的U模型到后来的I模型再到N模型，依次介绍了国际化过程研究的核心变量和结构框架。综合三个模型，可以得到企业国际化过程研究的核心观点：面对外来者劣势，国际市场的经验知识获取成为企业国际化过程中的核心问题；经验知识获取驱动企业在国际市场的资源承诺升级，从而使得国际化表现为动态发展的过程；经验知识来源的多元化使得企业国际化进程表现出多样性路径。最后提出了国际化过程机理研究的未来发展方向。

关键词：企业国际化过程　经验知识　资源承诺　企业网络

一、引言

20世纪70年代以来，国际商务领域的学者围绕企业跨国经营问题展开了一系列深入研究。其中，国内外学者争论的焦点之一就是企业国际化是否存在一般性过程。如果存在，那么这个一般性国际化过程的核心机制是什么？对此，许多学者都提出了自己的见解。针对国际化所面临的外来者劣势，Johanson & Vahlne首先提出中小企业开展国际化的渐进性过程机理，拉开了企业国际化过程研究及后续不断修正发展的序幕[1]。企业国际化过程机理研究关注的是随着时间推移企业跨越地理边界实现扩张发展的路径与方法，研究成果集中体现为所凝练的企业国际化过程模型。随着企业国际化实践的多样性加上持续演化，过程模型也在不断演进。基于最初的渐进性扩张特征，Uppsala大学的学者及其追随者先后提出了Uppsala模型（简称U模型）和与创新相关联的国际化模型（简称I模型）[2]。90年代后，随着天生国际化现象的涌现，国际化过程模型也随之深化，提出了企业国际化的网络模型(简称N模型)。U模型认为国外市场经营范围渐进扩张是经验知识获取和日益增加资源承诺的互动过程。该模型的基本逻辑是通过当前经营活动获得经验知识,经验知识有助于企业识别机遇、规避风险[3],进而增加在该市场的资源承诺,使得企业实现跨国的逐步扩张[4]。I模型认为企业国际化只要遵循特定的"出口过程"就能取得成功,因此I模型又被称为"出口过程"模型[5]。该模型将企业所处的每一个出口阶段都视为是一种创新,并认为企业国际化行为就是企业沿着各个阶段渐进发展的过程[6]。在天生国际化现象的挑战下,N模型则突破了国际化的渐进特征,把网络纳入核心概念,认为企业并非独立存在,而是嵌入一定的关系网络之中,企业在与网络伙伴互动的过程中,通过组织学习、信任构建和关系承诺的交互作用,获取有关机遇与风险的经验知识,进而实现企业或者渐进性或者突变式的国际扩张[7][8]。下面,本文将详细综述以上三大国际化过程模型,最后提出未来研究方向。

二、企业国际化过程之U模型

"二战"之后,跨国公司掀起了全球发展的浪潮。在这一阶段,企业跨国经营表现出典型的渐进发展特征。到60年代初期,企业层面的企业成长理论(Penrose,1959)、企业行为理论(Rogers,1962;Cyert & March,1963)不断涌现,为企业国际化过程研究奠定了理论基础,使得U模型得以产生。U模型主要从行为层面解释企业国际化过程,认为在东道国的资源承诺是国际化拓展的阶段性标志,而资源承诺的做出又依赖于之前经验知识的获取,因此经验知识获取与资源承诺的互动关系是U模型的核心变量,并以此构成其核心结构框架[1][3][4]。在两者互动的过程中,企业国际化总体表现为一个渐进性资源承诺过程,背后的基本逻辑是"干中学"的组织学习机制(Quinn,1980)。

(一)经验知识特征及获取方式

U模型认为,缺乏国外市场经验知识是国际化经营的主要障碍[1]。因此,经验知识在企业国际化过程中扮演着非常重要的角色,并呈现出以下三个基本特征(Pedersen等,2001)。

第一,对企业国际化过程起到关键性作用的是市场相关的经验知识,主要来源于当前商业活动,是一个"干中学"的过程[3][8]。Johanson & Vahlne[1]把知识区分为经验知识与客观知识,其中客观知识易于转移,可以通过标准化的市场调研甚至公共机构免费获得[9]。而经验知识由于其知识隐性特征,其获取主要来自于企业当前的商业活动[1][3],即"干中学"的过程。因此,企业所拥有的经验知识就与企业跨国经营时间积累紧密相关(Eriksson等,1998)。第二,经验知识的难以转移性。

由于国外市场的异质性,某一市场上获取的经验知识很难转移到也很难应用于其他市场[1][3]。同时,在"干中学"的过程中,经验知识嵌入个体员工之中,即主要通过个体经验获得,企业员工成为经验知识的储存库[3][4][7]。并且,这种经验知识难以在员工之间进行有效转移,这就限制了跨组织的知识转移,所以企业跨国经营在地域方面的变化成为影响经验知识获取的重要因素[10]。第三,经验知识的获取使得企业能够识别市场中的机会和风险,进而驱动了对国外市场不可撤销的资源承诺,即 Johanson & Vahlne 提出的企业国际化卷入程度[1]。然而,随着组织学习理论的不断发展,Johanson & Vahlne[1]对经验知识的描述已得到不断深化和丰富,如今经验知识在国际化过程中的作用和特征要远比 U 模型提出的唯一决定论复杂得多[11][12]。特别是经验知识和客观知识相互转化的可能性,即隐性知识显性化的可能渠道,成为之后 U 模型转化为网络模型的重要原因(Pedersen 等,2001;Hedlund,1994)。

(二)经验知识和资源承诺的互动作用机制

U 模型认为,经验知识和资源承诺的相互作用是企业国际化过程的核心机制,两者的互动驱动企业不断进入新的国家市场[7][8]。从静态的角度,U 模型认为随着经验知识的积累,企业对某一市场的资源承诺将会逐步增加。一般而言,企业感知到的市场风险越高,企业进行资源承诺的概率越小;而企业感知市场风险取决于自身的经验知识,所以,所获得的市场经验知识越多,则其感知市场风险越低[4],当感知市场风险低于其最大可承受的经营风险时,企业便逐步增加投资规模,提高其在新市场的资源承诺[1]。同时,经验知识的积累也有助于市场机遇的发掘,从而强化其在特定市场上的资源承诺[3]。从动态的角度,当前的经验知识与资源承诺又会影响到下一阶段的经营活动,及其所带来的经验知识和资源承诺(如图 1 所示),从而推动企业国际化行为的扩张/收缩。当然,经验知识与资源承诺的互动,将会使得其国际化过程表现为显著的路径依赖性:一系列国外经营活动,使得企业不断积累所需经验知识,并越来越熟悉当前的商业活动[13][14],进而继续在该市场投资,而不是去尝试涉足新市场[3]。经验知识与资源承诺的静态关系和动态演进,使得企业的国际化行为表现出典型的渐进性特征:一方面,在地理空间的扩张上,企业国际化通常首先在一个或少数几个邻国市场上进行扩张[15],随后才会进入更远的市场,即遵循心理距离"由近及远"的原则向外扩张[4];另一方面,在国际化项目选择上,企业对市场的资源承诺呈现出"由易到难"逐步加大投资的过程[3],即由偶尔的出口活动,到通过代理商出口,再到建立销售子公司,最后到建立生产基地[15]。

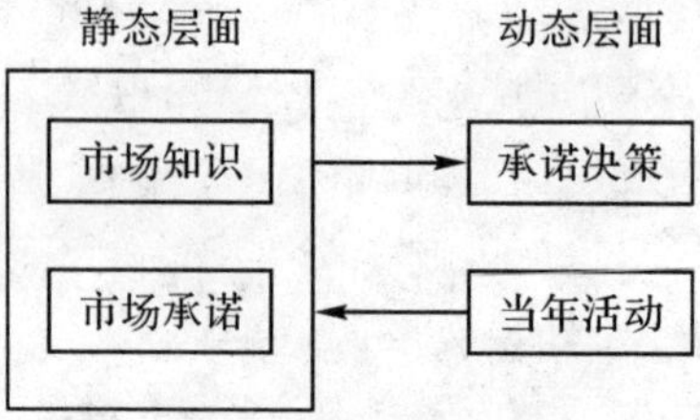

图1 U模型的基本框架

资料来源:本文参考文献[14]。

(三)U模型的理论贡献与研究不足

U模型聚焦于企业国际化过程中的动态学习,较好地解释了企业国际化的渐进发展特征。U模型的理论基础包括Penrose(1959)的企业成长理论,以及后来蓬勃发展的资源基础理论和Cyert & March(1963)的企业行为理论。这两大理论应用到企业国际化过程研究之中,自然得到了U模型的两个核心假设:企业的有限理性和经验知识的核心作用(郑准,王国顺,2008)。一方面,企业有限理性决定了企业掌握的国际化经验知识是有限的,加上市场环境的不确定性,使得企业国际化行为呈现为渐进性特征[8];另一方面,企业获取的经验知识是企业成长的核心资源,在企业有限理性的前提下,这一核心资源具有难以转移性[1]。因而企业的国际化成长就是通过之前的资源承诺来积累国际市场的经验知识,并有效利用这一经验知识,开展新一轮的资源承诺实现国际化拓展的过程。因此,坚实的理论基础和简单有力的逻辑推导,赋予U模型以理论美感,迅速获得了理论界的关注,也成为解释企业渐进性国际化现象的核心理论。

当然,基础理论的不断拓展以及国际化过程一系列新特征的出现,使得U模型也表现出自身的理论不足。一是把经验知识获取方式视为绝对,认为企业只有到特定市场上直接经营才能获取经验知识,而没有考虑跨国公司为降低经营风险而采取的间接经营方式和间接知识获取渠道,因而难以解释20世纪70年代末跨国公司广泛采取的出口经营模式[16],以及90年代的天生国际化现象,这也是之后I模型和N模型得以出现的重要原因。二是把企业国际化过程视为“由易到难”的渐进进入方式,但并没有指出每个阶段的具体过程,这也引发了重点关注企业出口阶段的I模型,以及基于网络视角探究企业国际化从网外到网内转变的N模型的提出。

三、企业国际化过程之I模型

20世纪70年代末,跨国公司的外部经营环境变得更加动荡多变,以跨国直接投资为主要形式的跨国发展受到了抑制。为了降低经营风险,许多跨国公司开始重新通过出口进行国际化,而不是在东道国市场上直接投资,因此一些学者,如Cavugisl开始关注基于出口行为模式的企业国际化过程,并认为每一个出口阶段对企业来说都是一种创新,因此该模型也被称为与创新相关联的国际化模型(简称I模型)[16][17]。

(一)I模型的核心变量和结构框架

Bilkey & Tesar最早将出口行为作为研究企业国际化过程,他们在Johanson & Wiedersheim的基础上将企业出口过程分为由毫无兴趣到积极开拓出口市场等六个递增的阶段[5][15]。之后,Cavugisl正式提出I模型这一名称,并把企业国际化过程分成五个不同的阶段,即国内销售、出口前准备、积累出口经验、积极出口、直接投资,认为每个阶段对企业来说都是一种创新,因此该理论可以称为创新模型[17]。后来的研究中,Reid(1981)、Czinkota(1982)都将他们的模型定性为对出口行为的管理,并分别提出了出口行为各个阶段的划分(参见表1)[18]。

表1 创新模型发展历程回顾

	Bilkey 和 Tesar(1977)	Cavusgil(1980)	Reid(1981)	Czinkota(1982)
阶段一	企业对出口不感兴趣	国内销售	出口意识:识别机遇和风险	企业完全不感兴趣
阶段二	企业愿意接受海外订单,但不去探索出口的可能性	出口前准备:寻找信息并评估潜在出口市场	出口意愿:动机、态度、信念和期望	有点兴趣
阶段三	企业积极探索出口市场	积累出口经验;向邻国出口	出口尝试:利用有限出口经验	开始尝试
阶段四	企业尝试对距离近的国家出口	积极出口:直接在其他国家出口	出口评估:评价出口效果	积累了出口经验
阶段五	企业积累了出口经验	出口承诺:持续增加投资	出口验收:决定出口或放弃出口	有经验的小企业
阶段六	企业探索距离较远的市场			有经验的大企业

资料来源:根据本文参考文献[2]整理。

在各个渐进发展阶段划分后的核心变量依然是U模型所强调的经验知识,所以I模型是对U模型的深化;在此基础上,I模型重点关注了出口这一阶段,并提出了各阶段变动背后的创新机理,认为前一阶段的经验知识积累和由此带来的战略创新是推动企业国际化进程的核心动力。通过表1可以看出,学者们对企业出口阶段的数量划分及对每个阶段的描述不尽相同。前两个模型都假设企业在第一个阶段对出口不感兴趣,而在第二个阶段愿意接受国外订单或开始对出口感兴趣,认为可能存在某种"推力"或外部交易机构推动企业创新性的出口决策[16]。而后两种模型都表明在企业国际化早期阶段,企业就具有出口意愿,这两个模型认为可能存在"拉力"或内部交易机构促使企业进入创新性的下一个阶段[4][16]。虽然学者们对企业国际化行为的创新驱动力有不同理解,但都认为出口是企业国际化过程的第一步,随后才可能是建立合资公司或独资经营;这种向下一阶段推进的创新驱动力的基础是企业前一阶段所积累的有关国际市场的经验知识(Reuber & Fischer,1997)。

(二)I模型的理论贡献和研究不足

I模型以Rogers(1962)的过程阶段理论和企业行为理论为基础,将企业的国际化阶段都视为企业基于自身经验知识的战略创新:每个阶段的扩张都是建立在先前阶段的基础上(Reid,1981)[17];在创新驱动之下,企业在高级阶段要比低级阶段拥有更多的经验知识,这又带来新的创新及更高级的国际化阶段(Czinkota,1982)。相对于U模型,I模型在强调经验知识这一核心概念的同时,在以下三个方面做出了突破。一是,对企业国际化的过程进行了更为清晰的阶段划分。这种阶段划分不仅关注了出口与直接投资之间的区别,也重点关注了出口的阶段性。二是,在区分出口与直接投资的基础上,进一步突破了经验知识来源的唯一性限制。既然出口依然能够获得经验知识,那就意味着直接投资并非经验知识的唯一获取途径,通过出口形式的间接接触依然能够有效提高企业有关目标市场的经验知识,从而推动企业国际化阶段的提升。三是,经验知识通过创新来推进企业的国际化进程。U模型认为经验知识的积累直接推动在东道国市场的资源承诺。与之不同,I模型认为企业需要通过各种形式的创新才能推动国际化进入更为高级的阶段。这种创新主要通过企业的动态决策机制驱动[17],具体表现为企业家的创新意志(对中小企业而言)、组织结构的协同创新(对大企业而言)[18]。

I模型虽然提出了有别于U模型的创新之处,但是也存在明显不足,集中体现在以下三个方面。首先,I模型所提出的国际化阶段性划分明显不适用于"天生国际化"现象(Oviatt & McDoughall,1994;Madsen,2000),这就意味着U模型与I模型所强调的渐进性国际化观点必须做出调整。其次,受制于组织学习理论发展的限制,I模型虽然提出了出口这一经验知识的间接组织学习方式,但是却没有提出或者应用新的概念和框架对此进行深化。之后组织学习理论的不断发展,企业逐步认识到间接学习——特别是基于网络的组织学习——是组织学习的重要方式,从而推动企业国际化模型从I模型发展到N模型。最后,I模型虽然提出创新的重要意义，但是却没有对创新做进一步研究。这就大大限制了I模型的理论深度。总之，I模型虽然对U模型进行了改进，认识到经验知识来源的非唯一性，但是还没有提出有效的概念分析框架，同时对经验知识获取之后的创新也缺乏更加深入的分析。

从以上分析可以看出，U模型和I模型都认为企业国际化是经验知识积累的过程，需要依赖固定的发展路径，呈现出显著的渐进性特征。U模型遵循“由近及远”的地理空间边界，I模型则遵循“由缺乏兴趣到深入卷入”的时间边界。在20世纪90年代初期，一部分中小企业从建立初期就迅速走向国际，一些学者对这种“加速国际化”现象的研究成果形成了“天生国际化”理论（Oviatt & McDoughall, 1994；Madsen，2000），直接对U模型和I模型的渐进国际化过程观点提出了挑战。与此同时，与基于个体经验知识的个体国际化过程不同，以模仿国际化为特征的国际化烟花效应开始受到关注。具体来说，不是一家企业独立进行国际化，而是来自同一东道国的大量企业基于模仿策略开展群体国际化（Guillen，2001；Henisz & Delios，2001；Gimeno 等，2005），或者大量企业群体基于模仿策略共同进入同一东道国（Xia 等，2008）。因此，面对天生国际化和模仿国际化理论，基于直接有关东道国市场经验知识的渐进性国际化过程模型受到了重大挑战。为应对这一挑战，企业国际化过程模型从U模型和I模型发展到基于关系网络的网络模式，即N模型。

四、企业国际化过程之N模型

面对天生国际化和模仿国际化理论的冲击，以及现实中企业国际化过程的多样性特征，Johanson & Vahlne 开始承认企业国际化可能并不存在固定的阶段与路径（例如服务业和制造业）[19]。但同时，也坚持多样化的国际化过程背后的机理依然没有脱离“经验知识积累和市场承诺的动态互动过程”。于是，在借鉴组织学习理论，特别是企业网络理论的相关概念之后，Johanson & Vahlne 构建了以关系网络为核心的国际化过程模型（简称N模型），该模型以网络理论为基础对企业国际化行为做出新的解释[20]。

（一）N模型的核心变量及其结构框架

早期经典的国际化渐进拓展模式之外，以快速国际化为特征的天生国际化和以烟花效应为特征的模仿国际化成为两个国际化过程模型所必须解释的现象。为了有效解释企业国际化多样性扩张路径，不同的学者借鉴其他学科的概念和理论，为企业国际化过程研究的深入提供了诸多可能（Coviello & McAuley，1999），其中影响力最大的就是关系网络概念。Johanson & Mattsson（1988）首次提出企业国际化过程中的关系网络,认为关系网络是解释企业国际化过程的核心视角,这也成为N模型的核心变量:与U模型和I模型不同,关系网络是企业获得经验知识的重要途径,从而影响了企业国际化的多样性扩张路径。

天生国际化理论认为,中小企业可以直接开展国际化经营而不必经历一个不断获取经验知识的过程,是因为这些企业的创立者或经理人先前的国际市场工作经历,帮助他们积累了相当丰富的处理复杂国际运作及风险和资源评估的经验(田家欣等,2012),这些先前经验使企业具有更强的吸收能力,能够催化企业快速获取进入国际市场所需的经验知识[22]。为了应对该理论的挑战,国际化过程研究者在保留U/I模型所强调的经验知识获取这一理论内核的基础上,放弃了企业国际化过程的固定路径观点,吸收了企业网络理论的研究成果,认为天生国际化的企业家进行国际化业务开展依然需要根据其在东道国的经验知识,只不过这种经验知识来自于其个人经历及其所嵌入的关系网络,这种来自关系网络的经验知识加速企业的国际化进程,因此,天生国际化理论并没有跳出经验知识学习及相应的资源承诺(Johanson et al.,2009)。

同样,模仿国际化认为企业会选择模仿那些已经开展国际化的企业,从而使得整个国际化过程表现为群体性行为,即典型的烟花效应(Guillen,2001;Henisz & Delios,2001)。对于烟花效应背后的机理,已有研究主要从新组织制度理论开展了研究,认为在不确定性环境中,由于决策者的有限理性,制度合法性压力将会强化决策者的模仿动机,即模仿其他决策者的抉择[23]。基于合法性获取视角的实证研究也表明,企业更倾向于模仿那些与之类似的企业、地位更高的企业、更成功的企业,以及大多数人选择的决策[24][25][26][27][28][29]。合法性获取逻辑的理论基础为间接学习(vicarious learning),即通过观察到网络之中其他企业的国际化行为,进而选择模仿以跟进,从而使得企业国际化表现为显著的烟花效应。在模仿国际化之下,企业虽然在国际化之前自身并不独立具备相对完备的经验知识,但是这种具有重要意义的经验知识可以认为储存于所模仿的其他企业之中,即企业所嵌入的关系网络之中,因此模仿国际化依然是经验知识与资源承诺的互动演化过程,只不过之中经验知识并非储存于企业本身,而是存在于企业所嵌入的网络之中(Johanson et al.,2009)。因此,在对天生国际化和模仿国际化研究的过程中,N模型自身也取得了更大的发展空间,成为企业国际化过程研究的核心理论。

在应对天生国际化和模仿国际化挑战的同时,N模型也逐步形成了自身的结构框架,在继承U模型和I模型所强调的"经验知识与资源承诺关系互动"这一核心逻辑的同时,提出了"网络""信任""关系承诺""市场机遇"等四大核心概念所构成的结构模型。首先,企业嵌入的关系网络是企业获取经验知识、进而发现市场机会以开展国际化的核心来源。Johanson和Mattsson(1988)认为,企业国际化过程中关系网络扮演重要角色，因为企业国际化所依赖的经验知识都可以从企业所嵌入的关系网络之中有效获取和利用。当然，这种网络表现为不同的关系、结构及性质。一是基于强关系的直接学习机制。企业网络理论认为，企业之间的强关系网络有利于企业之间隐性知识的传递[30][31]，所以企业国际化所依赖的经验知识可以通过企业所嵌入的强关系实现有效传递，这就突破了U模型所强调的基于直接经验的"干中学"的知识获取方式。因此，天生国际化的企业事实上就是通过了企业家所嵌入的关系网络，特别是企业家本人所拥有的强关系网络(包括其所嵌入的社会网络)，来快速获取有关国家市场的经验知识，从而实现快速国际化。二是基于弱关系的间接学习机制。除了强关系之外，企业也可以通过有效监控网络中的同行企业进行间接学习。由于竞争关系，同行企业之间的关系可视为弱关系，企业通过监控同行企业的行为，可以有效揭示该同行企业所拥有的经验知识，从而开展模仿国际化。所以，企业所嵌入的关系网络构成了企业获得和利用经验知识的重要渠道，这也成为N模型相对于U模型和I模型的最大创新之处。

其次，企业国际化的核心表现是信任关系的构建和关系承诺的做出。基于网络的经验知识，企业在国际化进程中会重点识别可信任伙伴，构建彼此的信任关系，这对于之后的关系承诺，以及进而构建和拓展自己的关系网络至关重要(Johanson & Mattson,1993)。信任关系是一种双边的共同认知，是一种非合约机制，具体表现为真诚合作的意愿、公平交易的态度及良好声誉的关注(Dyer等，2000)。经验知识的积累与合作伙伴之间信任关系的建立，将会促进企业在东道国市场上的关系承诺。在这里，资源承诺已经不再是经典U模型和I模型所强调的渐进性投资，而是表现出多样性的投资策略，例如天生国际化所强调的投资节奏的加速、模仿国际化所强调的投资策略的趋同性特征。多样性关系投资策略背后的机理依然是企业直接和间接获得的经验知识：经验知识的多寡以及经验知识的详尽程度决定了企业在东道国市场上的关系承诺[7]。最后，信任关系的构建和关系承诺的做出反过来又会影响企业的网络位置及由此而带来的经验知识。企业与合作伙伴之间的信任关系以及由此而做出的关系承诺，使得企业可以建立自己的关系网络，并由此占据特定的网络位置，进而为企业获得有关东道国市场的经验知识奠定基础。

因此，在N模型之中，网络位置与关系承诺之间的互动就推动了企业国际化的多样化路径[32]。一方面，企业嵌入的关系网络为企业提供了国际市场的经验知识，这些经验知识有助于识别市场机遇和风险，进而识别出了可信任的合作伙伴，并开展下一阶段的关系承诺[33]；另一方面，不同的关系承诺水平又决定了企业在网络中的位置和关系嵌入程度[34][35]，从而影响了企业可以获得的有关国际市场的经验知识。网络位置与关系承诺之间的互动机制具体如图2所示。

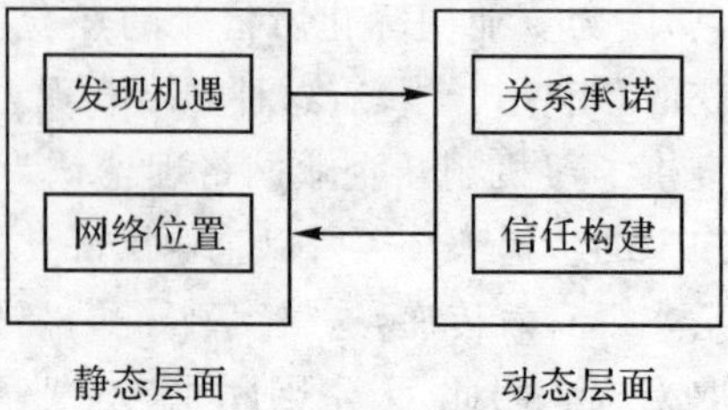

图2 网络模型的基本框架

资料来源:本文参考文献[17]。

(二)N模型的理论贡献与研究不足

N模型以关系网络为核心变量,认为企业国际化过程是网络位置与关系承诺互动而形成的复杂过程,有效解释了企业国际化的多样性扩张路径,推动了国际化过程理论的进展[7]。在理论基础方面,N模型主要借鉴社会网络理论(Granovetter,1973),将企业所面临的外部环境视为一个关系网络,并认为企业在国外市场上的经营活动要受到所嵌入关系网络(包括个人网络)的影响[7]。以网络为基本视角,结合组织学习理论,N模型在以下两个方面推动了企业国际化过程理论的发展。第一,借鉴网络理论,有效解释了企业国际化的多样性过程。U模型和I模型认为企业国际化存在固定的渐进性过程,难以解释2000年以来的天生国际化和模仿国际化现象。N模型通过引入关系网络概念,承认经验知识学习的各种网络机制,认为基于强关系的直接学习机制和基于弱关系的间接学习机制都可以有效获得网络伙伴的经验知识,从而有效解释了国际化的多样性扩张路径,推动了国际化过程模型的发展。第二,网络概念的引入,为企业国际化过程研究提供了广阔的研究方向。在有效解释天生国际化和模仿国际化的同时,网络概念的引入,使得N模型可以更加深入地探索企业国际化进程中的复杂行为,特别是国际化过程中的创新机制。

当然,现有的N模型在提供了国际化过程研究基本思路的同时,也表现出明显的不足。一是,N模型中的网络概念虽然提高了模型的解释力,但是在具体性质和界定方面还不够清晰。个人网络、社会网络、商业网络均可能是企业国际化过程中的重要依托,并且不同的企业具有不同的关系与结构性嵌入。因此,网络在提高N模型解释力的同时,也出现了模型本身的含糊性,这与U模型的简洁难以比拟。二是,N模型的网络概念在具体实证研究中的量化存在较大难度。网络本身在测量上就存在较大的难度,而对国际化过程中复杂的关系网络来说,网络的刻度就更艰难,这在一定程度上限制了N模型在实证研究方面的深入发展。三是,N模型,包括之前的U模型和I模型,均忽略了企业国际化过程中的内部能力的影响。三个模型均以中小型企业为研究对象，强调了外在环境不确定性的重要影响，认为国际市场经验知识获取是企业国际化的核心问题。以上三个模型均忽略了经验知识获取对于企业内部核心能力的影响，从而使得国际化过程表现为单向的经验知识持续获取的过程。而事实上，企业核心能力、动态能力都在经验知识获取过程中演进，从而影响企业国际化的经验知识获取过程。

五、研究结论与未来研究展望

通过对以往文献的梳理，本文梳理出企业国际化过程的三个核心模型，分析了它们的理论基础、核心变量和结构框架。U模型、I模型和N模型作为企业国际化过程理论发展过程中的三个里程碑式的模型，具有一贯的理论内核，即关注企业国际化过程中的“经验知识与资源承诺的互动机制”。同时，三个模型也具有各自的核心变量和结构框架。所取得的核心结论可以概括为以下三个方面：面对外来者劣势，国际市场的经验知识获取成为企业国际化过程中的核心问题；经验知识获取驱动企业在国际市场的资源承诺升级，从而使得国际化表现为一个动态发展的过程；经验知识来源的多元化使得企业国际化进程表现出路径多样化。

尽管本质上都认为企业国际化扩张是一个经验知识累积的过程，但三者之间在理论逻辑和过程特征等方面的认识还存在差异。对于经验知识的来源，U模型认为经验知识唯一来源于企业直接的东道国经验；I模型则认为除了直接的东道国经验之外，间接的出口也是获取经验知识的重要来源；N模型则认为存在广泛的网络关系以获得和利用经验知识。对于国际化过程特征，U模型和I模型均强调渐进性的国际化路径；U模型强调了多样性的国际化路径，既可以是渐进性国际化，也可以是天生国际化和模仿国际化。对于经验知识累积所带来的质变特征，U模型并没有明显提出来；I模型则强调了阶段之间演进的背后需要以创新为基础，即基于经验知识的创新，才能够实现资源承诺的升级，但是I模型对该创新机制并未深入探究；而N模型则强调了经验知识的累积将会带来企业网络位置的变化，从而影响企业的关系承诺，但是对网络位置变化对关系承诺的具体影响还有待深入研究。

根据文献梳理，我们认为，企业国际化过程研究在以下四个方面还有待深化：

第一，企业的网络嵌入性及其对国际化过程的影响机制研究。之前已经指出，网络概念的引入为企业国际化过程研究提供了广阔的研究空间，但是也因为网络本身界定的模糊性使得N模型失于精确与简洁。这也说明，必须对国际化企业所嵌入的关系网络进行更为清晰的界定，才能够让关系网络模型更精确，也更具实证研究的可操作性。这就要求我们研究以下两个方面的问题。一是，企业国际化过程中的网络边界及其刻度研究。事实上,国际化企业嵌入于不同性质的网络,拥有差异化的关系、结构与认知嵌入特征。前文所提及的个人网络、社会网络、商业网络均是国际化企业所嵌入的网络。除此之外,国际化企业还嵌入于其他形式的网络,例如东道国网络、母国网络,以及全球网络等。在清晰界定企业网络类型的同时,更要清晰界定网络边界,并在此基础上完善网络刻度方法,从而为N模型的拓展奠定坚实的理论基础和实证基础。二是,企业国际化过程的网络位置及其演化机理研究。国际化企业在嵌入网络中的位置如何界定、如何划分,在此基础上进一步分析网络位置与经验知识获取、关系承诺之间的互动关系,进而分析网络位置的演化路径,从而明确国际化企业的网络嵌入策略。

第二,国际化过程中经验知识获取的多元机制及其共同作用机理。三个模型的演化可以清楚发现经验知识的来源趋于多样性,从U模型所强调的直接经验,到I模型所强调的出口贸易,再到N模型所强调的多元化路径。这就需要进一步开展以下两个方面的研究。一是,企业国际化过程中经验知识获取路径分析。虽然N模型提出了基于网络的多元化路径,提出了诸多的可能性,包括基于自身经验的"干中学"、基于强关系的直接学习机制及基于弱关系的间接学习机制,以此解释企业国际化过程中的诸多路径。那么,进一步的研究就是开展企业经验知识多元化获取机制的分类研究。在这里,除了之前基于关系层面的划分方式,还可以考虑从结构层面、认知层面进行划分。划分方式的深入研究,有利于我们对国际化经验知识获取路径研究的深入,也为后续研究奠定基础。二是,不同知识获取路径对企业国际化经验知识获取的共同影响。不同渠道可以获得和利用的国际化经验知识存在差异,并且对企业的国际化形成存在差异化的影响。这就要求我们在理解和测量不同渠道下获取经验知识的差异,并在此基础上分析经验知识获取的渠道组合模式及其对企业国际化行为的影响。例如,基于自身直接经历的"干中学"与基于网络的直接和间接学习所获得的经验知识是否存在差异,存在何种差异,自身经历与网络学习两种渠道之间是替代关系还是互补关系,两者之间如何组合才能够有效推动企业的国际化行为,这些都有待深入研究。

第三,企业国际化过程中多样性路径的演化机制研究。U模型和I模型强调了企业国际化的渐进性特征,N模型则关注了天生国际化和模仿国际化中的突变性特征,从而使得企业国际化表现出多样性扩张路径。那么,未来进一步研究的问题就是多样性的国际化扩张路径能否进行系统的分类,不同的国际化扩张路径之间是否存在关联;如果存在关联,能否用一个系统的演化模型来分析企业国际化路径。这就需要我们具体探讨以下两个方面的问题。一是,企业国际化扩张路径划分与关联机制的分析。渐进性国际化与突变性国际化路径能否进一步细分,或者是否存在国际化扩张路径的其他划分方式,例如前进式国际化和衰退式国际化。

在此基础上，进一步探讨不同国际化路径的关联机制，从而为企业国际化路径建立更为系统全面的图景。二是，多样化路径的演化机制研究。在国际化路径系统全面图景的基础上，进一步通过纵向研究和横向对比分析，构建系统的国际化不同路径之间的演化机制，从而对企业国际化过程形成清晰的演化路径，能够更为精准地界定现实世界中企业国际化的暂时性特征和趋势性特征。

第四，发展中国家企业国际化过程研究。三大国际化过程模型主要以发达国家中小企业为研究对象。未来可以以发展中国家企业为对象，结合已有理论分析发展中国家企业的国际化过程，不仅可以丰富企业国际化过程研究的实证基础，更为重要的是，能够推动企业国际化过程研究的理论创新。与发达国家企业相比，发展中国家企业国际化至少表现出两点不同：先验地面临着来自发达国家跨国公司的激烈竞争；面临着更为复杂的全球网络。那么，发展中国家企业国际化过程有何新特征？新特征能否用已有理论有效解释？如果不能，又如何进行理论创新？这些都是极为有趣的研究。同时，发展中国家企业国际化过程研究对我国来说尤其有意义。2000 年以来，中国企业在“走出去”政策引导下，已经开始了大范围的国际化拓展；目前中国政府又更为具体地提出了“一带一路”战略，这对中国企业国际化拓展提供了更为清晰的方向。与此同时，这也急需我们开展发展中国家企业国际化过程研究，研究成果不仅可以指导中国企业国际化拓展策略，同时也可以为中国政府加快推进“一带一路”战略实施提供政策参考。

参考文献

[1] JOHANSON J, VAHLNE J E. The internationalization process of the firm-a model of knowledge development and increasing foreign market commitments [J]. Journal of International Business Studies, 1977:23-32.

[2] 王增涛. 企业国际化：一个理论与概念框架的文献综述 [J]. 经济学家，2011，(4)：96-101.

[3] JOHANSON J, VAHLNE J E. The mechanism of internationalization [J]. International marketing review, 1990,7(4):11-24.

[4] FORSGREN M. The concept of learning in the Uppsala internationalization process model: a critical review [J]. International business review, 2002, 11(3):257-277.

[5] BILKEY W J, TESAR G. The export behavior of smaller-sized Wisconsin manufacturing firms [J]. Journal of International Business Studies, 1977:93-98.

[6] CAVUSGIL S T. On the internationalization process of firms [J]. European Research, 1980, 8(6):273-281.

[7] JOHANSON J, VAHLNE J E. The Uppsala internationalization process model revisited: From liability of foreignness to liability of outsidership [J]. Journal of International Business Studies, 2009, 40(9):1411-1431.

[8] JOHANSON J , VAHLNE J E. The Uppsala model on evolution of the multinational business enterprise-from internalization to coordination of networks [J]. International Marketing Review, 2013, 30(3):189-210.

[9] MEYER K E, GELBUDA M. Process perspectives in international business research in CEE [J]. Management International Review, 2006, 46(2):143-164.

[10] ERIKSSON K, JOHANSON J, MAJKGÅRD A, et al. Effect of variation on knowledge accumulation in the internationalization process [J]. International Studies of Management & Organization, 2000:26-44.

[11] LUO Y, ZHAO H, WANG Y, et al. Venturing abroad by emerging market enterprises [J]. Management International Review, 2011, 51(4):433-459.

[12] CHANDRA Y, STYLES C, WILKINSON I F. Opportunity portfolio: Moving beyond single opportunity explanations in international entrepreneurship research [J]. Asia Pacific Journal of Management, 2014:1-30.

[13] HUBER G P. Organizational learning:The contributing processes and the literatures [J]. Organization Science, 1991, 2(1):88-115.

[14] LEVITT B, MARCH J G. Organizational learning [J]. Annual Review of Sociology, 1988:319-340.

[15] JOHANSON J, WIEDERSHEIM F. The internationalization of the firm—four swedish cases 1 [J]. Journal of Management Studies, 1975, 12(3):305-323.

[16] ANDERSEN O. On the internationalization process of firms:a critical analysis [J]. Journal of International Business Studies, 1993:209-231.

[17] CAVUSGIL S T. On the internationalization process of firms [J]. European Research, 1980, 8(6):273-281.

[18] REID S D. The decision-maker and export entry and expansion [J]. Journal of International Business Studies, 1981, 12(2):101-112.

[19] JOHANSON J, VAHLNE J E. Commitment and opportunity development in the internationalization process:A note on the Uppsala internationalization process model [J]. Management International Review, 2006, 46(2):165-178.

[20] JOHANSON J, VAHLNE J E. Business relationship learning and commitment in the internationalization process [J]. Journal of International Entrepreneurship, 2003, 1(1):83-101.

[21] MEYER K, SKAK A. Networks, serendipity and SME entry into Eastern Europe [J]. European Management Journal, 2002, 20(2):179-188.

[22] OVIATT B M, MCDOUGALL P P. Defining international entrepreneurship and modeling the speed of internationalization [J]. Entrepreneurship theory and practice, 2005, 29(5): 537-554.

[23] DIMAGGIO P J, Powell W W. The iron cage revisited:Institutional isomorphism and col-

lective rationality in organiza-tional fields [J]. American Sociological Review, 1983, 48(2): 147-160.

[24] HAUNSCHILD P R. and Miner, A. S.. Modes of Interorganizational Imitation: The Effects of Outcome Salience and Uncertainty [J]. Administrative Science Quarterly, 1997, 42(3):472-500.

[25] LU J W. Intra-and Inter-Organizational Imitative Behavior: Institutional Influences on Japanese Firms' Entry Mode Choice [J]. Journal of International Business Studies, 2002, 33(1):19-37.

[26] GUILLÉN M F. Structural inertia, imitation, and foreign expansion: South Korea firms and business groups in China[J]. Academy of Management Journal, 2002, 45(3):509-525.

[27] BRUNEEL J, YLI H, CLARYSSE B. Learning from experience and learning from others: how congenital and interorganizational learning substitute for experiential learning in young firm internationalization [J]. Strategic Entrepreneurship Journal, 2010, 4(2):164-182.

[28] BELDERBOS R, OLFFEN W V, ZOU J. Generic and Specific Social Learning Mechanisms in Foreign Entry Location Choice [J]. Strategic Management Journal, 2011, 32:1309-1330.

[29] GABA V, TERLAAK A. Decomposing Uncertainty and Its Effects on Imitation in Firm Exit Decisions[J]. Organization Science, 2013, 24(6):1847-1869.

[30] UZZI B. The sources and consequences of embeddedness for the economic performance of organizations: The network effect [J]. American Sociological Review, 1996, 61(4): 674-698.

[31] HANSEN M. The search-transfer problem: the role of weak ties in sharing knowledge across organization subunits[J]. Administrative Science Quarterly, 1999, 44(1):82-111.

[32] JOHANSON J, VAHLNE J E. Markets as networks: implications for strategy-making [J]. Journal of the Academy of Marketing Science, 2011, 39(4):484-491.

[33] SOLBERG C A, Durrieu F. Access to networks and commitment to internationalization as precursors to marketing strategies in international markets, 2006,46(1):57-83.

[34] PENG M W, MEYER K. International business[M]. London: Cengage Learning, 2011.

[35] 许晖,许守任,王睿智. 网络嵌入、组织学习与资源承诺的协同演进 [J]. 管理世界,2013,(10):142-154

组织篇 ZU ZHI PIAN

MTS视角下多团队学习和过程绩效的关系研究

肖余春　周盈盈　杨　丹

（浙江工商大学工商管理学院，浙江杭州 310018）

摘　要：在多团队系统的研究视角下，本文以高新技术企业的研发团队为研究对象，通过对国内外相关文献的梳理、反思和重构，构建了基于MTS（多团队系统理论）的多团队学习过程模型，并探讨了多团队学习与过程绩效的关系。本研究通过问卷调查和验证性因子分析等手段对提出的多团队学习过程模型进行了评价，并采用相关分析和多元回归分析等手段验证多团队学习与过程绩效之间的相关关系。研究结果显示，可将多团队学习分为知识的获取构建、共享转移、存储应用三个阶段，并且这三个阶段对过程绩效的运行状况及阶段性成果均呈显著正向影响。

关键词：多团队系统　多团队学习　过程绩效

一、引言

随着我国改革开放的不断深入，现代化进程的稳步前进，传统的劳动密集型产业被技术密集型产业逐步取代，以一大批高新技术企业为代表的高技术产业成为带动国家经济增长的主导产业，科技创新也随之成为提高我国社会生产力和综合国力的战略支撑。构建产学研相结合的技术创新体系也因此成为国家创新发展战略中的重要一环。现代企业组织，尤其是高新技术企业中，存在着大量分工明确，但又相互关联的团队。这些团队往往会因为某一任务或项目临时组合起来，形成一个多团队系统。在该组织中，成员来自若干个不同的团队，专业背景与技能也具有极大的差异，那么如何高效地运作这类团队系统成为诸多企业面临的严峻问题之一。在这一背景下，多团队系统理论[1]（Multiteam System Theory，简称MTS）遵循了这一趋势，引起了国内外学者越来越多的关注。

对于高新技术企业而言，研发的时间复杂度与产品质量之间存在不可调和的矛盾,这对企业的研发团队提出了更苛刻的要求。新产品的开发周期往往具有弹性,长则持续数年,短期也需要几个月,倘若无法在项目过程中对绩效进行合理的评估,那么整个进行过程就很可能偏离预期的方向,进而使整个产品研发项目失控乃至失败。Standish 集团的项目调查结果表明:仅有 16%的研发项目勉强达到预期目标,近三分之一的项目被中途叫停。超过半数的项目虽然勉强完成,但仅能实现预期目标的四分之三。如何准确评估一个研发团队的项目绩效逐渐受到了企业的重视,相关企业也采取了一系列措施,比如建立初步的评估体系等,但从总体上来说还很不完善。因此建立一个全面的产品研发过程绩效评价体系成为了解决这一问题的关键。

提升企业的创新和研发能力是高新企业维持旺盛生命力的保证。在产品研发过程中,多团队学习可以帮助项目中分工明确的不同技术团队实现团队间的沟通与知识共享,可以保证该项目顺利进行。而对项目中各技术团队的过程和结果绩效进行有效的评估,则是保障研发绩效的基础。因此,本文试图通过探究多团队学习与团队过程绩效之间的影响机制,为企业团队管理提供新的思路,从而实现优化企业研发团队管理过程的目标。

二、理论分析与研究假设

(一)多团队学习的内涵

多团队学习是学习过程从单一团队内部向团队外部演进延伸的结果,它已逐渐引起国内外学者的关注。他们的基本观点是各不同团队目标的实现通常以团队间的相互学习为基础,多团队学习则是指两个或两个以上的团队间为了同时达到个体目标和总体目标而进行的双边或多边的相互学习[2]。

有国外学者认为,多团队学习是指在某一特定的网络环境中进行知识发现和获取,即通过网络层次上的知识寻求获取新知识的行为[3]。他们将多团队学习定义为单个团队在其内部原有的知识基础上,进一步从团队外部获取新知识来应对当前的各种网络活动。国内学者也试图在企业人力资源管理领域引入多团队的概念,并研究了浙江民营企业团队的学习水平。

总之,多团队学习并非将系统中单一团队学习进行简单累加,而是团队学习向网络系统进化的结果,目前在我国尚处于起步阶段。因此,多团队学习与过程绩效的关系也是新的课题。

(二)多团队学习的过程

多团队系统是一种新的研究视角,目前还没有引起学者们的足够重视,关于多团队学习的过程研究领域研究成果较少。Nevis 等认为,组织学习可分为知识获取、知识共享和知识应用三个阶段。肖余春则认为，多团队学习是组织学习的一种特殊形态，多团队学习过程也可以分为这三个阶段[4]. 基于之前的团队学习概念，参考已有的对多团队学习系统的研究，结合众多学者提出的团队学习过程模型，本文对多团队学习的过程进行了简单的修正，将多团队学习的过程分为知识的获取构建、知识的共享转移和知识的存储应用三个阶段。如图1所示：

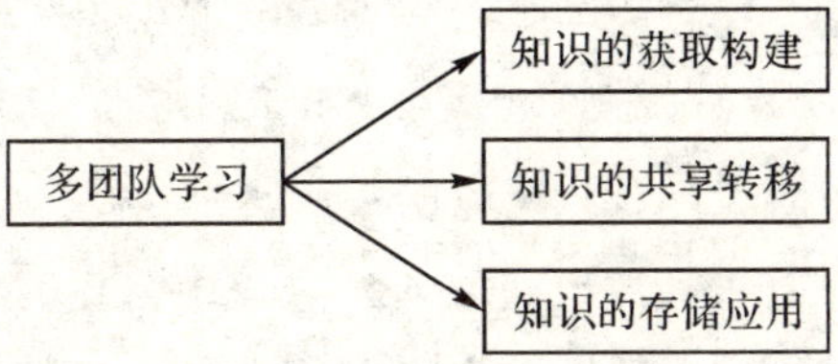

图1　多团队学习过程模型

H1:多团队学习过程包括知识的获取构建、知识的共享转移、知识的存储应用三个阶段。

(三)过程性绩效

对于工作绩效模型，国内外学者均做了大量的研究，但这些研究中，工作绩效通常被作为一种输出结果而不是一个过程对象来评估。然而工作绩效往往是阶段性成果到最终成果的累积，严重依赖于工作过程，因此为更好地控制工作过程，有学者提出了过程绩效的概念。

Prabu等认为，过程是一个为某特定市场或客户提供某种具体产出的结构化活动集，它可能涉及多个职能领域，也可进一步被分解为多个子过程，过程绩效就是对众多子过程中的绩效进行测量。王宝荣等[5]则认为，过程绩效是工作绩效的一部分，是个人或团队的工作行为所取得的符合客户及市场要求的阶段性工作成果。新产品研发是一个持续过程，且复杂度高，研发成果往往很难在短时间内体现出来，这就需要通过评价研发人员的行为来反映，且评价受外部环境的影响。而且研发团队的最终成果并不等于研发团队各成员个体输出成果之和，对研发团队的过程绩效的评估，是对其工作绩效评估的一个良好补充。

以往的研究表明，过程绩效既是一种行为，也是一种结果，或者说是行为和结果的统一，即过程绩效由行为绩效和结果绩效两部分构成。朱其权[6]认为，相对最终绩效而言，研发团队的过程绩效指研发过程中所取得的成果，包括研发过程中的运行状态和阶段性成果，研发过程中的运行状态由角色匹配情况和知识共享两个因素决定，阶段性成果则由预算控制、人才培养和研发业绩三个部分组成。徐佩认为，研发过程的运行状况可分为团队沟通、冲突管理、团队协作和团队士气四个方面，其中团队沟通所占比例最大。李永周等[7]则通过构建IT研发团队过程绩效的模型,将研发中的过程绩效分为团队沟通、团队协作、集成能力和知识管理四个方面。考虑到研发团队预先分配了研发任务,且不会轻易更换研发人员,因此在这里,角色匹配维度作为过程绩效的测评指标存在着一定的不合理性。本研究最终基于徐佩和李永周等人的观点,选取团队沟通和团队协作作为衡量研究团队运行状况的测量指标。综上所述,本文将研发 MTS 过程绩效划分为研发 MTS 运行状况和研发 MTS 阶段性成果两个维度,其中运行状况由团队沟通和团队协作两个维度构成,阶段性成果则由预算控制、研发业绩和人才培养三个维度构成。

(四)多团队学习各阶段与过程绩效的关系研究

研发团队是否能够及时有效地获取研发过程中需要的知识,是新产品研发过程能否顺利进行下去的依据。持续获取客户和竞争对手的信息并对其进行分析,能够更好地了解客户的需求,并迅速对激烈的市场竞争做出反应。在高科技产品研发项目中,知识的获取构建在整个过程中呈现相对专业化和复杂化的特点。Akgun 提出,组织中的知识获取与产品开发的程度呈显著正相关关系,因为对于新产品的研发,团队内部现有的知识和技能是远远不够的,从外部获取知识的能力是新产品开发成功的保障。

对高新技术企业来说,企业研发团队的知识共享转移将直接影响新产品的研发是否成功。如果在系统内知识能够根据研发目的针对性地转移或者共享,就在一定程度上提高了多团队对已获取知识的整合和应用,进而提高多团队效能。多团队系统中的内部知识若能得到良好的处理和理解,那么系统的知识需求就更容易得到满足。同时这些内部知识和信息的共享也可以使研发团队以低时间成本、低人力成本获取高研发效能。

企业的竞争优势并不只在于其所掌握知识的数量和质量,而在于知识的存储应用。也就是说,企业所掌握的知识本身并不能保证企业的竞争优势,只有将这些知识应用到研发过程中,解决实际遇到的问题,比如发现机会、解决问题和制定策略等,才能发挥其作用,从而获取高研发效能。Cornelia 对 208 家制造企业进行实证研究,研究结果表明,企业对知识的存储应用与创新绩效之间呈显著正相关关系。

基于以上理论综述,本文的研究模型如图 2 所示:

研究假设:

H2.1:多团队学习各阶段对团队沟通呈显著正向影响。

H2.2:多团队学习各阶段对团队协作呈显著正向影响。

H3.1:多团队学习各阶段对预算控制呈显著正向影响。

H3.2:多团队学习各阶段对研发业绩呈显著正向影响。

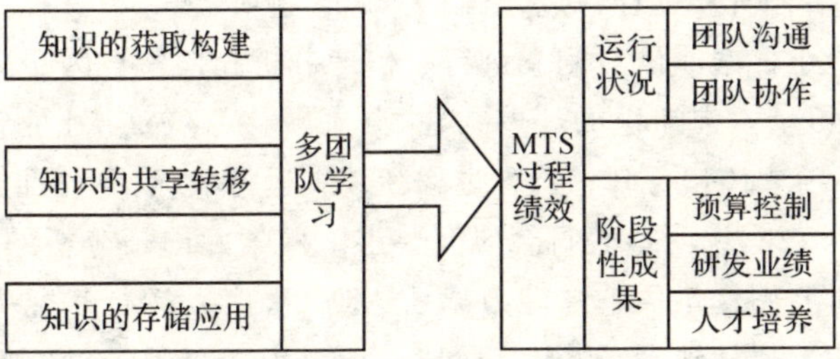

图2　研究模型

H3.3:多团队学习各阶段对人才培养呈显著正向影响。

三、研究设计

(一)样本来源

本研究主要是针对高新企业的研发多团队系统,因此问卷的主要发放对象为杭州、武汉、保定三城的生物科技行业、机械设备行业、通信行业和软件行业中现有研发团队。共计发放问卷227份,收回213份,问卷收回率为93.8%;扣除不合格问卷,最终有效问卷198份,问卷有效率为93.0%。各样本具体信息分布情况如表1所示。

表1　调查对象的基本信息

性别	年龄	学历	所在部门	团队规模	团队组建时间
男 74.2% 女 25.8%	25岁以下 10.6% 25~34岁 53.9% 35~44岁 29.3% 44岁以上 6.2%	大专以下 2.0% 大专 8.1% 本科 44.9% 硕士及以上 45%	研发部 57.6% 控制部 19.2% 售后技术 15.7% 生产部 7.5%	5人以下 26.3% 5~10人 41.4% 10人以上 32.3%	6个月以下 19.7% 6~12个月 36.3% 1~3年 26.8% 3年以上 17.2%

(二)数据收集

本研究的问卷主要包括两个部分。第一部分是多团队学习和MTS过程绩效的各维度的测量。采用李克特7点量表进行测量,由一系列对所研究的概念持肯定或否定态度的陈述构成,通过受访者自评收集信息,"1"到"7"代表从"完全不符合"到"完全符合"。第二部分是被调查者的基本信息,包括性别、年龄、学历、所在部门、团队规模、组建团队时间等。问卷来源及各部分测量结果如下:

具体的测量指标上,多团队学习三个维度主要借鉴了陈占夺[9]、杨瑞明[10]、林筠[11]和耿科化[12]的观点,并结合多团队系统的特点共编制了14个题项。对于MTS过程绩效的测量,主要参考了Campion[13]、王永丽[14]、Alan[15],以及朱其权的相关研究,并结合研发过程特点,编制了19个题项。

本研究通过小样本测试对问卷进行了信度分析和探索性因子分析。分析结果表明,多团队学习量表中知识的获取构建、共享转移、存储应用三个维度的信度系数分别为0.853,0.910,0.762;MTS过程绩效中运行状况、阶段性成果的信度系数分别为0.916,0.928,说明量表符合研究要求。探索性因子分析结果表明,多团队学习3个因子对原始变量的解释能力累计达到68.3%,运行状况中2个因子对原始变量的解释能力累计达到76.6%,阶段性成果中3个因子对原始变量的解释能力达到80.6%,说明提取的各个因子对底层的各个指标综合反映较好。

(三)统计分析

本研究中,对多团队学习的概念模型通过AMOS7.0进行验证性因子分析,对多团队学习与过程绩效的关系探究通过SPSS17.0进行相关分析和多元回归分析。

四、研究结果

(一)多团队学习过程模型的验证性因子分析

根据本研究中的研究假设,设计出多团队学习过程的结构方程模型路径分析图(图3),从图中可以看出,各指标在该三维模型各维度上的载荷系数分布在0.53—0.85之间,说明因子结构较为清晰,模型较为理想。

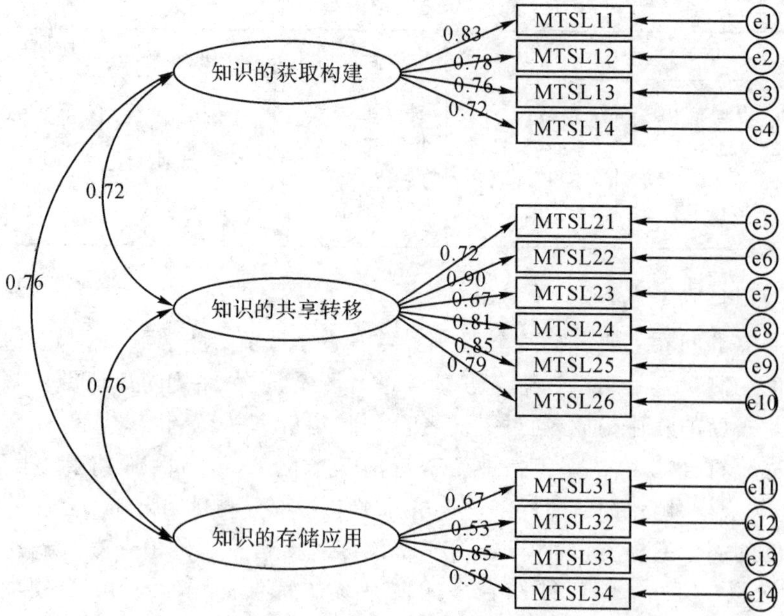

图3 多团队学习过程模型的验证性因子模型

多团队学习结构方程模型的主要拟合参数结果如表2所示。可以看出，在整体模型适配度方面，所有适配度指标值均达到模型可接受标准：多团队学习模型的拟合度卡方值(X^2)为58.686，自由度(df)为58，卡方与自由度比值为1.012，小于2；显著性概率值为0.450，大于0.05，所以接受虚无假设，表明样本数据与该假设模型可以适配。*RMSEA* 值为0.008，小于0.05，表明该模型拟合效果较好；其他的拟合指标 *GFI*，*IFI*，*TLI*，*CFI*，*NFI* 的值均大于0.9，表明本模型拟合程度很好，整体的建构效度较好。综合以上指标，我们认为本研究构建的"多团队学习三维因子模型"可以接受，H1成立。

表2 多团队学习模型的主要拟合指标

拟合指标	X^2	df	x^2/df	p	*RMSEA*	*GFI*	*NFI*	*IFI*	*TLI*	*CFI*
数值	58.686	58	1.012	0.450	0.008	0.958	0.962	0.981	0.999	0.981

(二)多团队学习与过程绩效的相关分析

研究采取 Pearson 相关系数衡量多团队学习过程变量与研发 MTS 运行状况，以及研发 MTS 阶段性成果之间的相关方向、程度及其显著性。统计结果如表3所示，可以看出在显著性0.01水平上，所有变量之间呈现出不同程度的正相关，相关系数处于0.393和0.716之间，即多团队学习过程各个维度水平与研发 MTS 过程绩效的相关各维度呈现正相关关系。

表3 多团队学习与研发 MTS 过程绩效各因子间相关性分析

	知识的获取构建	知识的共享转移	知识的存储应用	团队沟通	团队协作	预算控制	研发业绩	人才培养
知识获取和构建	1							
知识的共享转移	0.632**	1						
知识的存储应用	0.633**	0.645**	1					
团队沟通	0.516**	0.633**	0.716**	1				
团队协作	0.633**	0.596**	0.601**	0.657**	1			
预算控制	0.550**	0.616**	0.548**	0.653**	0.720**	1		
研发业绩	0.519**	0.538**	0.524**	0.703**	0.564**	0.615**	1	
人才培养	0.393**	0.585**	0.554**	0.655**	0.601**	0.522**	0.638**	1

** 表示 p 在0.01水平(双侧)上显著相关。

(三)多团队学习与过程绩效的多元回归分析

在本研究模型中，多团队学习的过程对研发 MTS 过程绩效的影响是一个不断循环交替的过程,各个阶段会相互影响,所以本研究采取多元回归分析中的阶层分析方法。

表4 MTS运行状况回归分析结果

	团队沟通			团队协作		
	阶层一	阶层二	阶层三	阶层一	阶层二	阶层三
知识的获取构建	0.516***	0.161*	0.029	0.633***	0.427***	0.337***
知识的共享转移	0.561***	0.355***	0.325***	0.227*		
知识的存储应用			0.506***			0.241*
F	82,882***	74.789***	65.254***	120.380***	77.565***	57.739***
R^2	0.466	0.555	0.683	0.401	0.464	0.493
ΔR^2		0.089	0.128		0.063	0.029

注:*** 表示 $p<0.001$,** 表示 $p<0.01$,* 表示 $p<0.05$。

从表4中可以看出,在团队沟通这个维度上,在未考虑变量知识的存储应用时,知识的获取构建与知识的共享转移对团队沟通有显著的预测力;但如果同时考虑多团队学习三个维度,则知识的获取构建对团队沟通的解释力不显著,主要由另外两个变量解释,所以H2.1部分成立。而对于团队协作,将多团队学习的三个过程变量依次加入到回归模型中其预测力均达到显著,且解释力显著增加,因此H2.2得到了验证。

表5 MTS阶段性成果回归分析结果

	预算控制			研发业绩			人才培养		
	阶层一	阶层二	阶层三	阶层一	阶层二	阶层三	阶层一	阶层二	阶层三
知识的获取构建	0.550***	0.267***	0.199*	0.519***	0.298***	0.217*	0.393***	0.039	−0.088
知识的共享转移		0.447***	0.373***		0.350***	0.259*		0.560***	0.423***
知识的存储应用			0.181*			0.220*			0.337***
F	77.920***	65.355***	46.317***	66.090***	46.464***	34.242***	32.928***	46.718***	39.522***
R^2	0.402	0.522	0.638	0.370	0.443	0.567	0.455	0.643	0.700
ΔR^2		0.120	0.016		0.073	0.024		0.188	0.057

注:*** 表示 $p<0.001$,** 表示 $p<0.01$,* 表示 $p<0.05$。

从表 5 中可以看出，在预算控制、研发业绩这两个维度上，分别依次加入多团队学习的三个过程变量到回归模型中，回归系数均达到显著，且解释力都显著增加，因此 H3.1，H3.2 都成立。而人才培养的阶层回归结果显示，知识的获取构建这一维度的预测力达到显著程度，但加入知识的共享转移和存储应用这两个维度后，回归系数不显著。因而，知识的获取构建这一个维度对人才培养有显著的预测力；但如果同时考虑多团队学习两个或三个维度，则知识的获取构建对人才培养的解释力不显著，主要由另外两个维度解释，因此 H3.3 部分得到验证。

五、研究结论与启示

(一)主要研究结论

经过前文的文献总结和实证分析，本文的主要研究结论如下：

第一，多团队学习的过程可以分为知识的获取构建、知识的共享转移和知识的存储应用三个阶段，各阶段之间均呈显著正向影响，并构成了多团队学习的整体。知识的获取构建为多团队学习奠定了一个良好的基础；知识的共享转移作为知识的获取构建和知识的存储应用的桥梁，不可或缺；而企业竞争优势来源于知识的应用而非知识本身，只有将知识有效地运用到企业的产品和服务的生产或者其他问题的解决过程中，才能为企业带来竞争优势。

第二，在过程绩效的运行状况方面，多团队学习的三个阶段对团队协作均呈显著正向影响，这表明有效的多团队学习可提高多团队系统的协作程度。多团队学习过程中的知识共享转移和存储应用对团队沟通有显著正向影响，表明知识的共享转移和存储应用有助于研发多团队系统中成员的互动，从而有助于提高研发效率。而知识的获取构建过程并不能很好地调动研发人员共同的积极性，可能是由于研发人员专注于对知识的探求而忽略了团队间相互沟通。

第三，在过程绩效的阶段性成果方面，多团队学习的三个阶段对预算控制、研发业绩都呈显著正向影响，这表明有效的多团队学习过程可在研发过程中对研发费用的支出起到较好的控制和约束作用，并且可以对研发过程中资源的管理、研发进度的执行、阶段性成果的鉴定和后续研发计划的制订起到积极的促进作用。另外，知识的共享转移和存储应用对人才培养存在显著的正向影响，而知识的获取构建过程并不能显著地影响人才培养，可以理解为个体的学习过程并不能很好地培养人才，因此在多团队系统内部，良好的互动与沟通会对提高过程绩效起到关键的作用。

(二)研究启示

本研究构建了多团队学习过程模型，并以高新技术企业的研发团队为研究对象,对多团队学习与过程绩效之间的关系进行探究,为高新技术企业研发绩效提供了一定的借鉴,为企业在激烈的市场竞争中提供了生存和发展策略。

作为一种新的学习方式,多团队学习可以有效提高学习效能。面对日益激烈的竞争及复杂多变的外部环境,较之以往各种形式的团队学习,多团队学习可以更高效地加工、处理信息和知识,对各企业的内部结构改革具有重大参考价值[16]。知识经济的时代,有效进行学习将成为保持企业竞争力的关键。过程绩效的研究给我们提供了一种新的绩效测量思维。测量时需要同时关注研发系统的运行状况和阶段性成果,不仅要关注团队之间的沟通和协作,也要关注控制预算、研发业绩,同时还要注重人才的培养。团队和个人共同成长,才能保证研发工作的顺利进行,从而使最终目标得以实现。团队学习和组织学习已经应用到部分企业研发团队中,如果企业能够运用多团队学习的思维来对新产品研发团队进行管理,将对研发绩效的提高产生重要影响。如何有效地提高多团队学习的水平,是研发成功与否的关键。

参考文献

[1] MATHIEU J E, MARKS M A, ZACCARO S J. Multi-team systems[M]. London: Sage, 2001.

[2] 王娟茹,杨瑾. 复杂产品研发团队知识集成影响因素实证研究[J]. 科学学与科学技术管理, 2011, 4:152-158.

[3] DYER J H, NOBEOKA K. Creating and Managing a High-Performance Knowledge Sharing Network:The Toyota Case[J]. Strategy Management Journal, 2000, 21 (3):345-367.

[4] 肖余春,李伟阳. 多团队系统理论及其在现代企业管理中的应用[J]. 自然辩证法通讯, 2012, 4:67-72.

[5] 王宝荣,靳继超. 小型团队领导者过程绩效测量量表研究[J]. 技术经济与管理研究, 2012,11:31-35.

[6] 蔡厚清,朱其权. 过程绩效:R&D团队管理的新视角[J]. 科技进步与对策, 2008, 25(3): 172-174.

[7] 李永周,郭琪. IT新产品研发团队过程绩效评价研究[J]. 科技经济与管理研究, 2012, 12:23-26.

[8] ISLAM M Z, DOSHI J A, MAHTAB H, et al. Team learning, top management support and new product development success [J]. International Journal of Managing Projects in Business, 2009, 2(2):238-260.

[9] 陈占夺,汪克夷,牟莉莉. 复杂产品系统中KM活动及影响因素与研发绩效关系研究[J]. 科学学研究, 2008, 6(2):355-372.

[10] 杨瑞明,叶金福,邹艳. 团队社会网络对团队知识共享作用机制的实证研究[J]. 情报理论与实践, 2010, 2:68-72.

[11] 林筠，闫小芸. 共享领导与团队知识共享的关系研究：基于交互记忆系统的视角 [J]. 科技管理研究，2011，10:133-137.

[12] 耿科化. 社会资本、多团队学习和创新绩效的关系研究[D]. 杭州：浙江工商大学，2010.

[13] CAMPION M A，GINA J，MEDSKER A，et al. Relations between work group characteristics and effectiveness: Implications for designing effective work group [J]. Personnel Psychology，1993，46:823-850.

[14] 王永丽，邓静怡，任荣伟. 授权型领导、团队沟通对团队绩效的影响 [J]. 管理世界，2009，4:119-127.

[15] ALAN O S. Dispersed collaboration in a multi-firms，multi-teams product development project [J]. Journal of Engineering and Technology Management，2003，20:93-116.

[16] 肖余春，杨丹. 基于 MTST 的多团队学习和效能关系的实验研究 [J]. 科研管理，2013，34(7):112-118.

基于沉浸理论对社会化问答社区用户知识共享持续行为的实证研究

胡玮玮　张晓亮

(浙江工商大学工商管理学院,浙江杭州 310018)

摘　要:本文基于沉浸理论,以认知—沉浸体验—体验行为为主线解释了社会化问答社区用户持续知识共享行为的积极情绪体验驱动路径。本文对在线243个调查用户的有效问卷进行实证分析,研究结果显示,社会化问答社区用户持续知识共享行为的形成路径分为三个阶段,分别为先前知识共享任务特征和自身特征认知、沉浸体验、体验行为;同时也验证了沉浸体验作为形成持续知识共享这一体验行为的关键因素,在即时反馈、清晰目标、挑战与技能平衡、知识质量以及用户的自我效能和认知新奇性等认知因素与持续知识共享行为之间的作用机制。

关键词:社会化问答社区　沉浸体验　持续知识共享行为

一、引言

随着虚拟社区的发展,基于 Web 2.0 平台的问答社区,已成为现代在线问答服务的主要形式,新型社会化问答社区由于其独具的社会互动属性备受青睐,也便成为越来越多人交流信息知识的重要场所。但是,在虚拟网络环境下,由于国内社会化问答社区处于初步发展阶段,知识管理上还存在缺陷,知识共享活动中不可避免地存在搭便车的机会主义行为,其仍然存在沉默用户基数大、共享质量低、共享体验差等一系列问题。因此,如何解决用户体验和持续吸引用户成为社会化问答社区管理者十分关心的问题,持续知识共享行为是社会化问答社区持续发展的核心关键,如何激励社区用户持续知识共享行为尤为重要。近几年来,关于虚拟社区中的知识共享这一研究主题,虽然一直是国内外研究关注的热点问题。但是通过对重点文献的分析,本研究发现,在研究对象方面,已有研究对社区成员知识共享参与行为的划分都是静态的,很少从时间维度来揭示初始参与到后来参与的心理过程的变化，即少有研究关注到社区用户知识共享的持续参与行为。代宝等[1]认为，用户的情感和心理体验因素对虚拟社区知识共享影响作用的研究也还非常薄弱，并且建议未来研究者可借鉴体验营销的相关理论（如 Schmitt 的五维度体验理论）以及 Csikszentmihalyi 提出的心流体验（也称沉浸体验，flow experience）理论等来探讨用户的虚拟社区参与体验对其知识共享行为的影响作用。而笔者在研究前通过对知乎网资深用户（共 36 名）进行小样本访谈，其中有 23 名用户反映在知识共享过程中更重视潜在控制感、愉悦感和享受等情绪体验，这些使得他们愿意继续在社区进行知识共享。持续知识共享行为也是对行为忠诚的考察[2]，已有研究表明，沉浸体验作为一种积极的情绪体验对行为忠诚有一定积极影响[3]。有鉴于此，本研究试图从知识共享持续行为这一主题出发，基于沉浸体验视角探讨在虚拟社区环境下问答社区成员持续共享知识行为的内在机理，以期进一步丰富和拓展当前的理论研究。

二、基础与研究现状

（一）沉浸理论

Csikszentmihalyi 提出的沉浸理论，认为当人们在进行活动时如果完全投入活动的情境之中，集中注意力，并且过滤掉所有不相关的知觉，即是进入一种沉浸的状态[4]。沉浸是一种暂时性的、主观的经验，但这也是人们为什么愿意继续再从事某些活动的重要原因之一。

根据 Chen，Wigand & Nilan 的定义：当个体参与一种活动并完全融入，专心享受其中，体验其内在的乐趣，同时产生扭曲的时间感，这就容易形成最优的、极端享受的体验，产生这种体验后，即使没有外部激励或者物质奖励，个体也乐于重复行为来维持这种体验，即沉浸体验[5]。

沉浸理论已被广泛地应用到虚拟行为的研究中去。Laura A.，Peracchio & Juan 认为，消费者虚拟浏览产生沉浸体验，直接影响消费者从该网站购买产品的意图和再次访问、使用该网站的意图[6]。Novak，Hoffman，Yung 等针对不同的虚拟行为做沉浸模式的检验，研究发现，沉浸体验会显著影响虚拟用户使用行为的态度和意向[7]。Yan 等研究员认为，员工利用 Web2.0 虚拟社区共享知识的行为能够促成沉浸体验的产生进而激发员工的创造力，并且使用娱乐感和精神集中两个变量来测量沉浸体验，指出沉浸体验在创造力形成过程中充当润滑剂的作用[8]。国内学者赵彬等研究表明，通过增强消费者的沉浸体验，可导致消费者增加无计划购买数量及增强重复购买的意愿[9]。刘鲁川、孙凯引入沉浸体验建立了享乐型信息系统用户接受行为的理论模型，沉浸体验对用户的使用态度和使用意图有正向的影响[10]。

(二)虚拟社区持续知识共享行为研究现状

对现有研究虚拟社区持续知识共享行为的一些文献进行梳理,发现大多学者是研究虚拟社区持续知识共享意向的,有部分学者研究持续知识共享意向影响持续知识共享行为,主要涉及期望理论、委托信任理论、感知价值理论、公平理论等理论(如 Yixiang Zhang & Yulin Fang 等[11],Kamarul Faizal Hashim & Felix B. Tan (2015)[12],赵文军与王学东[13],Chao-Min Chiu 等[14],Chechen Liao 等[15]。其中,满意度是较多被用来研究影响知识共享意愿的关键因素,但是根据情感认知理论,满意度作为积极情感因素会对行为决策产生直接影响,然而满意度对持续行为直接影响的实证研究比较匮乏。

另外,由于重复性的知识共享行为在某种程度上是一种行为忠诚,和单一知识共享行为的影响因素有重合也有区别,但是关于影响持续知识共享的影响因素鲜有归纳或区别研究。笔者通过相关文献对虚拟社区持续知识共享的影响因素进行总结,从环境和个体及其他因素进行考虑,归纳了一些虚拟知识社区成员持续知识共享行为意向的影响因素,如表1所示:

表1 虚拟社区持续知识共享行为意向影响因素

<table>
<tr><td rowspan="6">环境因素</td><td rowspan="4">社区特征</td><td>系统质量</td><td>高金燕(2013):Y. Zheng, et al.(2012)</td></tr>
<tr><td>社区氛围</td><td>高金燕(2013)</td></tr>
<tr><td>社区规范</td><td>Chao-Min Chiu 等(2011);赵文军与龚主杰(2013)</td></tr>
<tr><td>社区发展</td><td>汤小燕(2014);金晓玲(2009)</td></tr>
<tr><td rowspan="2">共享情境</td><td>共享文化(公平、公正等)</td><td>赵文军(2012);Chechen Liao 等(2013)</td></tr>
<tr><td>共享语言、共享愿景</td><td>陈明红(2015)</td></tr>
<tr><td rowspan="5">个体因素</td><td rowspan="4">动机因素</td><td>自我价值(控制感、声誉、身份确认等)</td><td>Chao-Min Chiu 等(2011);Chechen Liao 等(2013)</td></tr>
<tr><td>社会联结</td><td>赵文军(2012);陈明红(2015)</td></tr>
<tr><td>助人为乐、利他</td><td>金晓玲(2009)</td></tr>
<tr><td>互惠主义</td><td>赵文军与王学东(2011);陈明红(2015)</td></tr>
<tr><td>特征因素</td><td>习惯</td><td>Yixiang Zhang & Yulin Fang 等(2010);金晓玲等(2013)</td></tr>
</table>

续 表

个体因素	特征因素	心理安全、信任	Yixiang Zhang&Yulin Fang 等(2010);金晓玲等(2013);Kamarul Faizal Hashim & Felix B. Tan (2015)
		自我效能	赵文军(2012);Chechen Liao 等(2013)
	结果体验因素	愉悦感、情绪	Chao-Min Chiu 等(2011);赵文军与龚主杰(2013)
		满意度	郭永辉(2008);Chechen Liao 等(2013);金晓玲等(2013);Kamarul Faizal Hashim & Felix B. Tan (2015);赵文军与龚主杰(2013)
其他因素	感知价值		龚主杰,赵文军等(2013)
	共享绩效		郭永辉(2008)
	任务复杂度		Sun 等(2010)

由于持续知识共享行为是对共享行为忠诚度的考察,与营销领域的行为忠诚并无本质区别[1]。而 Tao Zhou et al.[3]表明沉浸体验作为一种积极的情绪体验对行为忠诚有一定积极影响。因此,本研究借鉴以往沉浸体验对网上重复购买行为及社区持续使用等虚拟行为忠诚的应用研究,引入沉浸体验来研究共享任务特征和主体特征的认知对社会化问答社区持续知识共享行为的影响机制。

三、模型构建与假设提出

(一)研究模型构建

本文基于沉浸理论,以认知—沉浸体验—体验行为为主线解释了基于积极情绪体验的社会化问答社区用户持续知识共享行为的驱动路径。任务特征是沉浸理论的一个重要组成部分[16]。因此,本文对清晰的目标、即时反馈、挑战与技能平衡及共享任务中的知识质量进行了考察。而用户个体特征有很多,基于用户知识共享中获得沉浸体验的关联度,本文主要考虑影响沉浸体验的两个个体特征:认知新奇性和自我效能。综上,构建了本文研究模型,如图 1 所示。

(二)研究假设的提出

1. 共享任务特征认知与沉浸体验的关系假设

Novak 和 Thomas 认为沉浸有三个条件因素,包括个体感知的挑战与技能平衡、清晰的目标、即时反馈,只有具备了这三个条件,才会激发沉浸的产生[17]。本文从知识共享任务特征角度把它们作为沉浸体验的诱发因素进行考虑。另外,共

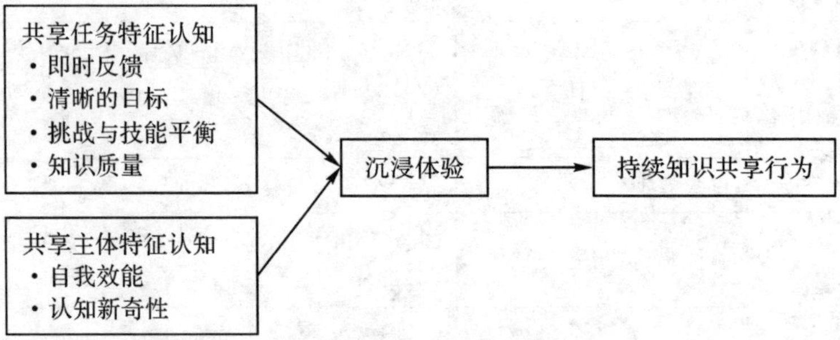

图1 研究模型

享知识质量反映的是信息相关性、充分性、准确性和实效性。Jung et al. 的研究表明内容质量会影响移动TV用户体验[18]。如果用户接触到的是较差的信息质量，可能会阻止其继续查阅或是发布知识经验。因此，社会化问答社区问答库知识质量的高低会直接影响用户知识共享的体验感知，充分、准确、及时的相关信息更能吸引用户注意力，愿意投入更多时间和精力进去，也有助于获得愉悦感。因此，提出以下假设：

H1a：即时反馈与知识共享沉浸体验正相关。

H1b：清晰的目标与知识共享沉浸体验正相关。

H1c：挑战与技能平衡与知识共享沉浸体验正相关。

H1d：知识质量与知识共享沉浸体验正相关。

2. 共享主体特征与沉浸体验的关系假设

认知新奇性这里是指用户对参与知识共享的内在兴趣和好奇心。Moneta 对美国与香港大学生进行的实证研究发现，美国人与中国人参与活动的内在动机，即兴趣不同，其沉浸体验状态也不同[19]。Hausman 认为消费者的认知新奇性特征正向影响其购物沉浸体验[20]。K. Srivastava, et al. 指出，网络环境中，自我效能作为个体沉浸体验的前兆因素之一，自我效能越高的个体越易于获得沉浸体验[21]。因此，提出假设：

H2a：自我效能与知识共享沉浸体验正相关；

H2b：认知新奇性与知识共享沉浸体验正相关。

3. 沉浸体验与持续知识共享行为的关系假设

Tao Zhou 等在研究中提出整合了沉浸理论和成功模型的概念框架，其实证研究表明沉浸体验与用户忠诚度呈显著相关性[3]。文中提出，沉浸是一种最优的体验，这种体验会影响用户的行为。当用户沉浸在某种活动中的时候，他们会以完全投入的状态积极参与某种活动，这种最优体验显然会影响用户再次参与的意图。

因此，笔者认为，从用户行为忠诚的角度考虑，用户知识共享中产生的沉浸体验也会对其是否继续在社区参与这种知识共享行为产生影响。

另外，从行为的动机方面考虑，个人的行为受动机驱动。根据沉浸理论，沉浸体验具有目的性体验特征，当一个人获得沉浸体验之后，他(她)会再次尝试体验这种感觉。当体验活动本身成为了活动的内在动机，也就是促使用户继续参与活动的最大动机。研究表明，沉浸体验作为一种积极的情绪体验，能带来满足感和愉悦感。社区成员在知识共享中产生沉浸体验会伴随着其目的性体验，作为一种内在驱动力对社区成员持续知识共享意愿产生影响，用户会更热衷于尝试下一次的知识共享行为，即对成员持续知识共享行为产生直接影响。综上，提出假设：

H3：沉浸体验和个体成员持续知识共享行为正相关。

4. 沉浸体验的中介效用假设

沉浸体验是一种积极的情绪体验，根据情绪认知理论，认知因素会影响情绪进而诱发体验行为。用户对先前知识共享任务特征和自身特征的认知会影响其知识共享是否获得沉浸体验，如满足感和愉悦感等，而这些情绪体验也会进一步影响持续行为决策。因此，本文认为，沉浸体验在共享任务特征和用户个体特征各维度与持续知识共享行为之间起中介作用，继而提出假设：

$H4a_1$：沉浸体验在即时反馈和持续知识共享行为之间起中介作用。

$H4a_2$：沉浸体验在清晰的目标和持续知识共享行为之间起中介作用。

$H4a_3$：沉浸体验在挑战与技能平衡和持续知识共享行为之间起中介作用。

$H4a_4$：沉浸体验在知识质量和持续知识共享行为之间起中介作用。

$H4b_1$：沉浸体验在用户自我效能和持续知识共享行为之间起中介作用。

$H4b_2$：沉浸体验在用户认知新奇性和持续知识共享行为之间起中介作用。

四、研究方法

(一)取样与数据收集

本研究选取的调查对象是在问答社区有过知识共享经历的用户。由于研究背景的限制，笔者认为在相关的问答类社区内部发放问卷才能保证样本的代表性和回收问卷的质量。因此，本次调查以采用网络问卷形式为主，邀请问答类社区中有过知识共享经历的用户参与调查。笔者通过互联网问卷发放平台——问卷星，自制调查问卷，选择国内大型问答类社区，向在问答类社区中较活跃的300名用户以留言的形式邀请他们填写问卷，其他渠道发放100份，共发放400份，最终收回问卷284份。由于本研究的目标群体是在问答类社区中回答过他人问题的用户，因此排除没有回答问题经历的用户和没有完整作答问卷的人后，筛选所得有效问卷为 243 份,此样本数量情况符合结构方程对于样本数量的要求。

(二)研究问卷

即时反馈、清晰的目标、挑战与技能平衡作为沉浸体验的激发因素,主要参考 Jackson & Marsh[22] 和 Novak et al.[7] 的相关研究量表,共享知识质量测量借鉴 Kim et al.[23] 等信息质量相关量表设计。信息质量用信息相关性、充分性、准确性和时效性等指标来测量。

自我效能参考 Chen CJ et al.[24] 的问卷量表设计。认知新奇性参考 Hausman et al.[20] 实验的设计情境加以适当的修改,构成 4 个测量题项。

沉浸体验测量借鉴 Lee et al.[25] 的测量提项。持续知识共享行为参考 Meng Hsiang Hsu et al.[26] 和赵文军[27] 的问卷量表设计。

对于以上变量的测量均采用李克特 5 点计分量表,选择非常同意者给 5 分,选择非常不同意者给 1 分,并以此类推。分数越高表明受测者越认同测量项目中所描述的情形,分数越低表明受测者越不认同测量项目中所描述的情形。

(三)数据处理

第一步,对样本数据进行初步筛选,删除有缺失值的样本数据,然后对样本数据进行描述性统计分析;第二步,对有效数据运用 SPSS20.0 进行数据处理,主要采用相关分析及多元回归分析的统计方法。

五、数据分析与假设检验

(一)描述性统计分析

通过整理有效问卷后得到样本描述性统计分析,如表 2 所示。可以发现,年轻人占据绝大多数,而且有较高学历。被调查者在问答社区进行知识共享时间间隔集中在半个月至一个月内,这对先前知识共享记忆影响不大,有助于减少信息失真。

表 2　样本描述性统计分析

基本情况	分类	样本数	占比
性别	男	139	57.2%
	女	104	42.8%

续 表

基本情况	分类	样本数	占比
年龄	18岁及以下	10	4.11%
	19—29岁	139	57.20%
	30—39岁	78	32.10%
	40—49岁	11	4.53%
	50岁以上	5	2.06%
学历	高中及以下	13	5.35%
	大专	56	23.05%
	本科	89	36.63%
	硕士研究生	61	25.10%
	博士研究生	24	9.88%
知识共享时间间隔	0—2天	22	9.05%
	一个星期左右	49	20.16%
	半个月左右	93	38.27%
	一个月左右	58	23.87%
	一个月以上	21	8.64%

(二)信效度分析

首先,采用SPSS20.0进行信度分析,用*Cronbach's α*系数来衡量问卷的信度。各变量的信度分析结果如表3所示。从表3可以看出,*Cronbach's α*值均大于0.7,可见问卷具有较好的内部一致性,信度较好,设计比较合理。

表3 变量信度分析表

变量	即时反馈	清晰的目标	挑战与技能平衡	知识质量	自我效能	认知新奇性	沉浸体验	持续知识共享行为
Cronbach's α	0.735	0.762	0.846	0.877	0.835	0.857	0.819	0.849

其次,进行*KMO*和巴特莱特球形检验,得到*KMO*值为0.847,巴特莱特球形检验的p值为0.000,表明量表数据适合进行因子分析。

表4 变量的*KMO*和巴特莱特球形检验结果

变量	*KMO*样本测度检验	巴特莱特球形检验		
		Approx. Chi-Square	*df*	*Sig.*
任务特征认知	0.746	481.843	305	0.000
个体特征认知	0.795	187.142	106	0.000
沉浸体验	0.728	1975.722	695	0.000
持续知识共享行为	0.842	325.513	230	0.000

由于本研究问卷均来源于国内外相关文献成熟量表,具有较好的内容效度,只需对构念效度(包括收敛效度和区分效度)进行分析,主要采用因子分析方法。因子分析结果如表5和表6所示。从表5来看,各测量题项的因子载荷系数均大于0.5,并且各变量的平均抽取方差指数(AVE)也均大于0.5,表明问卷具有良好的收敛效度。

表5 收敛效度指标表

因子	测量题项	因子载荷	AVE
1 即时反馈	IF1	0.628	0.629
	IF2	0.674	
	IF3	0.598	
2 清晰的目标	CO1	0.752	0.573
	CO2	0.649	
	CO3	0.622	
3 挑战与技能平衡	BOCK1	0.768	0.733
	BOCK2	0.793	
	BOCK3	0.824	
4 知识质量	KQ1	0.593	0.587
	KQ2	0.617	
	KQ3	0.625	
	KQ4	0.552	

续 表

因子	测量题项	因子载荷	AVE
5 自我效能	SE1	0.771	0.686
	SE2	0.764	
	SE3	0.821	
6 认知新奇性	CC1	0.584	0.551
	CC2	0.521	
7 沉浸体验	FE1	0.779	0.726
	FE2	0.763	
	FE3	0.685	
8 持续知识共享行为	CB1	0.783	0.754
	CB2	0.841	
	CB3	0.716	
	CB4	0.837	

从表 6 来看，每一个构念的 AVE 平方根，即对角线上的数值都大于它与其他构念的相关系数值，即表 6 中行与列中的非对角元素。因此可以认为该测量模型的区分效度检验结果较为理想。

表 6　区分效度分析表

因子	1	2	3	4	5	6	7	8
1 即时反馈	0.683							
2 清晰的目标	0.405	0.657						
3 挑战与技能平衡	0.513	0.434	0.812					
4 知识质量	0.387	0.429	0.516	0.675				
5 自我效能	0.473	0.386	0.524	0.465	0.769			
6 认知新奇性	0.357	0.362	0.411	0.420	0.543	0.693		
7 沉浸体验	0.574	0.622	0.596	0.427	0.531	0.507	0.821	
8 持续知识共享行为	0.485	0.532	0.634	0.575	0.503	0.614	0.468	0.752

注：表格矩阵斜角数值为 AVE 平方根。

(三)假设检验

本部分采用多元逐步回归分析，对图 1 中的各个变量之间的关系进行验证。

回归分析结果如表7和表8所示。从模型总体参数和方差分析(表7)可以看出,每个模型的F统计值的显著性概率都小于0.01,说明每个模型的总体回归效果都是显著的。

同时,回归系数与显著性系数检验(表8)显示,从所有模型的所有解释变量的t检验情况来看,显著性概率均低于0.01,各变量对应β值均>0,说明在0.001的水平上显著正相关,而且VIF均小于10,说明沉浸体验对个体特征认知的回归模型不存在严重的多重共线性问题。

表7 初始变量与沉浸体验逐步回归模型总体参数和方差分析

模型	复相关系数R	判定系数R^2	调整判定系数R^2adj	估计标准误差	F	*Sig.*
1	0.527[a]	0.278	0.103	0.53231	28.899	0.000
2	0.475[b]	0.250	0.122	0.53745	21.752	0.003
3	0.417[c]	0.174	0.152	0.56608	23.561	0.009
4	0.518[d]	0.268	0.175	0.50476	17.238	0.000
5	0.429[e]	0.184	0.136	0.52735	25.264	0.000
6	0.473[f]	0.224	0.132	0.52368	19.431	0.023

a. Predictors:(Constant),挑战与技能平衡。
b. Predictors:(Constant),挑战与技能平衡、清晰的目标。
c. Predictors:(Constant),挑战与技能平衡、清晰的目标、即时反馈。
d. Predictors:(Constant),挑战与技能平衡、清晰的目标、即时反馈、自我效能。
e. Predictors:(Constant),挑战与技能平衡、清晰的目标、即时反馈、自我效能、认知新奇性。
f. Predictors:(Constant),挑战与技能平衡、清晰的目标、即时反馈、自我效能、认知新奇性、知识质量。

从表8来看,回归系数β值均为正数,且认知新奇性和知识质量在0.05水平上与沉浸体验显著相关(p分别为0.012,0.30,均<0.05),而挑战与技能平衡,即时反馈、清晰的目标和自我效能与沉浸体验在0.01水平上显著相关(p值均<0.01),H1a,H1b,H1c,H1d均得到了验证。

表8 初始变量与沉浸体验逐步回归的回归系数与显著性系数检验

模型	非标准化回归系数		标准化回归系数	t	*Sig.*	共线性判断	
	B	标准误差	*Beta*			容忍度	VIF
(常量)	0.352	0.220		1.266	0.101		
挑战与技能平衡	0.454	0.043	0.454	3.235	0.000	0.604	2.723
即时反馈	0.206	0.043	0.206	5.513	0.000	0.813	1.231

续 表

模型	非标准化回归系数		标准化回归系数	*t*	*Sig.*	共线性判断	
	B	标准误差	*Beta*			容忍度	*VIF*
清晰的目标	0.271	0.043	0.271	5.236	0.006	0.674	1.015
自我效能	0.331	0.043	0.214	3.625	0.003	0.752	2.159
认知新奇性	0.169	0.057	0.169	2.155	0.012	0.841	1.690
知识质量	0.134	0.057	0.134	4.141	0.030	1.000	1.080

注：因变量：沉浸体验。

同理，沉浸体验与持续知识共享行为的回归分析结果显示，显著性概率$p=0.000<0.01$，并且$\beta=1.37$，说明沉浸体验正在0.01水平上与持续知识共享行为显著正相关，H3得到了验证。

对于沉浸体验的中介效果，本研究根据Boarn和Kenny[28]所提出的方法进行检验，先考察各初始变量与持续知识共享行为的回归分析，然后再考察加入沉浸体验因素一起与持续知识共享行为的回归分析，分析结果如表9所示。从表9中模型一和模型二的比较中可以发现：清晰的目标、挑战与技能平衡、即时反馈、认知新奇性在加入“沉浸体验”之后，对持续知识共享行为影响变为不显著（p值分别变为0.073，0.088，0.097，0.064均大于0.05），而自我效能仍在0.01显著性水平上对持续知识共享行为产生显著影响，只是回归系数从0.257变为0.224，另外知识质量显著性水平均有减弱，但是仍然在0.05水平上对持续知识共享行为产生显著影响（p值从0.027变为0.036，小于0.05）。

因此，沉浸体验在清晰的目标、挑战与技能平衡、即时反馈、认知新奇性等与持续知识共享行为之间起完全中介作用，而在自我效能和知识质量与持续知识共享行为之间起部分中介作用。至此，H4a1，H4a2，H4a3，H4a4，H4b1，H4b2得到验证（见表9）。

表9 沉浸体验对各初始变量与持续知识共享行为的中介效果分析结果

变量	模型一			模型二		
	Beta	*T*	*Sig.*	*Beta*	*t*	*Sig.*
（自变量）						
清晰的目标	0.272	3.235	0.002	0.239	2.746	0.073
自我效能	0.257	5.513	0.000	0.224	4.953	0.000

续 表

变量	模型一			模型二		
	Beta	*T*	*Sig.*	*Beta*	*t*	*Sig.*
挑战与技能平衡	0.201	5.236	0.000	0.186	4.141	0.088
即时反馈	0.154	4.657	0.012	0.127	0.4206	0.097
知识质量	0.234	4.141	0.027	0.161	3.007	0.036
认知新奇性	0.136	2.155	0.032	0.127	2.551	0.064
中介变量						
沉浸体验				0.204	3.520	0.001
R^2	0.487			0.512		
调整后的 R^2	0.476			0.500		

注:因变量:持续知识共享行为。

六、研究结论与启示

本研究通过243份有效数据实证分析,验证了知识共享任务特征(清晰的目标、即时反馈、挑战与技能平衡和知识质量)和社区用户个体特征(自我效能和认知新奇性)与沉浸体验及社区用户持续知识共享行为的关系。其中,任务特征认知和个体特征认知均正向影响用户参与问答、知识共享获得沉浸体验,而且在认知因素与沉浸体验的回归分析中,挑战与技能平衡最先进入模型,说明其对沉浸体验影响最大,启示社区管理者应注重共享任务的挑战性与技能匹配引导,如可以设立专家分栏,使用户有针对性地对问答进行知识共享。沉浸体验作为一种积极情绪体验对持续知识共享行为有明显激发作用,并且在知识质量、自我效能认知因素与持续知识共享行为之间起部分中介作用,而在清晰的目标、挑战与技能平衡、即时反馈、认知新奇性等与持续知识共享行为之间起完全中介作用。所以,把握关于用户沉浸体验的影响因素对社区管理者激励和吸引社会化问答社区用户留在社区持续知识共享行为有重要参考价值。

由于研究条件有限,本文仍有些不足之处,如沉浸体验没有进行多维度中介作用研究,以及是否还有其他重要的认知因素通过影响沉浸体验来作用于持续知识共享行为,这都有待后续研究进一步完善。

参考文献

[1] 代宝 ,刘业政.虚拟社区知识共享的实证研究综述 [J].情报杂志,2014,33(10).

[2] 龚主杰,赵文军.虚拟社区知识共享持续行为的机理探讨——基于心理认知的视角 [J].情报理论与实践,2013(6).

[3] ZHOU T, LIU Y. The Effect of Flow Experience on Mobile SNS Users'Loyalty [J]. Industrial Management&Data Systems. , 2010,110 (6):930-946.

[4] CSIKSZENTMIHALYI M. Beyond boredom and anxiety[M]. San Francisco, CA:Jossey Bass, 1975.

[5] CHEN H, WIGAND R, NILAN M. Optimal experience of web activities[J]. Computers in Human Behavior 1999, 15,585-608.

[6] LAURA A, MARIA D, "Flow in Individual Web Sites:Model Estimation and Cross-cultural Validation", Advances in Consumer Research, 2003,30.

[7] NOVAK T P, HOFFMAN D L, YUNG Y F. Measuring the customer experience in online environments:A structural modeling approach. Marketing Science, 2000,19(1). 22-44.

[8] YAN Y L,DAVISON R, MO C Y. Employee creativity formation :The roles of knowledge seeking, knowledge contributing and flow experience in Web 2.0 virtual communities [J]. Computers in Human Behavior, 2013(29):1923-1932.

[9] 赵彬, 陈洁,丛芳. 基于"心流体验"视角的在线消费者品牌忠诚行为分析 [J]. 现代管理科学,2009(2).

[10] 刘鲁川,孙凯.享乐型信息系统用户采纳的理论模型及实证检验 [J].计算机应用,2011(第11期).

[11] ZHANG Y, FANG Y, WEI K K et al. Exploring the role of psychological safety in promoting the intention to continue sharing knowledge in virtual communities [J], International Journal of Information Management, (2010), Vol. 30 No. 5 pp. 425-436.

[12] KAMARUL F H, FELIX B T. The mediating role of trust and commitment on members' continuous knowledge sharing intention: A commitment-trust theory perspective [J]. International Journal of Information Management, 2015(35): 145-151.

[13] 王学东,赵文军. 虚拟社区知识传播的可持续动力模型研究 [J].信息管理、信息服务与知识管理研究,2011.

[14] CHAO M C, FU J S, YI W F. "Understanding knowledge sharing in virtual communities" [OL], Online Information Review, Vol. 35 Iss 1 pp. 134-153. Permanent link to this document :http://dx.doi.org/10.1108/14684521111113623.

[15] CHECHEN L, PUI L T, FANG C H. "Exploring knowledge sharing in virtual communities"[OL], Online Information Review , Vol.37 Iss 6 pp. 891-909.

[16] CHRISNTIA M, ZHANG P. Flow in computer-mediatd environment: Promises and challenges [J]. Communication of the Association for information systerms, 2005, 15:

82-101.

[17] NOVAK T P, THOMAS P. Internet marketing: influences, themes and directions. [D] Paper presented at the AMA/Sheth Foundation Doctoral Consoaium, University of Southern Califomia, 1999, August: 3-7.

[18] JUNG Y, PEREZ M B, WILEY P S. Consumer adoption of mobile TV: examining psychological flow and media content [J]. Computers in Human Behavior, 2009(1).

[19] MONETA G B. The Flow model of intrinsic motivation in Chinese: cultural and personal moderators[J]. Journal of Happiness Studies, 2004, 5(2): 181-217.

[20] HAUSMAN A V, SIEKPE J S. The Effect of Web Interface Features on Consumer Online Purchase Intentions [J]. Journal of Business Research, 2008, 65(12).

[21] SRIVASTAVA K. Online flow experiences: the role of need for cognition, self-efficacy, and sensation seeking tendency [J]. International Journal of Business Insights & Transformation, 2010, 3(2).

[22] JACKSON S A, MARSH H W. Development and Validation of a Scale to Measure Optimal Experience: The Flow State Scale [J]. Journal of Sport and Exercise Psychology, 1996, 18 (1): 17-35.

[23] KIM H W, XU Y, KOH J. A comparison of online trust building factors between potential customers and repeat customers [J]. Assoc. Inf. Syst, 2004, 5(10): 392-420.

[24] CHEN C J, HUNG S W. Faetors Influencing Members, Knowledge Sharing and Community Promotion in professional Virtual Communities [J]. Information & Management, 2010(47): 226-236.

[25] LEE K C, KANG I W, MCKNIGHT DH. Transfer from offline trust to key online perceptions: an empirical study[C]. IEEE Trans. Eng. Manag, 2007, 54(4): 729-741.

[26] MENG H H, TERESA L J, CHIA H Y, Chun M C. Knowledge sharing behavior in virtual communities: The relationship between trust, self-efficacy, and outcome expectations [J]. Human-Computer Studies, 2007 (65) : 153-169.

[27] 赵文军. 虚拟社区知识共享可持续行为研究[D]. 武汉:华中师范大学, 2012.

[28] BARON R M, KENNY D A. (1986). The moderator-mediator variable distinction in social psychological research: Conceptual, strategic and statistical considerations[J]. Journal of Personality and Social Psychology, 51: 1173-1182.

公司创业导向及创业行为的影响因素研究

金杨华　殷婷婷

（浙江工商大学工商管理学院，浙江杭州 310018）

摘　要：随着超竞争社会的发展，市场与环境的不确定性日益加剧，企业要维持自身的长久发展，一方面要改革其内部的自身因素，另一方面更要学会如何在动态的环境中寻求新竞争优势的创建与积累。基于此，本文梳理了有关公司创业的理论，在思考影响公司创业的内部组织因素时，引入了动态能力理论，并将其与企业的创业活动相联系，探讨企业组织情境因素与公司创业、动态能力之间的关系。研究表明，组织中的上级支持和创新性组织文化对公司创业导向和创业行为有显著影响，而有机组织结构对创业导向和创业行为的影响则不显著；动态能力的三个维度均能对创业导向和创业行为产生部分中介作用或完全中介作用。基于研究结论，本文对当代企业的创业实践活动有针对性地提出一些对策与建议，以期为企业开展创业活动提供一些有力借鉴。

关键词：组织情境因素　动态能力　公司创业导向　公司创业

一、引言

自 20 世纪 80 年代以来，有关公司创业活动的讨论越来越受到人们的广泛关注。而如今进入 21 世纪，在学术界，对公司创业研究经过 20 多年的发展，各种理论与实证研究林林总总，呈现出一种多视角、多方位的特征。这些研究基本上都认可公司创业对现代企业竞争优势的创建与维持具有显著的正面作用。而在实践中，无论是小微企业或是大中型企业，公司创业活动作为其建立新兴发展态势、笼络资源抓住商机，或是更新组织架构进入新发展领域的重要手段，无疑正促进着企业的可持续竞争优势的发展与建立。

而在另一方面，由于现在的任何企业实质上都处于经济全球化及知识扩散化的背景下,其所处的市场或者行业环境已经变得越发不稳定及不确定,竞争无处不在,任何机会与威胁的转化都具有可能。因此,在这种动荡的环境中,企业除了要随着时代的发展而加强变革自身,更要构建出能够使自身适应动态变化环境的能力。因为只有在面对任何可能的变化时都可以做到未雨绸缪、灵活应变,才能促使企业获得持续性的竞争优势,并最终使其基业长青。

二、文献回顾与研究假设

(一)动态能力理论

动态能力的概念可以追溯到1994年Teece和Pisano所发表的观点,他们认为动态能力是指企业依靠现有的内外部特有能力以适应不断变化的环境的能力[1]。从动态能力的概念定义可以发现,动态能力重在强调对变化着的环境的适应,它不是一成不变的。并且,动态能力也区别于企业的一般能力,企业的一般能力通常是用来维持企业的正常运转及保证企业的正常生存,而动态能力则是可以改造、提升企业的一般能力,使企业更具竞争优势,更能够在动荡复杂的环境中创造出价值的能力。

(二)组织情境因素与公司创业的关系

组织情境因素是公司创业成功的重要因素。例如Hayotn(2004)的研究就认为企业内部若能营造良好的组织因素,包括加大管理层的支持,给予员工薪酬激励及一定的自主权,加大员工参与力度,这都会促进员工之间相互合作、知识共享等行为,从而进一步提升企业的公司创业行为。毕竟公司创业离不开对整个组织内部情境的把握,也只有当组织自身的情境因素水平契合于公司创业所需要的要求,才能促进公司创业活动的实施与开展。

(三)组织情境因素与动态能力的关系

关于组织情境因素影响动态能力,国内外许多学者都进行了实证研究。像Prieto实证发现组织的自治性及支持会对企业动态能力产生积极影响[2]。李大元(2009)认为组织的有机结构、资源冗余、创新和学习的组织文化都与企业的动态能力呈正相关关系[3]。Fang和Zou则发现,部门化和形式化的组织结构会对动态能力产生作用,但合资双方共同的目标愿景和学习文化则没有作用[4]。综上所述,组织内部的不同情境因素对动态能力的影响都各不相同,但基本上也可以归纳出组织文化、组织结构及上级领导支持这些方面会影响到企业的动态能力。

(四)动态能力与公司创业的关系

动态能力是公司获得持续竞争优势的来源,而公司创业又是企业为获取并保持长久竞争优势的必要途径。因此，这两方面的研究必会产生相关影响。

迄今为止，动态能力理论的维度划分可以包含许多方面，例如适应能力、资源整合能力、学习能力、机会感知能力、协调能力等。在资源整合能力方面，这实质上与解释公司创业的一大观点——资源重组观相联系，该观点表明，企业应当通过整合资源、塑造新资源组合来实现组织的多元化发展。也就是说，企业只有依据环境变化优化资源的配置，才能为公司创业活动奠定良好的根基。在机会识别能力方面，这也是源于基本上学者都公认的一个观点，即机会的发现是创业活动的关键起点。像 Timmons 就认为企业的机会识别能力是企业创业成功的根本因素[5]。在组织学习能力方面，Kathkeen 的研究即认为组织学习可以引领企业动态能力的发展方向[6]。Cepeda & Vera 也赞同组织的学习过程可以提升企业的动态能力[7]。并且以上这些观点也基本上都符合当今社会建立学习型组织的必要性。所以说组织学习能力有利于企业开发出新的知识与商业成果，从而进一步促进并巩固公司的创业活动成果。

(五)概念模型和研究假设

首先，根据公司创业理论的相关回顾与归纳，组织机构、组织文化及上级支持这几类组织情境因素对公司创业都会产生比较明显的影响，因此结合有关论述，提出以下假设：

H1：组织情境因素对公司创业导向有正向影响。

H1a：上级支持对公司创业导向有正向影响。

H1b：创新型组织文化对公司创业导向有正向影响。

H1c：有机组织结构对公司创业导向有正向影响。

H2：组织情境因素对公司创业行为有正向影响。

H2a：上级支持对公司创业行为有正向影响。

H2b：创新型组织文化对公司创业行为有正向影响。

H2c：有机组织结构对公司创业行为有正向影响。

其次，针对当前动态能力理论的重要性，作为企业创造竞争优势的重要手段，不少学者都认为动态能力与公司创业具有紧密的联系，并且它也可以受到企业文化、结构等内部众多情境因素的影响。因此结合有关论述，提出以下假设：

H3：动态能力对组织情境因素与公司创业导向有中介作用。

H3a：机会识别能力、资源整合能力、组织学习能力分别对上级支持与公司创业导向有中介作用。

H3b：机会识别能力、资源整合能力、组织学习能力分别对创新型组织文化与公司创业导向有中介作用。

H3c:机会识别能力、资源整合能力、组织学习能力分别对有机组织结构与公司创业导向有中介作用。

H4:动态能力对组织情境因素与公司创业行为有中介作用。

H4a:机会识别能力、资源整合能力、组织学习能力分别对上级支持与公司创业行为有中介作用。

H4b:机会识别能力、资源整合能力、组织学习能力分别对创新型组织文化与公司创业行为有中介作用。

H4c:机会识别能力、资源整合能力、组织学习能力分别对有机组织结构与公司创业行为有中介作用。

综上所述,本文的研究框架如图1所示。

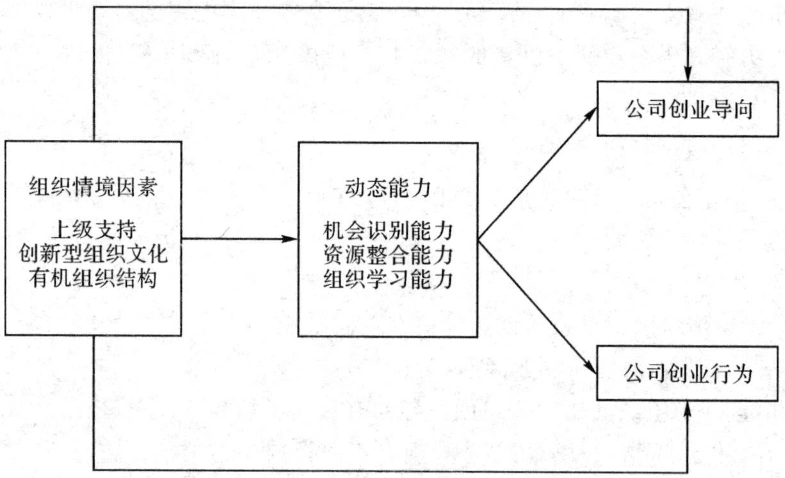

图1 理论模型

三、研究数据和方法

(一)样本

本研究主要采取现场发放问卷和网络发放问卷形式,研究对象大多为江浙沪地区的企业,共涉及67家,大部分被试者为企业的基层至高层管理人员。问卷共发放243份,回收223份,剔除无效问卷21份,有效问卷202份,有效率达到83.1%。

(二)变量测量

问卷涉及五个方面,分别为被试者的背景信息、组织情境因素、动态能力、公司创业导向及公司创业行为。问卷中的每个题项均采用李克特五点计分，从1“完全不符合”到5“完全符合”。问卷共有68个题项，其中被试者信息12题，组织情境因素14题，动态能力15题，公司创业导向9题，公司创业行为18题。

1. 组织情境因素的测量

组织情境因素的测量包括三个因素：上级支持、创新型组织文化和有机组织结构。上级支持的量表主要选自Patterson等人开发的组织氛围量表中的上级支持部分，共5题[8]；创新型组织文化的量表则是在基于Wallach及Cooke & Lafferty[9][10]等学者的研究成果上(1989)，参考国内学者白媛媛等人的量表进行编制与设计[11]，共含有5个题项；有机组织结构的量表主要借鉴的是Jennings & Seaman, Volberda以及Lim & Ling等学者的研究成果，共包括4个题项[12][13][14]。

2. 动态能力的测量

动态能力的测量包括三个因素：机会识别能力、资源整合能力及组织学习能力。动态能力的主要构想是来源于Teece所做的研究[15]，其中具体题项的设计则分别参考了Zahra & George、李允尧、孙恺等人的量表编制而成，共15题，其中机会识别能力6题，资源整合能力4题，组织学习能力5题[16][17][18]。

3. 公司创业导向的测量

公司创业导向的测量主要参考的是Miller的量表，他在改编Covin和Slevin量表的基础上，开发出内含有9个具体项目的语义区分量表[19][20]。该量表也是目前在创业导向研究中使用最广泛的量表，具体包含先动性3题，创新性3题，风险承担3题。

4. 公司创业行为的测量

公司创业行为的测量主要借鉴的是Covin和Miles的研究[21]，共包括18个题项，其中持续再造6题，组织更新6题，领域重定6题，这部分的问卷依据的是较为成熟的理论成果，具有较好的内容效度。

四、研究结果

本研究主要采用SPSS软件对回收的问卷数据进行统计分析，通过相关分析、回归分析及中介分析来验证本文提出的理论假设是否成立。

(一)相关分析

本研究采用的是Pearson相关分析法，具体结果如表1所示。

表1 各变量的相关关系

	1	2	3	4	5	6	7	8	9
1 创新型组织文化	1								
2 有机组织结构	0.636**	1							
3 上级支持	0.496**	0.471**	1						
4 动态能力	0.511**	0.414**	**	1					
5 机会识别能力	0.608**	0.479**	**	0.740**	1				
6 资源整合能力	0.449**	0.287**	0.471**	0.928**	0.607**	1			
7 组织学习能力	0.318**	0.346**	0.441**	0.875**	0.427**	0.726**	1		
8 公司创业导向	0.422**	0.318**	0.480**	0.721**	0.431**	0.696**	0.673**	1	
9 公司创业行为	0.466**	0.445**	0.479**	0.769**	0.563**	0.747**	0.643**	0.656**	1

注：* 表示在0.05水平上显著相关，** 表示在0.01水平上显著相关。

结果可以发现，各变量之间的相关关系在0.01水平上显著相关。但相关关系却无法说明各个维度之间的具体作用，因此笔者在相关分析的基础上进行回归分析及中介分析，以研究并验证本文的具体假设。

(二)回归分析及中介分析

根据表2整理出来的统计结果可以发现，一方面，以组织情境因素各子维度为自变量做回归分析时，上级支持和创新型组织文化对创业导向具有显著的影响($p=0.015<0.05$)，对创业行为在0.01水平上也具有积极的作用；同样地，上级支持和创新型组织文化对动态能力及其各子维度也都具有正向的影响($p<0.01$)；而以动态能力各子维度为自变量做回归分析时，资源整合能力及组织学习能力对于创业导向的影响作用是显著的($p=0.001<0.01$)，而对创业行为来说，资源整合能力、组织学习能力及机会识别能力都可以进行有效的预测($p=0.029<0.01$)。H1a，H1b，H2a，H2b成立。但另一方面，也可以发现，不论是有关创业导向的回归分析还是创业行为的回归分析，有机组织结构始终未进入回归方程；其次，动态能力及其各子维度的回归分析中，有机组织结构这一变量也未进入回归方程，并且在组织学习能力的预测中只有上级支持这一变量进入了回归方程。而不同于对创业行为的预测结果，在预测创业导向时，机会识别能力未进入回归方程。H1c，H2c不成立。

表 2　回归分析结果综合

模型	自变量	因变量	回归方程	R^2	调整 R^2	F 值	*Sig.*
模型 1	组织情境因素	创业导向	创业导向＝0.301* 上级支持＋0.215* 创新型组织文化	0.274	0.259	6.072	0.015
模型 2	组织情境因素	创业行为	创业行为＝0.203* 上级支持＋0.197* 创新型组织文化	0.297	0.283	9.656	0.002
模型 3	组织情境因素	动态能力	动态能力＝0.313* 上级支持＋0.241* 创新型组织文化	0.389	0.376	11.225	0.001
模型 4	组织情境因素	机会识别能力	机会识别能力＝0.315* 上级支持＋0.360* 创新型组织文化	0.479	0.468	24.715	0.000
模型 5	组织情境因素	资源整合能力	资源整合能力＝0.271* 上级支持＋0.248* 创新型组织文化	0.281	0.267	8.396	0.005
模型 6	组织情境因素	组织学习能力	组织学习能力＝0.428* 上级支持	0.190	0.182	22.968	0.000
模型 7	动态能力	创业导向	创业导向＝0.444* 资源整合能力＋0.303* 组织学习能力	0.544	0.535	12.880	0.001
模型 8	动态能力	创业行为	创业行为＝0.359* 资源整合能力＋0.138* 组织学习能力＋0.135* 机会识别能力	0.600	0.588	4.907	0.029

之后，因为要在回归分析的基础上进行中介分析，因此对于回归分析结果不显著的变量就不再做中介效应分析。分析结果如表 3 所示，由路径系数可以得出，动态能力的中介效应是显著的。具体而言，机会识别能力在上级支持和创业导向及创业行为之间都起到部分中介作用（$p<0.05$），在创新型组织文化和创业导向之间起部分中介作用（$p<0.05$），而在创新型组织文化和创业行为之间则起到完全中介作用（$p=0.064>0.05$）；资源整合能力在上级支持和创业导向及创业行为之间起到部分中介作用（$p<0.05$），在创新型组织文化和创业行为之间也起到部分中介作用（$p<0.05$），而在创新型组织文化和创业导向之间则起到了完全中介作用（$p=0.089>0.05$）；组织学习能力在上级支持和创业导向及创业行为之间都起到了部分中介作用（$p<0.05$）。H3a，H4a 成立，H3b，H4b 部分成立，H3c，H4c 不成立。

表3 中介效应分析结果综合

中介变量	自变量	因变量	*a* 路径	*b* 路径	*c'* 路径	中介效应
机会识别能力	上级支持	创业导向	0.483(*Sig*=0.000)	0.232(*Sig*=0.036)	0.293(*Sig*=0.002)	部分中介
	上级支持	创业行为	0.483(*Sig*=0.000)	0.325(*Sig*=0.000)	0.141(*Sig*=0.026)	部分中介
	创新型组织文化	创业导向	0.522(*Sig*=0.000)	0.283(*Sig*=0.015)	0.222(*Sig*=0.026)	部分中介
	创新型组织文化	创业行为	0.522(*Sig*=0.000)	0.337(*Sig*=0.000)	0.126(*Sig*=0.064)	完全中介
资源整合能力	上级支持	创业导向	0.391(*Sig*=0.000)	0.612(*Sig*=0.000)	0.165(*Sig*=0.016)	部分中介
	上级支持	创业行为	0.391(*Sig*=0.000)	0.502(*Sig*=0.000)	0.102(*Sig*=0.030)	部分中介
	创新型组织文化	创业导向	0.388(*Sig*=0.000)	0.642(*Sig*=0.000)	0.121(*Sig*=0.089)	完全中介
	创新型组织文化	创业行为	0.388(*Sig*=0.000)	0.503(*Sig*=0.000)	0.106(*Sig*=0.028)	部分中介
组织学习能力	上级支持	创业导向	0.436(*Sig*=0.000)	0.488(*Sig*=0.000)	0.192(*Sig*=0.005)	部分中介
	上级支持	创业行为	0.436(*Sig*=0.000)	0.337(*Sig*=0.000)	0.151(*Sig*=0.004)	部分中介

五、研究结论与启示，不足与展望

(一)研究结论

通过以上相关分析、回归分析及中介分析的结果显示，本文的研究结果主要如下，H1a，H1b，H2a，H2b，H3a，H4a 成立，H3b，H4b 部分成立，H1c，H2c，H3c，H4c 不成立。具体分析而言，一是在组织情境因素中，上级支持和创新型组织文化可以有效预测公司创业导向和创业行为，因此可以认为它们是影响创业导向和创业行为的两个重要因素。二是在动态能力的三个子维度中，资源整合能力及组织学习能力可以有效预测创业导向，而资源整合能力、组织学习能力及机会识别能力都可以有效预测创业行为。三是动态能力及其各维度在组织情境因素与创业导向和创业行为之间起到了不同程度的中介作用，除了部分中介效应外，资源整合能力对创新型组织文化与创业导向具有完全中介作用，而机会识别能力对创新型组织文化与创业行为也具有完全中介效应。综合上述结论也证明了动态能力对于公司创业活动的实施的确发挥着重要的作用。

(二)研究启示

本文通过实证研究对组织情景因素和动态能力与公司创业导向及创业行为之间的关系进行研究，结果发现，组织情境因素及动态能力对公司创业导向及创业行为都具有正向的积极影响，并且动态能力在上级支持及创新型组织文化与创业导向和创业行为之间都存在不同程度的中介作用。这些正面的结论对于现代企业如何提升其创业水平都起到了一定程度的借鉴意义。

首先，无论是对动态能力的影响，还是对创业导向和创业行为的作用，上级支持的预测性基本都是最强的。这也说明了在任何一个企业中，领导通常都具有很强的影响力。当企业试图实施创业活动时，领导都应该做出表率，从思想到行为对各层级员工进行武装和鼓舞，加强与各个层面员工的沟通与理解，及时帮助并指导自己的下属，以便更好地将创业活动贯彻及推行于企业内部。

其次，创新型组织文化对创业导向和创业行为也是具有正向的作用的。一方面，任何一个企业若想长久存续，必须拥有其独特的文化氛围，使企业内的成员都能对组织文化理解并表示认同；另一方面，因为创业活动一般都包括新产品开发、新市场开拓、业务流程的改造或是组织架构的更新等内容，这些内容往往都要求企业具有敏锐的视角及创新的观念，以便能够优于其竞争对手发现商机，所以有必要促使企业内的文化创新，加速开发企业的创意与创新思维，并进一步推动其创业活动的顺利进行。

最后，本文验证了动态能力对于创业导向和创业行为都具有积极影响，并且动态能力及其各维度在组织情景因素与创业导向和创业行为之间都存在着部分中介作用或是完全中介作用。这也说明了现今企业所处的环境越发的动荡复杂，企业必须使自身适应于环境，顺应环境的各种变化；并且企业也应学会如何调配并运用其资源，学会如何保持学习的思维，吸收新的知识，学习先进的管理理念与操作流程；并同时加强对环境变化的敏锐度，从而能够快速地抢占市场或领域，进一步贯彻推动创业活动的顺利开展。

(三)研究不足与展望

由于受限于资源、时间、环境、经验等一些条件，本文仍然存在着一些不足。第一，本文的样本选择范围存在局限，样本的分布不均，比重失衡，使得本文研究结论的推广会存在一定的限制作用。第二，本文的样本范围中，一般员工及基层管理人员的比例偏多,而中高层管理人员的比例总和少于50%,并且本文所调查的企业除了民营企业还包括国有企业及外资企业等,而一般而言,对公司创业的研究集中在民营企业范围内则会显得效果较好。因此以后可以考虑这两方面样本的改进,更多地将样本考虑在中高层管理人员,并将样本尽量集中在民营企业,使研究更有针对性。第三,本文对于所收集数据的处理方法是利用SPSS来进行的,未考虑采用其他的数据分析手段进行更深入的分析。第四,本文考虑了中介变量,但没有进一步考虑其他变量对它们之间关系的调节作用,例如行业环境或是公司规模等。第五,有关本文命题的提出基本上都是借鉴国外对于公司创业的有关理论成果,缺乏在中国背景下的检验和分析,以后可以考虑该理论在本土环境下的探讨,以保证研究成果在中国企业内更进一步推广和应用。

参考文献

[1] TEECE D J, PISANO G. The Dynamic Capabilities of Firms: An Introduction [J]. Industrial and Corporate Change, 1994, 3(3):537-556.

[2] 李大元.不确定环境下的企业持续优势[D].杭州:浙江大学, 2008.

[3] PRIETO I M, REVILLA E, RODRFGUEZ P B. Building Dynamic Capabilities in product Development: How Do Contextual Antecedents Matter? [J]. Scandinavian Journal of Management, 2009, 25(3):313-326.

[4] FANG E E, ZOU S. Antecedents and Consequences of Marketing Dynamic Capabilities in International Joint Ventures [J]. Journal of International Business Studies, 2009, 40(5): 742-761.

[5] TIMMONS J A, BYGRAVE W D. An Empirical Model for the Flows of Venture Capital [J]. Business Investment, 1985, 25-105.

[6] KATHHEEN M E, JEFFREY A. Martin Dynamic Capabilities: What Are They? [J]. Strategic Management Journal Strategy,2000, (21):1105-1121.

[7] CEPEDA G, VERA D. Dynamic Capabilities and Operational Capabilities: A Knowledge Management Perspective [J]. Journal of Business Research, 2007, 60(3):426-437.

[8] PATTERSON M G, WEST M A, SHACKLETON V J, et al. Validating the Organizational Climate Measure: Links to Managerial Practices, Productivity and Innovation[J]. Journal of Organizational Behavior, 2005, 26(4):379-408.

[9] WALLACH E J. Individuals and Organizations: The Culture Match [J]. Training and Development Joumal, 1983, 2:57-66.

[10] COOKE R A, LAFFERTY J C. *Organizational Culture Inventory* Plymonth [M]. MI: Human Synergistic, 1989.

[11] 白媛媛. 西安 IT 企业组织文化类型与员工工作满意度关系研究[D]. 西安:西北大学, 2008.

[12] JENNINGS D F, SEAMAN S L. High and Low Levels of Organizational Adaptation: An Empirical Analysis of Strategy, Structure, and Performance [J]. Strategic Management Journal, 1994, 15(6):459-475.

[13] VOLBERDA H W. Towards the Flexible Form: How to Remain Vital in Hypercompetitive Environments [J]. Organization science, 1996, 7(4):359-374.

[14] LIM B T H, Ling F Y Y, Ibbs C W, et al. Empirical Analysis of the Determinants of Organizational Flexibility in the Construction Business [J]. Journal of Construction Engineering and Management, 2010, 137(3):225-237.

[15] TEECE D. Explicating Dynamic Capabilities: The Nature and Microfoundations of (Sustainable) Enterprise Formation [J]. Strategic Management Journal, 2007, 28: 1319-1250.

[16] ZAHRA S A, GEORGE G. Absorptive Capacity: A Review, Reconceptualization, and Extension [J]. Academy of management review, 2002, 27(2):185-203.

[17] 李允尧. 企业成长能力研究[D]. 长沙:中南大学, 2007.

[18] 孙恺. 企业人力资源策略、组织动态能力与绩效关系研究[D]. 杭州:浙江大学, 2008.

[19] MILLER D. The Correlates of Entrepreneurship in Three Types of Firms. Management Science, 1983, 29(7):770-791.

[20] COVIN J G, SLEVIN D P. Strategic Management of Small Firms in Hostile and Benign Environments [J]. Strategic Management Journal, 1989, 10:75-87.

[21] COVIN J G, MILES M P. Corporate Entrepreneurship and the Pursuit of Competitive Advantage [J]. Entrepreneurship Theory and Practice, 1999, 23(3):47-63.

伦理型领导对员工创新行为的影响：基于互动公平的中介作用

王永跃　郑友兵

(浙江工商大学工商管理学院,浙江杭州　310018)

摘　要:随着全球经济发展的脚步越来越快,企业之间的竞争也日趋激烈,如何延长成熟期和保持一个企业持久的生命力,已经成为企业和学术界共同关注的议题。基于此,本研究以社会交换理论为理论背景,通过分析由问卷调查获得的336名员工及其直接主管的配对数据,试图探讨在中国情境下伦理型领导、互动公平和员工创新行为之间的密切关系,进一步检验互动公平的中介作用。结果发现:伦理型领导与员工创新行为之间有显著的正相关;伦理型领导和互动公平具有显著的正相关关系;互动公平与员工创新行为也具有显著的正向关系;互动公平在伦理型领导与员工创新行为之间具有完全中介作用。

关键词:伦理型领导　互动公平　员工创新行为

一、问题的提出

进入21世纪以来,外部环境的动态性及竞争的不确定性日益加强,几乎所有组织都面临着产品生命周期缩短、技术迅速变化及全球化的动态环境,为了生存、竞争、成长并持续前进,组织需要比以前表现出更多的创新[1]。贝恩咨询公司与《财富》杂志在2009年对中国经理人进行的一项联合调查显示:即使在经济不景气的形势下,仍然有8％的被调查者认为"创新比降低成本对于长期的成功更重要"。在现代企业中,员工创新行为不仅代表着一个企业在动态环境中的后续发展能力,更是企业创新的源泉和基础。对其诱发前因及其形成机制进行研究至关重要[2]。如何有效激发创新行为,已成为产学两界都非常关注的问题。

许多管理学者认为,领导的一个重要职责就是促进员工创新行为的产生,并最终获得持续的组织竞争优势和组织成功[3][4]。最近,越来越多的研究开始关注领导风格对员工创新行为的影响，例如变革型领导、授权型领导和包容型领导[4][5][6]。从相关理论的研究主线来看，目前学者主要是从心理状态因素，例如内在动机和心理安全，解释领导行为与员工创新行为之间的作用机制[7][8]。但随后的研究发现，这些因素的作用并不稳定，学者呼唤更加全面的理论视角和实证研究[3][9]。对员工创新行为作用机理的研究中，员工是否有进行创新的意愿一直被认为是一个重要的研究线索。而根据社会交换理论，互动公平作为一个员工心理内部对组织的感知，反映了员工能否做出有利于组织的行为意愿，而该行为能否转为创新行为是基于员工互动公平感知的强弱。而互动公平如何作为一个中介机制对伦理型领导和员工创新行为之间的关系产生影响呢？

这一现象在理论上阻碍了对组织中员工创新行为发生机制更深入的探究，在实践上则导致组织对员工创新行为鼓励效力不足。以上问题为目前急于寻求员工创新行为中介机制及鼓励政策的中国组织管理者提供了一个方向，也构成了本文的研究初衷。本研究将通过检验伦理型领导对员工创新行为的影响，以及互动公平的中介机制，对以上问题进行研究，在理论上可以清晰认识伦理型领导对创新行为的影响机制，实践上则有助于组织积极应对以激发员工创新行为。

二、理论与假设

(一)伦理型领导与员工创新行为

领导是对员工心理与行为具有重要影响的组织情景因素[10]。伦理型领导是指领导者“在自身行为及人际交往中表现出符合道德规范的行为，并通过双向沟通、强化和决策活动来激发下属的这类行为”[11]。这类领导通过自身的道德行为和观念影响员工的道德行为及观念，是组织成员面对道德困境时效仿的榜样[12]。因为它兼具了多种类型领导的特征[13]，同时又响应了时代的要求，因此近年来颇受关注。

根据伦理型领导的内涵，伦理型领导促进组织中员工创新行为的产生。首先，伦理型领导作为支持型领导的一种，具有正直性。而正直性一直是中华民族推崇的传统价值观念，它意味着具有道德并且遵从自我良知。而在组织行为领域中，领导者的正直性印证了领导者为人坦率，公平公正地对待下属，关心下属，为下属的工作提供相应支持，在一定程度上为下属创造了良好的工作环境。相关研究表明，具备正直性的领导者在与下属沟通交流中往往会表现出正直诚实，从而提高其下属对领导者和组织的认同，有利于促进下属努力工作或亲社会行为的实施，如组织公民行为、进谏行为等[14]。因此，正直的领导者能公平地对待下属，并信任下属，能有效提高下属对组织的认同，使员工产生“投桃报李”的想法，从而影响员工的创新行为。其次,伦理型领导具有利他主义的特性:其对待下属慷慨大方、友善关心下属,并且重视下属的利益。以往的研究表明,领导者的利他行为有助于建立与下属的良好关系,并且这种关系会促进员工积极参与创新活动,以及更易接受具有风险性和挑战性的任务[15][16][17]。最后,伦理型领导具有集体激励的品行,在与下属同事交流过程中,以团队、集体为主,善于帮助下属建立自信,启发和引导下属,鼓励员工挑战传统的工作方式,从其他角度思考问题,追求和满足他们的好奇心,运用他们的想象力想出更多的观点和解决方案[18]。因此,本研究提出如下假设:

H1:伦理型领导和员工创新行为正相关。

(二)伦理型领导与互动公平

组织公正感关系到组织的绩效与竞争力,是组织最重要的特性之一[19]。研究发现,组织公平可以减轻离职倾向,提高员工的责任心与组织公民行为[20]。其中,互动公平涉及人际关系方面,强调决策执行中员工感受到的领导人际对待的公平性[19]。由于在中国背景下的组织更具人性化,因此相对于分配公平和程序公平这些程序化变量而言,体现领导与员工之间人际关系质量的互动公平这一变量能更好地预测个体的绩效与行为[21]。

在管理实践中,伦理型领导可以通过以下方式增强员工的互动公平感:首先,伦理型领导具备诚实可靠、公平公正的品质,在资源分配和人际交往中对员工一视同仁,同时依靠地位与权力成为他人学习效仿的榜样[11],从而营造组织公平公正的工作环境。其次,伦理型领导在人际交往中重视平等、自由等基本人权,鼓励员工发表观点并参与到组织决策中来[22],体现了组织对员工的尊重与支持,进而促使互动公平感的产生与强化。最后,伦理型领导强调双向沟通并愿意公开交流,进一步增强了上下级间坦率而开放的互动关系[23],特别是当员工受到组织决策的不利影响时,伦理型领导会通过高质量的沟通与互动,获取员工的理解与支持,同时稳固员工的互动公平感。因此,本研究提出如下假设:

H2:伦理型领导和互动公平正相关。

(三)互动公平与创新行为

社会交换理论认为,组织员工关系的实质是一种社会交换关系,而员工的行为则是该交换关系的结果,员工只有在得到某种程度的满足后才会有相应的付出。基于社会交换理论,本研究将探讨组织代理人——伦理型领导对员工创新行为的作用机制。员工会将自身付出的努力与获得的报酬进行比较,从而决定自己的投入程度[24]。外部环境的变化是导致个体行为变化的主要原因,组织成员对组织是否公平的认知,将影响组织成员的工作意愿和行为倾向[25]。当组织成员获得外部充足的资源时,能够对其将创新力转化为创新成果产生推动作用[3]。互动公平感可以通过以下方式增强员工的创新行为:Zapata-Phelan(2009)等认为,互动公平能影响个体的内部动机。当个体感知被公正对待时,个体会对工作任务产生更多的兴趣及产生更高的内部动机;反之,则会降低。对工作的兴趣和内部动机,他们的研究也证实了互动公平对内部动机的正向影响,而内部动机一直以来都被认为是影响员工创新行为的重要机制,内部动机越高的个体会表现出更多的创新行为。内部动机能够加速个体的认知进程,内部动机驱动的个体对工作有更多的热情,充满好奇心,更加倾向于搜索和使用非常规的问题解决方案。由于创新需要突破已有的框架并且承担相应的风险,因此在开展创新行为的时候个体常常需要付出更多更持久的努力和精力,而这需要有较强的内部动机来推动。此外,基于社会交换理论(Social Exchange Theory),互动公平会向员工传递一种有关自己在组织中的价值、地位及未来发展的信息,而员工则会通过这些信息来判断自己与组织的交换关系。当感到受到公正对待时,员工就会在工作中通过投入更多的时间和努力来回报组织。因而本文推断,感知到互动公平的员工会付出更多的努力来进行创新。因此,本研究提出如下假设:

H3:互动公平和员工创新行为正相关。

(四)互动公平在伦理型领导与员工创新行为关系间的中介作用

研究指出互动公平可以作为领导行为有效性的中介变量[26],那么伦理型领导是如何通过互动公平来影响员工的创新行为的呢?根据社会交换理论,伦理型领导坚持在组织管理中公平与非歧视对待所有人,强调组织利益与员工个人利益的平衡,强调满足员工的个人需要与组织需要并重[13],从而增强员工互动公平感知。当员工互动公平感较高时,会对领导产生较高的信任感,并模仿伦理型领导的价值观和行为[11],从而乐于接受挑战,另辟蹊径,运用想象力提出更多的解决措施。此外,基于互惠原则,员工的互动公平感是作用于角色外行为的重要变量[20]。互动公平会提高员工的组织支持感[27],出于“投桃报李”的想法,员工会通过发挥更多的创新行为等行为回报组织。因此,本研究提出如下假设:

H4:互动公平作为中介变量影响了伦理型领导与员工创新行为的关系。

综上,本研究的框架模型如图1。

图1 研究框架图

三、数据分析与结果

(一)数据收集

为降低共同方法偏差对研究结果的影响,本研究采用异源评价方法。伦理型领导和互动公平由员工评价,下属的创新行为则由其直接上级进行评价。问卷发放前对员工进行编号并标注在员工问卷上,在直接上级问卷上标明所要评价的下属编号和姓名。问卷回收后,按照编号对员工和上级问卷进行配对。本研究主要通过纸质和电子版两种方式进行数据收集。纸质版主要通过企业和 MBA 学员进行发放,对象主要是办公室职员。在发放前,确定被试认真阅读了问卷指导语,同时沟通了本次研究的目的和注意事项,并保证不会泄露问卷的信息。电子版主要通过网络进行发放,同时将注意事项通过 QQ 或邮件发给被试,以提高他们对本次研究的重视,此外,在调查方式上主要通过问卷星网站进行匿名填写,以降低被试的心理防御,从而提高问卷结果的真实性。本研究样本来源于浙江省 15 家企业,主要包括制造、高新技术及贸易等行业。发放问卷 350 份,回收 324 份(回收率 92.6%),剔除缺失数据过多、重复作答严重及无法配对等无效问卷后,得到有效问卷 302 份(有效率 86.3%)。被试中:男性 145 人(48.0%),女性 157 人(52.0%);年龄以 25—30 岁为主(38.4%);教育程度以大专(39.4%)和本科(29.1%)为主。样本量符合研究要求。

(二)测量工具

伦理型领导问卷采用 Brown 等的 10 题道德领导量表[11]。用 Likert 五点计分法,即“1=完全不符合到 5=完全符合”。低分代表低伦理型领导水平,高分代表高伦理型领导水平。样题如“我的领导给我们树立了如何有道德地处理事情的榜样”。CFA 结果表明($x^2/df=1.787$, $RMSEA=0.0048$, $NFI=0.969$, $RFI=0.954$, $IFI=0.986$, $CFI=0.986$, $GFI=0.969$)该量表在本研究中具有较高效度。本研究中的 α 系数为 0.83。

互动公平问卷采用 Niehoff 和 Moorman 的 5 题互动公平量表[28]。用 Likert 五点计分,即“1=完全不符合到 5=完全符合”。低分代表互动公平水平低,高分代表互动公平水平高。样题如“我认为我的工作负荷是相当公平的”。CFA 结果表明($x^2/df=1.522$, $RMSEA=0.061$, $NFI=0.989$, $RFI=0.972$, $IFI=0.994$, $CFI=0.994$, $GFI=0.990$)该量表在本研究中具有较高效度。本研究中该量表 α 系数为 0.85。

员工创新行为问卷采用刘云和石金涛编制的 5 题单维量表[29],采用 Likert 五点评分法,即“1=完全不符合到 5=完全符合”,源量表信度为 0.86。低分代表创新行为水平低,高分代表创新行为水平高。样题如“工作中,他/她经常会产生一些有创意的点子或想法”。CFA 结果表明(χ^2/df=1.307,$RMSEA$=0.054,NFI=0.984,RFI=0.960,IFI=0.992,CFI=0.992,GFI=0.988)该量表在本研究中具有较高效度。本研究中该量表 α 系数为 0.87。

(三)数据处理

数据全部录入计算机,运用 SPSS 13.0 及 AMOS 7.0 进行数据处理,主要采用相关分析及多元回归分析的统计方法。

(四)共同方法偏差检验

表 1 研究变量区分效度的验证性因素分析结果

模型	χ^2	df	χ^2/df	GFI	IFI	TLI	CFI	$RMSEA$
单因素模型	793.401	152	5.220	0.787	0.812	0.784	0.811	0.113
二因素模型	628.875	151	4.165	0.811	0.860	0.841	0.859	0.097
三因素模型	239.895	149	1.610	0.933	0.971	0.965	0.971	0.045

注:单因素:伦理型领导+互动公平+员工创新行为;二因素:伦理型领导+互动公平、员工创新行为;三因素:伦理型领导、互动公平、员工创新行为。

首先对三个核心变量做 Harman 单因素检验,未能析出单一因子;其次对数据进行 EFA 分析,本研究所涉及的三个核心变量累积方差解释量达 52.27%,且三变量的题项分别分布在各自维度;最后遵照 Podsakoff, MacKenzie, Lee & Podsakoff(2003)的建议进行比较,通过对伦理型领导、互动公平和员工创新行为的区分效度的检验,三因素模型(χ^2=239.895;χ^2/df=1.610; $RMSEA$=0.045; GFI=0.933; IFI=0.971; TLI=0.965; CFI=0.971)优于其他模型的拟合效果,见表 1。综上表明,本研究中不存在显著的共同方法偏差。

(五)描述性统计分析

本研究对各变量进行了描述性统计分析,结果如表 2 所示:

表 2 描述性统计结果

变量	M	SD	1	2	3	4	5	6	7
1 性别	1.529	0.499							
2 年龄	3.375	1.057	−0.027						
3 教育程度	2.991	0.954	0.016	−0.189***					

续 表

变量	M	SD	1	2	3	4	5	6	7
4 工龄	2.497	1.409	−0.01	0.659***	−0.059				
5 收入水平	20.488	10.176	−0.106	0.133*	0.429***	0.253***			
6 伦理型领导	3.436	0.597	−0.085	0.125*	−0.092	0.108*	0.118*		
7 互动公平	3.449	0.661	−0.087	0.085	0.075	0.108*	0.247***	0.688***	
8 员工创新行为	3.277	0.643	−0.15**	0.132*	0.034	0.122*	0.059	0.231***	0.266***

注:$N=302$;M为平均数,SD为标准差;* $p<0.05$;** $p<0.01$;*** $p<0.001$;性别:1=男,2=女;年龄:1=20岁以下,2=20—25岁,3=25—30岁,4=30—35岁,5=35岁以上;教育程度:1=初中,2=高中,3=大专,4=本科,5=研究生及以上;下同。

根据表2可以发现,伦理型领导与互动公平($r=0.688$,$p<0.001$)和员工创新行为($r=0.231$,$p<0.001$)都显著正相关,互动公平和员工的创新行为($r=0.226$,$p<0.001$)也是显著正相关。分析结果与研究假设 H_1,H_2,H_3 基本一致。

(六)假设检验

根据Baron和Kenny(1986)的中介效应检验程序,采用层级回归对互动公平的中介效应(H3)进行检验,结果见表3。首先,伦理型领导对员工创新行为的回归效应显著($\beta=0.217$, $p<0.001$, M22)。其次,伦理型领导对互动公平的回归系数显著($\beta=0.679$, $p<0.001$, M12)。再次,互动公平对员工创新行为的回归系数显著($\beta=0.195$, $p<0.05$, M23)。最后,把伦理型领导和互动公平同时加入员工创新行为的回归方程时,互动公平的系数显著($\beta=-0.195$, $p<0.05$, M23),伦理型领导的系数降低并且不再显著($\beta=-0.085$, ns, M23),表明互动公平完全中介了伦理型领导对员工创新行为的作用,H4被验证。

表3 回归分析统计表

变量	互动公平		员工创新行为		
	M_{11}	M_{12}	M_{21}	M_{22}	M_{23}
性别	−0.060	−0.017	−0.149*	−0.135*	−0.132*
年龄	0.032	−0.011	0.102	0.088	0.090
教育程度	−0.018	0.082	0.066	0.098	0.082
工龄	0.025	0.014	0.061	0.057	0.055
收入水平	0.238	0.679	−0.014	−0.049	−0.074

续 表

变量	互动公平		员工创新行为		
伦理型领导		0.679***		0.217***	0.085
互动公平					0.195*
R^2	0.068	0.507	0.045	0.090	0.108
$\triangle R^2$	0.068***	0.438***	0.045*	0.045***	0.019*
F	4.822***	56.297***	3.084*	5.402***	5.697***

四、结果讨论

首先,本研究证实伦理型领导对员工创新行为具有积极影响,此结果与 Tu & Lu(2013)的研究结果一致。这可能是因为伦理型领导以身作则,员工在与领导的双向沟通中获得了较高的个人存在感,这使得其与组织建立起一种信任、认同及共享的关系,为了回报组织,员工会展现出更多的创新行为[30]。

其次,伦理型领导与互动公平正相关,这是因为伦理型领导强调双向沟通并且通过大家公开地交流意见,提高了员工积极交换意见的意愿,从而创造了坦率的互动关系。

再次,互动公平和员工创新行为正相关。这是因为创新需要突破已有的框架,同时需要承担相应的风险,因此在开展创新行为的时候个体常常需要付出更多、更持久的努力和精力,而这需要有较强的内部动机来推动。当感到受到公正对待时,员工就会在工作中通过投入更多的时间和努力来回报组织,从而进行更多的创新行为。

最后,本研究结果表明,互动公平在伦理型领导与员工创新行为的关系中起完全中介作用。这是因为伦理型领导通过以身作则,其自身兼具正直公平并且信任员工的特性,通过双向沟通从而营造一个公平公正的互动氛围(Ng & Feldman,2015)。而员工的互动公平感知又是创新活动得以顺利开展的一个必要条件(何小艳,2015),互动公平感知高的个体有更多的机会去接触不同的双向沟通,进而带来更多的直接或者间接的创新经验,从而更有能力和意愿进行更多的创新活动。

五、研究理论意义、管理启示及研究展望

(一)研究理论意义

首先,本文突破以往关于伦理型领导与员工工作相关研究主要基于社会交换

理论的现状,建立一个以员工心理感知为基础的互动公平与员工创新行为的模型。该模型从员工心理活动视角解释了伦理型领导对创新行为的作用机制,拓展了该领域的研究视野,并为后续研究提供了新的理论支持。

其次,本研究探讨了伦理型领导对员工创新行为的作用机制。从纵向链条(中介作用)的角度对组织中伦理型领导对员工创新行为影响进行了深入研究,进一步丰富和拓展了伦理型领导及员工创新行为领域的理论研究。

最后,本研究基于社会交换理论,发现伦理型领导通过使下属感受到更多的尊重与双向沟通,激发下属更多愉快积极的情绪状态,提高员工的互动公平水平,员工则会有能力和意愿去从事更多的创新行为,以积极的态度与行为回报组织与领导。同时该结果进一步验证了社会交换理论。

(二)管理启示

首先,组织中的领导可采取适当的行动,如给予更多的工作自主权、与其分享关键信息、鼓励他们参与组织决策等,或者以身作则、为人坦率,公平公正地对待下属,关心下属,为下属的工作提供相应支持,以提高其个人进行创新的意愿,从而提高其创新行为的可能性。

其次,组织可以通过选拔和培训管理人员的伦理型领导风格来创造更多的互动公平氛围,进而使企业产生更多的创新行为的实施,而作为组织领导或管理者,应该努力践行伦理型领导的行为,通过伦理型领导行为的实施,有效增强员工的互动公平感知,从而增强员工的创新意识,以确保组织能够可持续长久发展。

最后,组织要注意培养员工的互动公平感知,对于低互动公平感知的个体,可以对其进行技能培训,以及通过与其进行双向沟通解决创新过程中的"疑难杂症",来提高他们的互动公平感知,从而使其有能力和意愿进行创新行为的实施。

(三)研究结论

伦理型领导与员工创新行为之间有显著的正相关关系;伦理型领导和互动公平也具有显著的正相关关系;互动公平和员工创新行为也具有显著的正相关关系;互动公平在伦理型领导与员工创新行为之间具有完全中介作用。

(四)研究不足与展望

首先,在研究方法方面,本研究虽然采用了员工和领导配对的问卷设计,但是由于时间、精力和条件的限制,本研究的样本主要来自河北和浙江的公司,本研究并未过多考虑两地域的文化影响,这就局限了本研究的适用性和推广性,未来研究可以扩大样本的取样范围,增加样本量,更全面深入地推广研究的适用性。此外,本研究采取了一定措施来降低共同方法偏差,而且通过容忍度和 VIF 值表明变量间不存在显著的多重共线性问题,但是明显还不够,由于社会称许度等效应的存在，研究中的共同方法偏差确实是客观存在的。在未来的研究中，可以采用更多的方法来避免共同方法偏差，比如保证测量样本的空间和时间距离。

其次，本研究采用横向研究法，也就是说，只进行一次数据收集，数据的收集只在一个时间点上，结果具有一定的解释意义，但对创新行为的动态性关注不够。因为有的创新行为通常较隐蔽、持续时间较长，而横向的调查无法很好地反映这一点。所以，在今后进行创新行为的研究时，在条件可行的前提下，应多开展纵向的追踪研究，以便更好地揭示创新行为各方面的特性。

最后，本研究发现，互动公平在伦理型领导与员工创新行为之间起完全中介作用，未来的研究应探讨更多变量，以便更加全面地揭示伦理型领导与员工创新行为之间复杂的中介机制。

参考文献

[1] SCOTT S G, BRUCE R A. Determinants Of Innovative Behavior: A Path Model Of Individual Innovation In The Workplace [J]. Academy of management journal, 1994, 37(3):580-607.

[2] KARIN S, MATTHIJS M, NICOLE T. How To Support Innovative Behaviour? The Role Of LMX And Satisfaction With HR Practices [J]. Technology and Investment, 2010.

[3] SHALLEY C E, ZHOU J, OLDHAM G R. The Effects of Personal and Contextual Characteristics on Creativity: Where Should We Go from Here? [J]. Journal of Management, 2004, 30(6):933-958.

[4] ZHANG X, BARTOL K M. Linking Empowering Leadership and Employee Creativity: The Influence of Psychological Empowerment, Intrinsic Motivation, and Creative Process Engagement [J]. Academy of Management Journal, 2010, 53(1):107-128.

[5] PIETERSE A N, KNIPPENBERG D, SCHIPPERS M, et al. Transformational and Transactional Leadership and Innovative Behavior: The Moderating Role of Psychological Empowerment [J]. Journal of Organizational Behavior, 2010, 31(4):609-623.

[6] CARMELI A, REITER P R, ZIV E. Inclusive Leadership And Employee Involvement In Creative Tasks In The Workplace: The Mediating Role of Psychological Safety [J]. Creativity Research Journal, 2010, 22(3):250-260.

[7] SHIN S J, ZHOU J. Transformational Leadership, Conservation, and Creativity: Evidence from Korea [J]. Academy of Management Journal, 2003, 46(6):703-714.

[8] EDMONDSON A. Psychological Safety and Learning Behavior in Work Teams [J]. Administrative Science Quarterly, 1999, 44(2):350-383.

[9] GRANT A M, BERRY J W. The Necessity of Others Is The Mother of Invention: Intrinsic and Prosocial Motivations, Perspective Taking, and Creativity [J]. Academy of Management Journal, 2011, 54(1):73-96.

[10] KACMAR K M, BACHRACH D G, Harris K J. Fostering Good Citizenship through Ethical Leadership: Exploring the Moderating Role of Gender and Organizational Politics [J]. Journal of Applied Psychology, 2011, 96(3):633.

[11] BROWN M E, TREVIÑO L K, HARRISON D. Ethical Leadership: A Social Learning Perspective for Construct Development and Testing [J]. Organizational Behavior and Human Decision Processes, 2005, 97(2):117-134.

[12] BRIEF A P, DIETZ J, COHEN R R, et al. Just Doing Business: Modern Racism and Obedience to Authority as Explanations for Employment Discrimination [J]. Organizational Behavior and Human Decision Processes, 2000, 81(1):72-97.

[13] PICCOLO R F, GREENBAUM R, HARTOG D N D, et al. The Relationship between Ethical Leadership and Core Job Characteristics [J]. Journal of Organizational Behavior, 2010, 31(2-3):259-278.

[14] AVOLIO B J, BASS B M, JUNG D I. Re－Examining The Components of Transformational and Transactional Leadership Using the Multifactor Leadership [J]. Journal of Occupational and Organizational Psychology, 1999, 72(4):441-462.

[15] BASU R, GREEN S G. Leader-Member Exchange and Transformational Leadership: An Empirical Examination of Innovative Behaviors in Leader-Member Dyads [J]. Journal of Applied Social Psychology, 1997, 27(6):477-499.

[16] TIERNEY W G. An Anthropological Analysis of Student Participation in College [J]. The Journal of Higher Education, 1992:603-618.

[17] TIERNEY P, FARMER S M, GRAEN G B. An Examination of Leadership and Employee Creativity: The Relevance of Traits and Relationships [J]. Personnel Psychology, 1999, 52(3):591-620.

[18] AVOLIO B J, BASS B M, JUNG D I. Re－Examining the Components of Transformational and Transactional Leadership Using the Multifactor Leadership [J]. Journal of Occupational and Organizational Psychology, 1999, 72(4):441-462.

[19] GREENBERG J. Organizational Justice: Yesterday, Today, and Tomorrow [J]. Journal of Management, 1990, 16(2):399-432.

[20] ERKUTLU H. The Moderating Role of Organizational Culture in the Relationship between Organizational Justice and Organizational Citizenship Behaviors [J]. Leadership & Organization Development Journal, 2011, 32(6):532-554.

[21] 何轩. 互动公平真的就能治疗“沉默”病吗？——以中庸思维作为调节变量的本土实证研究[J]. 管理世界, 2009, (4):128-134.

[22] ZHU W, MAY D R, AVOLIO B J. The Impact of Ethical Leadership Behavior on Employee Outcomes: The Roles of Psychological Empowerment and Authenticity [J]. Journal of Leadership & Organizational Studies, 2004, 11(1):16-26.

[23] 洪雁, 王端旭. 管理者真能“以德服人”吗？——社会学习和社会交换视角下伦理型领导

作用机制研究[J]. 科学学与科学技术管理, 2011, 32(7):175-179.

[24] MARCH J G M, SIMON H A. Organizations [M]. New York: Wiley, 1958.

[25] 严丹,张立军. 组织公平与组织公民行为——组织承诺的调节作用实证研究[J]. 工业工程,2010, 13(5):106-111.

[26] PILLAI R, SCHRIESHEIM C A, WILLIAMS E S. Fairness Perceptions and Trust as Mediators for Transformational and Transactional Leadership: A Two-Sample Study [J]. Journal of Management, 1999, 25(6):897-933.

[27] CHEUNG Y K. Finite Strip Method In Structural Analysis [M]. Elsevier, 2013.

[28] NIEHOFF B P, MOORMAN R H. Justice as a Mediator of the Relationship between Methods of Monitoring and Organization Citizenship Behavior [J]. Academy of Management Journal, 1993, 36(3):527-556.

[29] 刘云, 石金涛. 组织创新气氛与激励偏好对员工创新行为的交互效应研究[J]. 管理世界, 2009, (10):88-101.

[30] 张鹏程, 刘文兴, 廖建桥. 魅力型领导对员工创造力的影响机制:仅有心理安全足够吗? [J]. 管理世界, 2011, (10):94-107.

附录:研究调查问卷

(一)下面描述的是您领导的一些情况,请根据您的实际感受,在相应的数字上打钩:(伦理型领导)		完全不符合	不符合	中间立场	符合	完全符合
1.	我的领导总能听取下属的意见。	1	2	3	4	5
2.	我的领导会惩罚违反道德标准的下属。	1	2	3	4	5
3.	生活中,我的领导总是遵守道德规范。	1	2	3	4	5
4.	我的领导总是关心下属的最大利益。	1	2	3	4	5
5.	我的领导总是做出公平、公正的决策。	1	2	3	4	5
6.	我的领导是个值得信赖的人。	1	2	3	4	5
7.	我的领导会和我们一起讨论价值观和商业道德问题。	1	2	3	4	5
8.	我的领导给我们树立了如何有道德地处理事情的榜样。	1	2	3	4	5
9.	我的领导界定成功时,不仅仅看结果,还会考虑获得结果的过程。	1	2	3	4	5
10.	我的领导在做决策时经常会问:“怎样做才是正确的?”	1	2	3	4	5

(二)下面描述的是您对单位的感受,请根据您的实际感受,在相应的数字上打钩:(互动公平)		完全不符合	不符合	中间立场	符合	完全符合
1.	我的上级对我的工作表现非常熟悉。	1	2	3	4	5
2.	我的上级在进行绩效评估时允许我阐述自己的观点。	1	2	3	4	5
3.	我的上级会让我知道我的绩效评估结果并能够提供合适的理由。	1	2	3	4	5
4.	我的上级会让我知道我的加薪情况和年终奖并提供合适的理由。	1	2	3	4	5
5.	我的上级和我一起回顾我的行为表现并讨论了改进的计划和目标。	1	2	3	4	5

(三)就该员工在多大程度上表现出以下行为,请在相应的数字上打钩:(创新行为)		完全不符合	不符合	中间立场	符合	完全符合
1.	工作中,他/她经常会产生一些有创意的点子或想法。	1	2	3	4	5
2.	他/她会向同事或领导推销自己的新想法,以获得支持与认可。	1	2	3	4	5
3.	他/她为了实现自己的构想或创意,会想办法争取所需要的资源。	1	2	3	4	5
4.	他/她会积极地制订适当的计划或规划来落实自己的创新性构想。	1	2	3	4	5
5.	为了实现同事的创新性构想,他/她经常献计献策。	1	2	3	4	5

基于移动社交网络平台的人际互动对员工绩效的影响研究

江 辛 温巧巧 褚晶晶

(浙江工商大学工商管理学院,浙江杭州 310018)

摘 要:近年来,企业对社会网络的使用持不同的态度,因此员工基于社交网络平台的人际互动引起了许多学者的关注,本文运用问卷调查法,通过314份有效问卷,研究了基于移动社交平台的人际互动对员工绩效的作用机制,并且检验了网络社会资本的中介效应。研究发现:网络人际互动对员工绩效具有显著的正向影响,网络人际互动对社会资本的不同维度的影响是不同的,而且,社会资本的部分维度中介了网络人际互动对员工绩效的影响。最后,本文讨论了研究的理论贡献,并为企业如何利用社会网络提高员工的绩效提供了相应的建议。

关键词:员工绩效 网络人际互动 网络社会资本 移动社交网络

一、引言

随着移动互联网发展逐渐进入全民时代,网民用户对社交服务的需求不断增加,员工也越来越关注社交网络,然而企业针对员工使用社交网络却存在截然相反的做法:一些企业封杀了公共社交网络,因为他们担心员工会过度沉迷于社交网站,降低工作效率,更有甚者联合起来打击社交网络,并不惜以辞退等强硬手段来禁止员工使用;另一些企业却相继推出一些专业性企业社交网络软件,科技巨头微软公司甚至不惜重金购买一家初创期的社交网络公司。

因此,我们不禁思考员工在社交网络上的行为对企业员工绩效到底存在怎么样的影响。近年来,国内外对于社交网络的研究逐步展开,社交网络使用行为,特别是基于社会网络的人际互动已成为相关领域的研究热点[1]。然而,当前的研究者们通常将研究视角放在网络环境特征、用户参与行为的影响因素等主题上[1][2],对其结果变量的研究相对较为匮乏,即使国外已有研究也证实了社交网络使用对企业员工绩效的积极影响[3]，但其中的作用机制却是不明晰的，因此基于社会网络的人际互动如何影响员工绩效是有待打开的研究黑箱。根据资源保存理论，个体会积极地维持和获取资源[4]，拥有更多资源的个体具有更好的资源收益，也就更可能发生积极结果[5]，有研究表明，大多数用户使用社交网络的原因正是基于对积累和维护社会资本的强烈需求（Clack，2005），那么社会资本在网络人际互动和员工绩效的关系中扮演着什么样的角色呢？

基于以上问题，本研究将考察网络人际互动对员工绩效的影响及网络社会资本在此影响过程中的作用。澄清这些问题，在理论上使我们更清晰地认识了社会网络对员工的影响，为相关领域的研究切入提供了新的视角，也是对原有研究成果的再次验证和深入探索；在实践上为企业是否应该在企业内部引进社交网络应用，企业应如何正确应对社交网络带来的影响带来一定的启示作用。

二、理论回顾与研究假设

（一）网络人际互动与网络社会资本的关系

1. 网络人际互动与人脉资本的关系

诸多实证研究证实，社交网络的使用强度能够增强用户现实人际关系网络的广度和强度[6][7]。而且对网络社会资本的影响也在越来越多的相关研究中显现出来：刘静和杨伯溆基于对校内网使用与用户网络社会资本的关系研究中得出“网络使用强度和使用频率”都会对“维护和加深现有人际关系”“拓展人际交往圈”产生正向影响[8]。王薇也在研究中发现，使用强度、使用频率、归属需求三个变量能联合预测用户线上资本47.5%的变异量。而事实上，很多企业引入内部社交网络的出发点正是其有利于为员工创造新的沟通方式，维系和拓展人际关系（Joan et al.，2008）。此外，互动质量是指人际互动的质量高低、优劣程度，根据实际经验可知，人际互动的质量较高，说明彼此的互动交流是有效、有意义、有价值的，行为主体间很有可能保持持续互动，于是这段人际关系得以建立（与陌生人互动时）或强化（与认识的人互动时）。反之亦是如此[9]。因此，基于上述分析，本研究提出以下假设：

H1-1：员工的网络互动频率会正向影响员工的人脉资本。

H1-2：员工的网络互动程度会正向影响员工的人脉资本。

H1-3：员工的网络互动质量会正向影响员工的人脉资本。

2. 网络人际互动与信任资本的关系

移动社交网络平台上的员工之间彼此认识，彼此知道对方的一些真实信息，在此基础上，高频率、高程度、高质量的互动行为能迅速促进信任资本的积累。互动频率较高的行为主体间更容易建立起信任关系，“一回生，两回熟”也就是这个道理。互动程度较高,则说明互动交流的深度和广度较高,因此行为主体间会产生亲密的感知,并形成相互信任关系。互动质量高意味着在互动过程中需要传递的信息、观点、思想、知识、情感等要素能够较好地被对方接收并理解,互动情况达到甚至超过预期值,从而获得对方的信任并信任对方。

网络互动行为与信任关系的实证研究表明,网络使用程度越高,网络人际信任程度越高;使用频率越高,信任度也随之增加[8];每天使用社交网站的时间越长,使用频率越高的用户越倾向于信任他人,也更容易获得他人的信任(李园园,2011);在线互动质量越高,在线人际信任也越高[9]。因此,本研究提出以下假设:

H1-4:员工的网络互动频率会正向影响员工的信任资本。

H1-5:员工的网络互动程度会正向影响员工的信任资本。

H1-6:员工的网络互动质量会正向影响员工的信任资本。

3. 网络人际互动与情感资本的关系

情感是用户在网络人际互动过程中产生的对互动行为及主体等客观事物的态度体验[10]。在移动社交网络平台上,员工用户基于线下工作及线上互动过程中获得的同事信息,发现倾诉的对象,并以对话、文字、语音、游戏等方式与之进行情感交流,从而实现自身的情感宣泄和同事的情感支持,或者因被同事关爱、认可、赞美而获得情感的满足。

也有学者[11]将情感资本称为心理社会资本,并在调查研究中发现,大部分大学生受众通过社交网络人际互动获得了个人心理社会资本的积累。另有研究表明,网络互动较为频繁的用户对生活的满意度也较高[12];人际互动程度越大、互动频率越高的用户,对自身的满意度也越高[8];在线互动质量较好的用户更容易获得网友的认同,归属感也较强[9]。据此,本研究提出以下假设:

H1-7:员工的网络互动频率会正向影响员工的情感资本。

H1-8:员工的网络互动程度会正向影响员工的情感资本。

H1-9:员工的网络互动质量会正向影响员工的情感资本。

4. 网络人际互动和信息资本的关系

Coleman曾经说过,利用现有的社会人际关系是获取信息的重要形式[13]。可见,社交网络中的人际互动、信息交流,其本质就是获得个人信息资本,所以网络互动行为的情况势必会对信息资源的获取产生一定影响。通过社交网络,用户可以和网友们交流各自的兴趣、爱好及知识、经验等信息,互动的频率、程度和质量的水平较高,则用户们有更多的机会接触到更广泛、更深入、更有效的信息资源。一项基于校内网使用与社会资本获得关系的研究[10]表明,总体而言,使用强度较大的用户更倾向于赞成社交网络以拓宽其信息来源。基于上述分析,本研究提出以下假设:

H1-10:员工的网络互动频率会正向影响员工的信息资本。

H1-11:员工的网络互动程度会正向影响员工的信息资本。

H1-12:员工的网络互动质量会正向影响员工的信息资本。

(二)网络社会资本与员工绩效的关系

Haines 等人认为,员工社会资本是一种资源,对员工工作实践起到支持作用,帮助员工更快速、有效地完成工作任务[14]。Seibert 等人在验证社会资本对职业成功的中介模型时发现,员工在企业内互动获得的社会资本(与其他职能部门、高层部门的连带关系)能为其带来获取信息、获取资源、获得职业支持等网络效果,最终获得薪酬、职位、职业满意度的提升[15]。柯江林等人从关系范畴角度发现员工的社会资本对其工作绩效具有显著的正向影响[16]。

由此可见,企业员工在移动社交网络互动中积累起来的社会资本有利于其工作绩效的提高。人际关系网络规模越大,意味着员工在工作中可获得支持也就越多,得到同事资源支持的可能性就越大,其完成工作任务的效率和效果也因此有所提升;有信任关系的员工在合作帮助、信息交换及知识共享等方面也有更多的机会(Levin & Cross,2004),信息、知识、技能的增加提高了员工个人完成任务的能力,而其他同事的合作帮助又为其任务的完成提供了保障;情感联系的建立可以帮助员工树立起完成任务的信心和动力,而同事的认同、欣赏、赞扬也为其完成任务创造了更多的可能性;信息资源的积累为员工提供了完成任务所需的知识储备,也有利于员工更好地理解工作任务内容,甚至对员工在工作中与同事的沟通合作也是有帮助的。因此,本研究提出以下假设:

H2-1:员工的人脉资本会正向影响员工绩效。

H2-2:员工的信任资本会正向影响员工绩效。

H2-3:员工的情感资本会正向影响员工绩效。

H2-4:员工的信息资本会正向影响员工绩效。

(三)网络人际互动与员工绩效的关系

在企业内部,员工的社会人际交往活动非但不会独立于员工工作,人际交往活动的情况甚至会引起其工作环境、氛围、资源、知识、技能等的改变,从而引发员工工作绩效的变化。互动的频率较高,说明行为主体间在网络平台上的沟通交流机会较多,更容易获得大量的信息、资讯、知识,完成任务时可利用的资源更丰富,任务完成情况则更好;互动的强度较高,说明行为主体间沟通交流的内容比较丰富,深度也较大,有利于优化和改善员工知识信息储备的质和量,从而提高完成任务所需的技能和知识等;互动的质量较好,说明行为主体间的互动性达到了预期值,各行为主体对信息的接收和反馈效果较好,保证了互动过程中的信息质量,为更好地完成工作任务获得优质信息储备。

此外,团队沟通的相关实证研究[18]表明,沟通媒介、沟通频率、沟通类型和沟通反馈与团队绩效正相关。此外,该研究还进一步揭示了团队沟通对其绩效的作用路径,即团队沟通可以直接影响员工个人的工作效率和工作结果,从而对整个团队的绩效产生影响。其他相关学者[19]也得出了相似结论。因此,根据相关研究的启示,本研究提出以下假设:

H3-1:员工的网络互动频率会正向影响员工绩效。

H3-2:员工的网络互动程度会正向影响员工绩效。

H3-3:员工的网络互动质量会正向影响员工绩效。

(四)网络社会资本的中介作用

根据资源保存理论,个体会积极地维持和获取资源[4],拥有更多资源的个体具有更好的资源收益,也就更可能发生积极结果[5]。就此种意义而言,员工的移动社交网络人际互动情况会引起员工满意度、归属感、认同感等情感体验的变化,以及知识、经验、建议、资讯等信息资源储备的浮动;也会影响员工在组织内的现实人际交往活动,这些因素最终都会作用于工作环境中的员工个体,从而影响工作的产出情况。叶楠在其研究中也证明了企业员工NPO志愿者行为会引起员工社会资本的变化,最终作用于员工个人绩效[20]。因此,基于上述分析,本研究提出以下假设:

H4—1:员工的人脉资本对网络人际互动与员工绩效的关系起中介作用。

H4—2:员工的信任资本对网络人际互动与员工绩效的关系起中介作用。

H4—3:员工的情感资本对网络人际互动与员工绩效的关系起中介作用。

H4—4:员工的信息资本对网络人际互动与员工绩效的关系起中介作用。

基于以上分析,本文的研究模型如图1所示。

三、研究方法

(一)研究样本与数据采集

本次调研将主要针对企业职员发送问卷,并设置问项以剔除没有相关经历的企业职员,主要涉及银行、证券投资、移动通信、事业单位、商业贸易、教育培训机构等企业,共发放问卷384份,问卷全部回收,问卷回收率为100%。剔除无效样本后有效问卷共314份,问卷有效率为81.77%。被试的人口统计学资料如下:从性别构成划分,男性138人,占43.9%,女性176人,占56.1%;从年龄构成划分,25岁以下67人,占21.3%,26—40岁177人,占56.3%,40岁以上70人,占22.4%;从学历构成划分,大专及以下52人,占16.6%,大学本科175人,占55.7%,硕士研究生及以上37人,占11.8%,还有部分未说明;从工作年限划分,不满3年95人,占30.2%,3至5年93人,占29.6%,6至10年66人,占21%,10年以上60人,占19.1%。

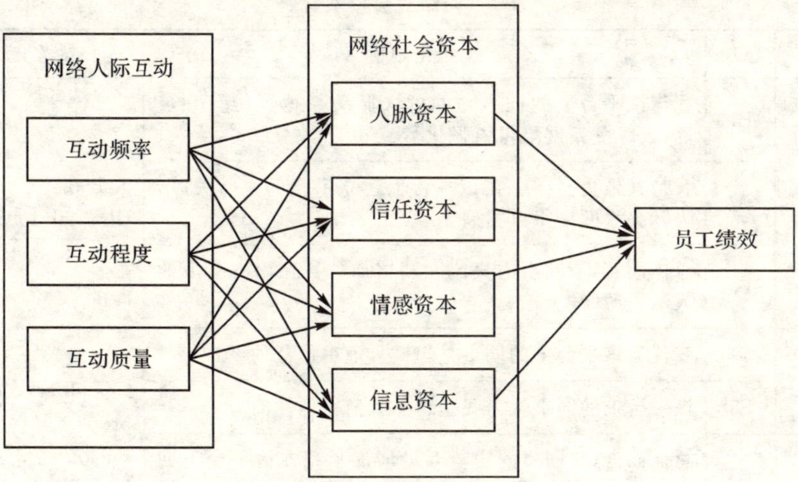

图 1 本研究的模型图

(二)变量测量

本研究的自变量、中介变量及因变量的测量量表主要来自于现有的相关研究文献,并根据研究实际情况对其进行适当的修订,问卷采用 Likert 五点计分法,即"1=完全不同意,2=不同意,3=一般,4=同意,5=完全同意"。现将各量表的构成要素罗列如下表所示。

表 1 网络人际互动量表

维度	题项	操作化测量	参考文献
互动频率	A1	我常会与该平台上的同事互动联系	Rheingold[21] Hegal et al. (1997) 陆奇[22]
	A2	与其他好友(如家人、同学、客户等)相比,我与同事的互动频率相对较高	
互动程度	A3	我在该平台上发布的动态会得到同事的回应	Hoffman & Novak[23] McMillan[24] Tsai & Ghoshal[25]
	A4	我会参与同事在该平台上发布的动态,如浏览/回复/评论/转发/点赞等	
	A5	我在该平台上与其他部门的同事保持互动联系	
	A6	我在该平台上会花很多时间来与同事互动	
	A7	我在该平台上与同事建立了紧密的互动关系	
互动质量	A8	我在该平台上与同事交流的质量很高	Nidumolu[26] Wang et al.[27]
	A9	我在该平台上与同事交流的感觉很棒	
	A10	总体而言,我在该平台上与同事互动的质量很高	

表2 网络社会资本量表

变量	题项	操作化测量	参考文献
人脉资本	B1	我与该平台上的同事之间的人脉关系得到维持和巩固,人际关系网络得以强化	Nahapiet & Ghoshal(1998)
	B2	我与其他更多同事在该平台上建立了新的人脉关系,人际关系网络得以拓展	
	B3	总体而言,与同事的交流互动增加了我在该平台上的人脉资源	
信任资本	B4	我认为该平台上的同事是坦诚且值得信任的	Chaudhuri & Holkbrook[28] Pavlou et al.[29]
	B5	该平台上的同事认为我是坦诚且值得信任的	
	B6	总体而言,与同事的交流互动增加了我在该平台上的人际信任	
情感资本	B7	该平台上的同事会给我带来愉悦、感激、满意、自我实现等心理满足	张倩[7]
	B8	该平台上的同事会给予我关心、鼓励、理解、慰藉等情感支持	
	B9	总体而言,与同事的交流互动增加了我在该平台上的情感体验	
信息资本	B10	该平台上的同事会给我带来有价值的背景资料、经验分享、行为偏好等个人信息	李园园[10]
	B11	该平台上的同事会给我带来有价值的相关知识、行业动态、新闻资讯等网络信息	
	B12	总体而言,与同事的交流互动增加了我在该平台上的信息资源	

表3 员工绩效量表

变量	题项	操作化测量	参考文献
任务绩效	C1	我会在规定时间内保质保量地完成指定工作任务	Motowidlo & Scotter[30] Tsui et al.[31] Janssen et al.[32]
	C2	我完成的工作任务符合上级的要求和期望	
	C3	我在该平台上与同事之间的交流互动所产生的人脉关系、人际信任、情感支持及知识信息等资源能帮助我更快、更好地完成工作任务	

续 表

变量	题项	操作化测量	参考文献
任务绩效	C4	我在该平台上与同事之间的交流互动会启发我产生创新性的工作思路和想法	Teigland & Wasko[33]
	C5	我会把在该平台上与同事之间的交流互动所产生的新思路、新想法应用到工作实践中	
	C6	我会主动发掘新方法来完成工作、解决问题	

四、研究结果

(一)信效度分析

本研究采用 SPSS 19.0 软件进行分析,结果显示,所有样本数据的 $KMO>0.7$,而且,在 0.001 的水平上,巴特莱特球形检验统计值显著异于 0,说明修正后的量表都已较符合因子分析的条件。接着利用 SPSS 19.0 软件对各量表进行因子分析、信度和效度检验,分析结果如下表所示。各量表的 *Cronbach's* α 值 >0.6,项目的 *CITC* 值 >0.4,由此可以说明量表的信度较高。变量的信度和效度分析结果如表 4 所示。

表 4 各量表的信效度分析结果

变量	维度	题项	*CITC*	删除该项目后的 α 系数	*KMO*	因子负荷	α 系数
网络人际互动	互动频率	A1	0.948		0.901	0.858	0.973
		A2	0.948			0.835	
	互动程度	A3	0.920	0.920		0.767	0.950
		A4	0.853	0.941		0.705	
		A5	0.891	0.933		0.742	
		A6	0.863	0.940		0.799	
	互动质量	A7	0.879	0.921		0.856	0.886
		A8	0.787	0.946		0.821	
		A9	0.841	0.922		0.821	

续 表

变量	维度	题项	*CITC*	删除该项目后的α系数	*KMO*	因子负荷	α系数
网络社会资本	人脉资本	B1	0.833	0.874	0.908	0.750	0.89
		B2	0.786	0.917		0.721	
		B3	0.905	0.818		0.715	
	信任资本	B4	0.889	0.916		0.785	0.925
		B5	0.879	0.924		0.732	
		B6	0.918	0.896		0.782	
		A6	0.863	0.940		0.652	
	情感资本	B7	0.852	0.923		0.652	0.918
		B8	0.872	0.909		0.814	
		B9	0.920	0.874		0.802	
	信息资本	B10	0.865	0.931		0.836	0.923
		B11	0.893	0.929		0.824	
		B12	0.920	0.889		0.802	
员工绩效		C1	0.722	0.913	0.907	0.668	0.920
		C2	0.764	0.907		0.660	
		C3	0.762	0.913		0.853	
		C4	0.822	0.905		0.830	
		C5	0.794	0.904		0.824	
		C6	0.864	0.893		0.874	

(二)模型与假设检验

(1)本文在构建回归模型之前，先对各变量进行了描述性统计和相关分析，结果见表5。

表5 描述性统计及相关分析

	均值	标准差	1	2	3	4	5	6	7	8
1 互动频率	3.02	1.102	1							
2 互动程度	3.78	0.985	0.324**	1						

续 表

	均值	标准差	1	2	3	4	5	6	7	8
3 互动质量	3.68	1.018	0.234**	0.358**	1					
4 人脉资本	3.63	1.014	0.634**	0.702**	0.772**	1				
5 信任资本	3.59	0.922	0.584**	0.651**	0.745**	0.409**	1			
6 情感资本	3.60	1.050	0.606**	0.668**	0.720**	0.416**	0.437**	1		
7 信息资本	3.88	0.873	0.572**	0.758**	0.789**	0.420**	0.376**	0.370**	1	
8 员工绩效	3.62	0.766	0.554**	0.681**	0.724**	0.694**	0.757**	0.657**	0.752**	1

注：** 表示在显著水平为 0.01 时(双尾)显著相关，即 $P<0.01$；* 表示在显著水平为 0.05 时显著相关，即 $P<0.05$，下同。

(2)进行层级式多元回归分析，共包括十个模型(见表 6、表 7)。模型 1—4 是中介变量的四个维度对自变量的回归。模型 1 的结果显示企业员工进行网络人际互动时，互动频率、互动程度和互动质量分别对员工人脉资本有较为显著的积极影响($\beta=0.275$，$P<0.001$)/($\beta=0.266$，$P<0.001$)/($\beta=0.220$，$P<0.001$)，表明 H1-1、H1-2 和 H1-3 得到验证。根据模型 2 结果，互动程度和互动质量分别对员工信任资本有较为显著的积极影响($\beta=0.358$，$P<0.001$)/($\beta=0.290$，$P<0.001$)，H1-5和 H1-6 成立；而互动频率的影响却不显著($\beta=0.051$，$P>0.05$)，因而 H1-4 未得到验证。模型 3 中，互动频率、互动程度和互动质量对员工情感资本有较为显著的积极影响($\beta=0.312$，$P<0.001$)/($\beta=0.257$，$P<0.001$)/($\beta=0.204$，$P<0.001$)，因而 H1-7、H1-8 和 H1-9 得到验证。模型 4 的结果表明互动频率、互动程度和互动质量对员工信息资本有较为显著的积极影响($\beta=0.319$，$P<0.001$)/($\beta=0.305$，$P<0.001$)/($\beta=0.238$，$P<0.001$)，因而 H1-10、H1-11 和 H1-12 得到验证。模型 5 是员工绩效对中介变量四个维度的回归，结果显示员工人脉资本、信任资本和信息资本对员工绩效具有显著的正向作用($\beta=0.151$，$P<0.05$)/($\beta=0.363$，$P<0.001$)/($\beta=0.379$，$P<0.001$)，因而 H2-1、H2-2 和 H2-4 得到验证；情感资本对员工绩效的影响不显著($\beta=0.068$，$P>0.05$)，因此 H2-3 不成立。模型 6 是员工绩效对自变量的回归，结果显示员工网络人际互动的三个维度都对员工绩效有着积极的正向影响，因而 H3-1、H3-2 和 H3-3 成立。模型 7—10 是检验中介变量的中介作用。模型 7 的回归结果显示人脉资本的回归系数不显著($\beta=0.018$，$P>0.05$)，表明人脉资本在网络人际互动对员工绩效作用的过程中不起中介作用，H4-1 不成立；同理，模型 9 的结果表明情感资本在此过程中也没有起中介作用，H4-3 不成立。模型 8 中，信任资本的回归系数显著，而互动频率、互动程度和互动质量的回归系数虽然降低但依旧显著，表明信任资本在网络人际互动对员工绩效作用的过程中起部分中介作用,因此 H4-2 得到支持;同理,根据模型 10,H4-4 也成立。

表 6 检验自变量和中介变量的回归分析结果

变量	员工社会资本			
	人脉资本	信任资本	情感资本	信息资本
	模型 1	模型 2	模型 3	模型 4
互动频率	0.275***	0.051	0.312***	0.319***
互动程度	0.266***	0.358***	0.257***	0.305***
互动质量	0.220***	0.290***	0.204***	0.238***
R^2	0.545	0.454	0.440	0.604
AdjustedR^2	0.538	0.446	0.435	0.607
F-value	88.449***	59.235***	117.515***	100.428***

表 7 层级式多元回归分析结果

变量	员工绩效					
	模型 5	模型 6	模型 7	模型 8	模型 9	模型 10
互动频率		0.372***	0.246***	0.226***	0.384***	0.255***
互动程度		0.308***	0.232***	0.201***	0.317***	0.176***
互动质量		0.131**	0.127**	0.131***	0.140 *	0.130**
人脉资本	0.151*		0.018			
信任资本	0.363***			0.102**		
情感资本	0.068				−0.030	
信息资本	0.379***					0.216***
R^2	0.687	0.420	0.512	0.432	0.543	0.573
Adjusted R^2	0.684	0.410	0.506	0.424	0.532	0.569
F-value	227.118***	42.768**	55.340**	64.364***	77.834***	70.939**

五、讨论与研究展望

(一)研究结论

从数据结果得知,假设检验 H1-1;H1-2;H1-3;H1-5;H1-6;H1-7;H1-8;H1-9;H1-10;H1-11;H1-12;H2-1;H2-2;H2-4;H3-1;H3-2;H3-3;H4-2;H4-4 得到支持,而 H1-4;H2-3;H4-1;H4-3 并未得到支持。

(1)网络人际互动对网络社会资本的影响。网络人际互动对社会资本的四个维度均有正向影响,然而影响大小却不大相同,"质量"对人脉资本的作用比"程度"和"频率"更大;与"质量"相比,"程度"更能反映行为主体是否相信他人,也更容易促进人际信任关系的建立;高质量的人际互动能直接促进认可、称赞等正面评价的形成,因而对情感资本的作用最大;对于信息资本的形成,互动质量的影响作用更为突出,其次是互动频率,深入的互动则起到了"锦上添花"的作用。

(2)网络人际互动对员工绩效的影响。本研究结果显示,互动频率、互动程度及互动质量对员工绩效均有正向影响。员工与同事之间的网络互动质量较好,则说明行为主体间信息的接收和反馈效果较好,流动的信息质量较高,因而为员工更好地完成工作任务提供了优质的信息资源储备。网络人际互动的强度较高,说明行为主体间沟通交流的内容比较丰富,层次也较为深入,从而为其完成工作任务提供了有利的技能和知识等相关资源。互动的频率较高,说明行为主体间在网络平台上的沟通交流机会较多,员工在完成任务时可利用的资源更丰富,任务完成情况则更好。

(3)网络社会资本对员工绩效的影响。企业员工在移动社交网络平台上产生的网络社会资本最终将转化为员工个人现实社会资本,从而对其现实生活和工作产生影响。员工与同事的网络互动行为所产生的信任资本会转化为员工在实际工作中与同事之间的信任关系,良好的信任关系能够促进员工之间的合作帮助、信息交换、经验交流及知识共享等行为,从而为员工个人工作完成情况创造了有利条件。另外,网络信息资本涵盖了新闻资讯、行业动态、百科知识等信息资源,对这些资源的合理运用有利于提高员工完成工作任务的知识技能和质量水平。线上积累的人脉关系为企业员工之间的项目合作、资源支持奠定了人际关系基础,为员工更快更好地完成工作任务创造了有利条件。因此,企业员工在社交网络平台上形成的信任、信息和人脉等资本对员工工作任务的完成具有积极影响。

(4)网络社会资本的中介作用。根据实证研究结果显示,信任资本和信息资本在网络人际互动与任务绩效之间起到部分中介作用,而人脉资本和情感资本的中介作用并不显著。这就说明,互动质量、互动程度和互动频率不仅能直接正向作用于任务绩效,也可以通过改变员工的信任资本或信息资本来正向影响任务绩效。

(二)管理启示

目前国内外企业对员工使用社交网络的态度仍然晦暗不明,本文从社会资本角度探讨了员工网络人际互动对员工绩效的影响,相应的研究结论对企业内部的员工管理、绩效提升,以及社交网络的使用等管理活动具有一定的启示作用。

1. 结合移动社交,满足互动需求

根据马斯洛的需求层次理论,人类的生理和安全需求得以满足之后,会产生对人际社交互动的需求,作为社会成员的一分子,企业员工也具有对人际社交互动的需求。本文的研究也证实了企业员工在移动社交网络平台上与同事之间的人际互动的频率、程度和质量会在一定程度上正向影响员工的任务绩效和关系绩效。因此,企业应致力于为内部员工打造一个能满足其社交互动需求的沟通交流平台,同时也要考虑到员工休闲与工作的有效协调,以及企业内部信息安全的保障等问题。

2. 引导网络互动,积累社会资本

根据研究结果,在社交网络平台上的人际互动行为会显著影响用户的网络社会资本。对于企业管理者来说,应当积极鼓励员工在社交网络平台上与同事间开展人际互动活动,经常性地进行人际社交互动,加强与同事之间的交流沟通,积极参与同事的信息动态,并根据实际情况给予真诚的关心、鼓励或赞扬,也要主动分享自己的思想感悟、工作心得、经验技巧等个人信息,以及有价值的行业动态、新闻资讯或业务知识等网络信息。需要注意的是,员工在进行人际互动时必须本着诚实可信的原则,真诚地与同事进行社交互动,努力培养和发展与同事之间的信任关系和人脉关系。

3. 巧用社会资本,提高员工绩效

通过与同事之间建立良好的人脉关系,企业员工在实际工作中得以接触到更多的工作资源和同事协助,对其工作任务的完成具有积极影响,而广泛、紧密的人脉关系网络为员工主动关心帮助同事、解决同事纠纷、培养组织认同提供了更多的可能性。如果能与同事之间保持良好的信任关系,无论是对员工自身任务的完成,还是与同事的互助合作,都具有显著的正向影响。此外,如果员工能将网络平台上获得的信息资源用于完成工作任务,将情感体验升华为对组织整体的认同和归属,那么任务绩效与关系绩效的"双丰收"也就成了意料之中的事了。

4. 开展社交办公,打造社交企业

企业可以引进成熟的企业社交网络软件,致力于为企业内部员工打造一个集大众社交网络与企业日常办公 OA 软件于一体的互动沟通平台,并相应推出软件的移动客户端应用,实现协同办公、实时交流、顺畅沟通的工作平台,仅限于企业内部员工使用的企业社交网络以沟通媒介的形式，为员工之间的协调合作、知识共享、信息传递、工作衔接、友好互动提供便利条件，与此同时，也保护企业信息安全，避免了企业内部资料、财务数据、专利技术等信息的泄露或流失。另一类企业社交网络增加了与顾客互动的相关应用，基于内部员工的应用保障了日常工作的进行，向顾客开放的应用为其创造了进一步认识和了解企业的机会，也为企业的客户关系管理工作带来更多的优势条件。

（三）研究局限与展望

虽然本研究获得了一定的成果，但由于自身研究能力和水平的限制，仍然存在一些不足之处。首先，本研究的一些变量采取主观感知的测量方式，如互动频率通过受访者对于“我常会与该平台上的同事互动联系”的主观感受做出“1－5”的强度评分，而没有采用互动次数的客观数据，有可能会影响研究结论的客观性和有效性，因此今后研究的量表要更加客观。其次，本研究聚焦“网络人际互动—网络社会资本—员工绩效”的作用路径，而忽略了一些环境因素的影响，在未来的研究中可以考虑检验其他因素的调节效应。最后，在样本选取方面，本研究大多以服务企业的内部员工为研究对象，只涵盖了少量其他行业的员工，因此研究所得出的结论的推广性有待提高，未来研究应扩大研究样本，覆盖更多的行业。

参考文献

[1] 郭宏伟. 试论虚拟社区中的人际互动[J]. 社会研究，2012，(10).

[2] 范晓屏，马庆国. 基于虚拟社区的网络互动对网络购买意向的影响研究[J]. 浙江大学学报（人文社会科学版），2009，(1).

[3] CROSS R，CUMMINGS J N. 2004，Tie And Network Correlates Of Individual Performance In Knowledge-Intensive Work [J]. Academy of Management Journal，47(6)：928-937.

[4] HALBESLEBEN J R B，NEVEU J P，PAUSTIAN U S C，et al. 2014，Getting to the “COR” Understanding the Role of Resources in Conservation of Resources Theory [J]. Journal of Management，40(5)：1334-1364.

[5] GORGIEVSKI M J，HOBFOLL S E. 2008，Work Can Burn Us Out or Fire Us Up：Conservation Of Resources In Burnout And Engagement [J]. Handbook of stress and burnout in health care，1-17.

[6] 靳亚男. 社会网络服务使用对个人社会资本影响机制研究[D]. 北京：清华大学，2009.

[7] 张倩. 论社交网络使用与社会资本获得的关系——以重庆高校人人网用户为例[D]. 重庆：西南大学，2013.

[8] 刘静，杨伯溆. 校内网使用与大学生的互联网社会资本：以北京大学在校生的抽样调查为例[J]. 青年研究，2010，(4).

[9] 莫水台. 在线互动质量与E-社会资本关系研究[D]. 南京：南京师范大学，2012.

[10] 布尔迪厄. 文化资本与社会炼金术[M] //布尔迪厄访谈录. 包亚明,译. 上海:上海人民出版社,1997.

[11] 滕云,杨琴. 网络弱关系与个人社会资本获取[J]. 重庆社会科学,2007,(2):122-125.

[12] 张嘉文. 大学生网络人际交往与社会资本关系的实证研究[D]. 长春:吉林大学,2013.

[13] COLEMAN J S. Social Capital in the Creation of Human Capital [J]. American Journal of Sociology, 1988, 94:95-120.

[14] HAINES V A, HURLBERT J S, ZIMMER C. 1991, Occupational Stress, Social Support, and the Buffer Hypothesis [J]. Work and Occupations, 1991, 18(2):212-235.

[15] SEIBERT S E, KRAIMER M L, LINDEN R C. A Social Capital Theory of Career Success [J]. Academy of Management Journal, 2001, 44(2):219-237.

[16] 柯江林,孙健敏,石金涛,等. 人力资本、社会资本与心理资本对工作绩效的影响:总效应、效应差异及调节因素[J]. 管理工程学报,2010,(4):29-35.

[17] LEVIN D Z, CROSS R. The Strength of Weak Ties You Can Trust: The Mediating Role of Trust in Effective Knowledge Transfer [J]. Management Science, 2004, 50(11): 1477-1490.

[18] 黄丹. 团队员工多元化、团队沟通与团队绩效间关系研究[D]. 杭州:浙江工商大学,2014.

[19] ROBERT C G, ANITA D B. Diversity's Harvest: Interactions of Diversity Sources and Communication Technology on Creative Group Performance [J]. Organizational Behavior and Human Decision Processes, 2010, (111):116-126.

[20] 叶楠. 企业员工 NPO 志愿者行为、社会资本和员工个人绩效实证关系研究[D]. 厦门:厦门大学,2009.

[21] RHEINGOLD H. Virtual Community: Homesteading on the Electronic Frontier [M]. Reading, Mass, Addison-Wesley Inc,1993.

[22] 陆奇. 移动社交网络对青年受众态度和行为的影响研究[D]. 西安:电子科技大学,2011.

[23] HOFFMAN D L, Novak T P. The Influence of Goal－Directed and Experiential Activities on Online Flow Experiences [J]. Journal of Consumer Psychology, 2002, (6):44-50.

[24] MCMILLAN S J. Interactivity Is in the Eye of the Beholder: Function, Perception, Involvement, and Attitude toward the Website [J]. In M. A. Shaver(Ed.), Proceeding of the 2000 conference of the American academy of advertising, MI: East Lansing, 2000, 19-29.

[25] TSAI W, GHOSHAL S. Social Capital and Value Creation: An Empirical Study of Intrafirm Networks [J]. Academy of Management Journal, 1998, 41(4):464-476.

[26] NIDUMOLU S R. The Effect of Coordination and Uncertainty on Software Project Performance, Residual Performance Risks as an Intervening Variable [J]. Information Systems Research, 1995, 6(3):191-219.

[27] WANG E T G, CHEN H H G, Jiang J J, et al. Interaction Quality Between Is Professionals and Users: Impacting Conflict and Project Performance [J]. Journal of

Information Science, 2005, 31(4):273-282.

[28] CHAUDHURI A, MORRIS B. Product-Class Effects on Brand Commitment and Brand Outcomes: The Role of Brand Trust and Brand Affect [J]. Brand Management, 2002, 10 (1):33-58.

[29] PAVLOU P A, GEFEN D. Building Effective On-Line Marketplaces with Institution-Based Trust [J]. Information Systems Research, 2004, 15(1):37-59.

[30] MOTOWIDLO S J, SCOTTER J R. Evidence That Task Performance Should Be Distinguished from Contextual Performance [J]. Journal of Applied Psychology, 1994, 79: 475-480.

[31] TSUI A, PEARCE J, PORTER L. Alternative Approaches to the Employee-Organization Relationship: Does Investment in Employees Pay Off? [J]. Academy of Management Journal, 1997, (40):1089-1121.

[32] JANSSEN O, NICO W, VAN Y. Employees' Goal Orientations, the Quality of Leader-Member Exchange and the Outcomes of Job Performance and Job Satisfaction [J]. Academy of Management journal, 2004, 47(3):368-384.

[33] Teigland R, Wasko M M. Knowledge Transfer In Mncs: Examining How Intrinsic Motivations and Knowledge Sourcing Impact Individual Centrality and Performance [J]. Journal of International Management, 2009, 15:15-31.

高管团队横向集权、团队认同与决策效果的关系研究

古家军　胡伟平

(浙江工商大学工商管理学院,浙江杭州 310018)

摘　要:随着信息技术的不断革新和组织环境复杂动态性的不断加强,高管团队对组织问题进行决策是降低环境复杂性、模糊性及缓解企业决策压力的有效途径。然而传统的纵向组织结构权力配置方式已经无法适应现在团队的工作模式,决策权的分配已经由过去的纵向分权转变为横向权力的配置,高管团队内部决策权的横向配置更有利于保证企业决策的有效性。本文引入高管团队横向集权和团队认同的概念,构建横向集权、团队认同和团队决策效果的关系模型,通过实证分析得出以下结论:(1)高管团队横向集权对(高层管理团队)团队认同、决策速度和决策效果存在显著的消极影响;(2)高管团队认同对决策效果的提升具有积极影响;(3)高管团队认同在决策权横向配置对决策效果的影响路径中存在中介作用。

关键词:高管团队决策权　横向集权　团队认同　决策效果

一、引言

当前组织结构扁平化普遍成为企业转型的首要任务,团队工作模式成为应对竞争环境快速变化的解救方法。团队决策的优势在于能够扩展经验、专业知识和信息资源的获取渠道以优化决策,从而制订比个人判断更为高效科学的决策方案。优秀的组织战略适应能力和变革创新能力取决于高管团队成员的协作和创新能力,取决于团队所有智慧、知识、专长在恰当时间、地点的艺术性配置和实时融合。高管团队权力结构决定TMT(高层管理团队)互动方式,有效的权力配置模式不仅能够提高团队工作的效率,还有助于提升团队战略决策的速度和效果。然而,传统的纵向组织权力配置方式已经无法适应当前的团队工作模式,当今组织已经由过去的纵向分权转变为横向的权力配置,高管团队内部决策权的横向配置更有利于

保证企业决策的有效性。虽然国外学者对组织层面的决策权横向配置概念早已提及,但是对于决策权如何在高管团队水平层面进行设置,以及横向权力分配对团队行为过程和团队决策效果的影响研究并不丰富,国内相关研究尤其匮乏。

因此,本研究以高管团队决策权的横向分配为研究出发点,结合中国人文背景,从行为心理角度探讨横向集权对高管团队决策制定过程和决策效果的影响。研究有利于拓宽团队权力横向配置的理论研究和团队认同研究的应用范围,有助于提升中国企业高管团队的构建能力,帮助本土企业完善高管团队激励措施,提高团队决策水平。

二、理论背景和研究假设

(一)高管团队决策权横向配置

与决策权的纵向分配不同,决策权的横向结构表现为决策权在各个单元或者部门间的分布,即决策权在与产权所有者距离相同的同一层级个体或组织单元之间的分配[1]。Volberda 把横向分权描述为任务小组的工作自治程度。Arrunada[2]和陈建安分别提出与决策权横向配置相关的主要问题是专业化。从决策的角度看,高管团队是由若干个来自拥有不同范围决策权的各职能单元的负责人组成,因此高管团队内部决策权的横向分配可视为决策权在单元间的集聚程度。

1.决策权横向分配的影响因素

信息资源。单海燕[3]指出,决策权的分配与信息获取能力有关,决策权与知识分布相匹配可以提高企业的效率。在权力的争夺和分配中,资源和信息同样发挥着重要作用,信息、专业知识和社会资本等资源是专业化的基础,因此横向权力象征着拥有资源的重要程度和获取能力(唐勇军,2007)。权力的横向分配与部门附加值有重要关系,部门附加值越大,在团队决策过程中的决策能力和权威性也越大,横向分权也越明显。

决策类型。Connor[4]提出,决策权的分配与决策事项内容有关,决策权的横向分配涉及专业化问题。在企业的发展过程中,依据重要程度和性质的不同,经营决策可以被划分为战略决策和业务决策。陈建安对业务分权和顾客响应速度之间的关系进行了实证分析,结果表明,横向业务分权对顾客响应速度不仅有正效应,也存在负效应,这取决于横向整合的强弱和决策权的类型。决策权的横向分配与决策类型是一个动态匹配过程。万迪昉等人在探讨决策权的不同配置对组织成员间影响力差异性大小的研究中发现,不同集权度的组织成员分类间行为模式差异大小不同,集权度高的分类将比集权度低的分类差异性小,且成员行为模式演进速度更快。

决策权的横向配置还与决策的成本有关。横向权力分布平均,团队内部合作成本较低,容易提高团队成员的积极性,但容易耗时耗力;横向权力太集中虽然能够提高合作效率,但是会损害其他部门的积极性。Hitoshi Mitsuhashi & Henrich R. Greve[5]研究了横向和纵向权力配置结构与动态企业战略的关系,横向稳定并集中的各部门权力配置使各部门形成稳定的联盟,但是横向结构容易产生惰性以维持目前的战略。因此高层管理团队决策权的横向配置既是一种有效的竞争机制,也是一种破坏效率的机制,其权力分布阈值是我们应该关注的重点(王永东,2011)。

2. TMT 横向集权与决策效果的关系假设

高管团队决策行为的四个关键要素:信息共享、联合决策、有效沟通、权力分散对决策效果均有正面影响[6]。但是,TMT 理论忽视了高层管理团队内部层级关系造成的等级差异,高层管理团队中成员背景差异、信息的不对称都有可能成为影响高层管理团队进行有效决策的因素。

Wally 研究发现,认知能力、直觉、风险感知和集权化等因素是影响决策速度的组织因素,组织集权与正式化对战略决策速度存在正相关关系。Aoki 指出,集权更有利于资源在组织内部的合理分配,当遇到重大决策时,分权由于信息收集渠道不顺畅,会推迟决策速度。Janice & Trice 发现,集权抑制创新的实施,分权能够促进创新活动,即创新与集权存在负相关关系。Wooldridge & Floyd 指出,战略决策的分权对于中层管理者具有激励作用,这种形式的分权可以提高决策的质量,从而提高组织的财务绩效和投资回报率。孙立秀[7]认为,高管团队在一定程度上的集权有利于决策效率的提高,在应对突发事件时有更强的应变能力和反应速度,使企业在竞争中更好地生存发展下去,从而有利于整个公司运行效率的提高和长足发展。在 CEO 和一般的高管成员之间的适度分权,是对其他高管的尊重和自我实现需求的满足,有利于激发他们的动力,实现企业内部的知识共享,提高公司决策的及时性和有效性。

宋云从公司治理的角度研究发现决策权力的分配会影响决策的质量。Kim 通过研究跨国公司子公司高层管理者的公平感知对战略决策结果的影响,提出高层管理者程序公平性感知与战略决策的态度和行为正相关。白云涛等人[8]按照群体对过程和结果的满意度、结果的一致性及决策时间等方面考察高层管理团队决策质量的思路,从决策评价、决策抱怨、决策后悔等方面测量了创业团队的决策质量,实证结果表明,知识权威和复合权威的团队能够明显提高高层决策的质量,引导组织得到满意、认可的决策方案,同时,权威采取的决策程序对于结果的一致性存在一定的影响。基于以上分析,本文提出如下假设:

H1a:TMT 横向集权与决策效果呈显著负相关。

H1b：TMT 横向集权与决策速度呈显著正相关。

(二)团队认同

团队作为组织的一种特殊形式，其空间的紧密性和互动的频繁性使团队文化特征、社会属性、工作分配、人际关系等因素更能够直接对成员的感知和行为产生影响，因此，团队认同对于团队成员态度和行为更有预见性。Mael[9]将团队认同(team identify)界定为团队成员个体对拥有的团队身份的认可和接受程度。基于自我归类理论和 Ashforth 的观点，国内学者汤超颖等人提出团队认同是成员因团队身份产生的团队归属感。本文采用任荣[10]的观点，将团队认同界定为：以团队成员的身份进行自我定义，将团队的目标、利益、规范视为自己的特征，并有归属于该团队的强烈情感的一种认同感。

1. TMT 决策权配置与团队认同的关系假设

在团队工作中，成员需要花费大量的时间和精力来与团队内的其他成员进行沟通、互动和合作，共同的团队背景和共享的工作经历能够有效提升成员对团队身份一致性感知，形成团队认同(Riketta 和 Van Dick，2005；O'Leary 和 Mortensen，2010；Zhang 等，2013)。因此团队认同的关键在于对团队身份一致性的感知，根据最优差异化理论，员工更有可能将其所拥有的团队身份作为构建认同的基础要素[11]。决策权的分布结构决定了员工在组织中的身份和地位，权力距离作为个体认知和价值观感知的重要因素，对团队成员的心理和行为等影响作用有一定的研究基础。

Simons & Peterson[12]发现，团队之间的沟通频率能增强高管团队成员之间的相互信任，高管团队内部分权可以有效地提高团队成员的身份感知和归属感，促进 TMT 成员之间的情感联络，有利于 TMT 成员之间建立良好的信任和认同(郭然等，2013)。缪小明、戴顶[13]的研究表明，集权程度越高，成员对团队的承诺越低，高管团队的适度分权有利于团队工作效率和决策效率的提高，更能够发挥团队成员的积极性和创造性。Akerlof 提出，组织成员对组织的认同与否决定了个体对组织期望行为的感知，个体间在互惠、公平等方面的不同态度会使个体在面对其他个体相同的行为结果时做出不同的反应。蒲勇健、赵国强[14]从个体的行为动机入手，揭示了授权决策的内在机制以及授权对于高管团队努力水平的激励作用。基于以上分析，本文提出如下假设：

H2：TMT 横向集权与团队认同水平负相关。

2. 团队认同与决策有效性的关系假设

团队认同的结果变量研究表明，团队认同对公民行为、工作绩效、工作满意度、团队评价、心理参与等有显著的预测作用。社会认同理论指出，当团队成员认同自己所属团队时,其他成员会变得更值得信任和依赖(Hewstone等,2002)。这种由身份认同带来的内群体偏好会使得团队成员更倾向于团队互动和沟通,团队认同的这种内在动机属性(Liao等,2012)对于特殊性的学习和知识分享具有激励作用,这是其他团队因素(心理安全、团队信任等)不能替代的。宝贡敏、徐碧祥也指出,组织认同会通过对个体的认知和情感的影响来进一步影响个体的行为,从而导致组织绩效的极大改善。

群体动机理论的激励视角认为,随着团队认同水平的不断提高,团队目标会被团队成员内化为个人的追求目标,团队成败也会和成员个人的荣辱紧密联系在一起(Lee,Farh & Chen,2011)。团队认同尤其是集体层次的团队认同可以有效地激励团队成员为了团队目标的实现(而不是个人目标的达成)而互相合作,进而影响团队过程及产出。Cremer等实证研究为这一观点提供了支持:当个体对群体产生身份认同后,这种身份认同会使得个体倾向于认为群体目标和个体目标是高度一致的[15]。此时,团队利益和个人利益便不再有区别,团队认同将激励团队成员持续地努力工作,以高度的"主人翁"态度参与团队的合作和目标的达成(Worchel等,1998;Van Knippenberg,2000)。Glynn等(2010)也发现,高水平的团队认同能够激励团队成员付出努力去实现团队目标,甚至承担由此而产生的风险或代价。因此,本文提出以下相关假设:

H3:TMT团队认同与决策效果正相关。

3. 团队认同的中介效应假设

高管团队权力结构是团队成员关系结构形成的重要基础,权力分配和权力差异影响并制约着成员个体特征在团队中的发挥,深层次地影响着团队成员的行为表现和行为结果。团队认同理论指出,当个体的身份感知、目标承诺与团队同一性时,会对团队产生认同,进而表现出对团队有益的积极行为。Desivilya等人[16]和王朋研究发现,团队认同能够促进团队内部的冲突整合,进而影响团队创新绩效。Gerben等检验了个人信息差异与团队认同和组织公民行为(OCB)两者之间的关系,结果表明,团队认同在差异类型与OCB之间起到了部分中介作用甚至完全中介作用。Carmeli等人在一项关于研发团队的研究中指出,团队认同在感知团队外部威望和团队协作行为之间起到中介作用。洪克森在研究新生代员工价值观、组织认同和绩效产出关系中发现,组织认同在新生代员工工作价值观对员工绩效产出中起中介作用。王朋团也指出,团队认同对团队创新绩效具有显著正向预测作用,团队认同在团队创新氛围与团队创新绩效之间起中介作用。因此本文引入团队认同作为中介变量,探讨团队认同在决策权横向集权对决策效果影响中的中介作用,并提出以下假设:

H4:TMT团队认同在横向集权和决策效果之间起中介作用。

综上，本文基于因素—过程—结果的研究路径，构建了高管团队决策权横向集权、团队认同及决策效果的关系研究模型。

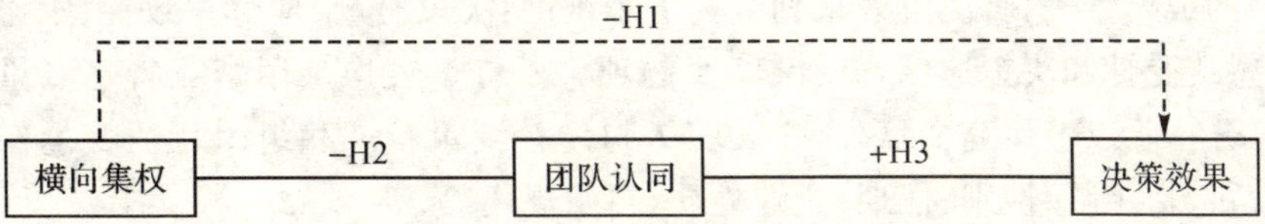

图 1　研究模型

三、研究设计

(一)研究数据的收集

研究通过地方商会和高校 MBA 学员等多方的支持，选取了 93 家企业的高管团队作为调查对象。调查问卷通过实地调研、问卷邮寄和网络等方式进行发放和收集。问卷发放 93 家企业，共计 411 份问卷。实际回收 72 家企业，共计 306 份问卷。剔除不足半数成员的团队问卷和信息缺失造成的无效问卷，最终收集有效问卷为 227 份，有效团队问卷 65 家，问卷回收有效率为 74%。

表 1　样本特征统计表格

特征		样本数	比例(%)	特征		样本数	比例(%)
性别	男	169	74.4	企业性质	国有企业	9	13.8
	女	58	25.6		民营企业	48	73.8
学历	大专及以下	60	26.4		外资企业	5	7.7
	本科	114	50.2		合资企业	3	4.6
	研究生	53	23.3	发展阶段	初创期	9	13.8
任期	1 年以下	46	20.3		成长期	30	46.2
	1—3 年	87	38.3		成熟期	24	36.9
	3 年以上	94	41.4		转型期	2	3.1

(二)变量的测量

横向集权的测量参考和采用 Richardson et al.(2002)、陈建安(2007)的量表，设立 7 个具体决策事项来测量 TMT 内部成员的横向分权程度，题项包含：提高新投资资金；确定部门的经营预算；市场开发和产品(服务)定价；高级人员的聘用、解雇与奖惩；部门结构的调整；薪酬福利政策的制定；突发事件的处理。团队认同的测量工具来源于 Van Dick(2004)和郭静静(2007)的组织认同量表,根据研究情境做了适当的调整。决策效果的测量量表采用 Amson(1996)和 Wally & Baum(1994)的成熟量表,将决策效果划分为五个维度:决策质量、理解一致性、承诺一致性、情感接受性和决策速度,共计22个题项。所有量表均采用李克特5点量表法进行打分。除以上研究变量外,本文将人口统计变量特征和组织特征变量作为控制变量,包括年龄、性别、任期、企业性质、组织规模等。

(三)变量的信度和效度

研究利用SPSS统计分析软件对各个变量进行了内部一致性系数的信度检验,同时采用验证性因子分析对各变量的效度进行了验证,以保证问卷的可靠性。结果表明,各变量的验证性因子分析指标均符合基本要求,所有量表的 Alpha 系数均大于0.7,具有较好的适用性。

表2 各变量的验证性因子分析结果与内部一致性系数

	χ^2/df	*GFI*	*CFI*	*RMSEA*	*TLI*	α系数
横向集权	2.403	0.958	0.967	0.079	0.950	0.862
团队认同	1.973	0.922	0.945	0.066	0.929	0.880
决策效果	1.805	0.934	0.935	0.060	0.921	0.916
决策速度	0.115	0.999	1.000	0.000	1.000	0.829

四、实证分析

(一)相关性分析

相关分析是研究两个变量之间的关联程度,描述变量间的关系状况,相关系数则反映了变量之间的相关程度和相关方向。下面将采用 Pearson 相关系数分析法来研究横向集权、决策参与、团队认同三个维度和决策效果之间的相关程度,具体分析结果见表3。

表3 各研究变量之间相关性分析结果

	均值	标准差	1	2	3
横向集权	3.4394	0.85922			
团队认同	3.5012	0.57013	−0.381**		
决策效果	3.5648	0.49535	−0.331**	0.610**	
决策速度	3.4731	0.65779	−0.261**	0.444**	0.746**

**. 在0.01水平(双侧)上显著相关。

结果表明，横向集权与团队认同、决策效果及决策速度在 0.01 水平上均存在显著的负相关关系；团队认同与决策效果、决策速度在 0.01 水平上均存在显著的正相关关系。

(二)假设检验

为了进一步研究团队决策横向集权、决策参与与团队认同和决策效果之间的关系，并验证团队认同在高管团队横向集权对决策效果的影响中所发挥的中介作用，本文将采用 SPSS19.0 运用多元回归分析方法对假设模型进行检验，以进一步检验变量间的关系并验证理论假设的正确性。

表 4　回归分析结果

变量	团队认同		决策效果		决策速度	
	M11	M12	M21	M22	M31	M32
性别	−0.055	−0.029	−0.071	−0.048	−0.104	−0.088
学历	0.102	0.093	0.021	0.013	0.026	0.021
任期	−0.019	−0.037	0.021	0.006	0.055	0.044
企业性质	−0.027	−0.081	0.018	−0.028	0.115	0.080
发展阶段	0.105	0.131*	0.079	0.101	0.082	0.099
横向集权		−0.392***		−0.334***		−0.248***
$\triangle R^2$	0.023	0.150***	0.012	0.109***	0.037	0.060***
F 值	1.044	7.681***	0.543	5.050***	1.690	3.919**

注：*** 在 0.001 水平(双侧)上显著相关。

表 5　中介分析结果

变量	决策效果		决策效果		
	M11	M12	M21	M22	M23
性别	−0.071	−0.037	−0.071	−0.048	−0.032
学历	0.021	−0.041	0.021	0.013	−0.039
任期	0.021	0.033	0.021	0.006	0.027
企业性质	0.018	0.035	0.018	−0.028	0.018
发展阶段	0.079	0.015	0.079	0.101	0.027
团队认同		0.611***			0.568***

续 表

变量	决策效果		决策效果		
横向集权				−0.334***	−0.111
$\triangle R^2$	0.012	0.365***	0.012	0.109***	0.266***
F值	0.543	22.214***	0.543	5.050***	19.795***

注：*** 在0.001水平(双侧)上显著相关。

首先检验自变量对因变量的作用，表4回归分析结果可见，高管团队横向集权与决策效果显著负相关($\beta=-0.334$, $p<0.001$)，横向集权与决策速度显著负相关($\beta=-0.248$, $p<0.001$)，即H1a成立，H1b不成立；其次检验自变量与中介变量的影响，横向集权与团队认同显著负相关($\beta=-0.392$, $p<0.001$)，H2成立；再次表5可见中介变量对因变量的影响，团队认同与决策效果显著正相关($\beta=0.611$, $p<0.001$)，H3被支持。

根据Baron & Kenny(1986)提出的中介效应检验步骤，最后使中介变量(团队认同)进入回归方程，检验自变量和中介变量对因变量的共同作用，表5中介分析结果可见，加入中介变量团队认同之后，团队认同与决策效果显著正相关($\beta=0.568$, $p<0.001$)，但是横向集权与决策效果的影响效应不再显著($\beta=-0.111$, $p>0.05$)，表明其在横向集权和决策效果之间起着完全中介作用，H4被验证。

五、结果讨论

研究结果表明，高管团队决策权配置中横向集权对决策效果存在显著的负向影响，这与Wooldridge & Floyd (1990) 等人的研究结果保持一致。战略决策的分权可以提高决策的质量，从而提高组织的财务绩效和投资回报率。Kim提出高层管理者程序公平性感知与战略决策的态度和行为正相关，具体而言，集权会导致成员间不公平感的产生，这种不公平感会降低成员对决策结果的认同和承诺，甚至出现抵制或破坏行为，进而降低决策结果的有效性。单海燕(2007)指出，决策权的分配与知识分布有关，决策权分配与知识分布相匹配可以提高企业的效率。团队决策过程是一个群体互动过程，横向分权意味着更高的成员互动和信息互动频率，高管团队内部成员的信息共享、联合决策、有效沟通、权力分散有助于提高决策过程的完整性及决策结果的科学性和接受性。

H1b不成立，即团队内部横向集权与决策速度负相关，这一结论与以往的研究结果存在不同之处，不过Gu & Xie[17]研究认为，在高管团队内部这个小范围的近乎平级结构的组织内，高管团队行为整合中的信息交换、合作行为、联合决策过程可以缩短决策所需信息的收集和分析时间，进而提高决策制定的速度。王行思

(2014)在高管团队行为整合和决策速度的实证研究中也进一步指出TMT成员间信息交换的质量和数量,信息共享的程度对决策速度的影响更为显著,即与纵向的集权和分权不同,团队内部的横向分权和决策参与有助于加速团队内部同一层级之间的信息传递和讨论。以上研究结论侧面证实了本研究假设关系的合理性。

决策权的分布结构决定了成员在组织中的身份和地位以及对拥有身份的感知,成员间权力距离的差异和权力作用范围是团队身份一致性认知和价值观感知的重要基础,对团队成员的心理和行为等有重要的影响。"一言堂"的团队权力配置机制容易破坏个体与组织的联系纽带,忽略成员的身份需求和依附需求。在团队工作中,成员花费大量的时间和精力来与团队内的其他成员进行沟通、互动和合作。横向分权保证了专业化分工,TMT成员可以在自己的领域内独立决策,这种工作中的互动、合作和自主决策有利于提高成员的参与感和主人翁意识,提升成员对团队身份一致性感知,从而产生更多的有利动机和积极行为。

高管团队决策是一个复杂的连续过程,不仅涉及决策权力分配机制的合理与否,还关系到团队决策过程中成员的互动行为和投入比重。具体而言,高管团队权力结构作为团队成员关系结构的形成基础,权力大小和权力类型差异直接决定和影响了成员对其身份和归属感的认知水平,团队身份一致性认知和团队归属感这些心理因素是成员对团队认同和行为付出的决定要素,团队认同水平的高低通过团队行为整合中的信息交流、合作行为和联合决策等行为作用于决策的制定过程和执行过程,并对决策的有效性产生影响。简单而言,即团队内部权力的横向配置制约着成员个体特征在团队中的施展,深层次地影响着团队成员的行为表现和行为结果。

六、管理启示与总结

随着组织环境的复杂动态性不断加强,组织结构扁平化成为企业转型的变革重点,组织越来越倾向于把复杂的决策任务交给团队而非单独的个人。团队决策的优势在于能够扩展经验、专业知识和信息资源的获取渠道以优化决策,从而制订比个人决定更为优质的决策方案。本研究结果对社会实践具有如下管理启示:

(1)业务自治是团队绩效的决定性影响因素。在企业团队权力结构设置的实践中,应按照高管团队决策事项类型将决策权力进行细分,根据决策类型的差异区分适合集权的决策事项和应当分权的业务决策,保证业务负责人在自治范围内拥有主导决策权。针对需要集权的决策事项鼓励更多的成员参与决策,为决策的制定展开充分的信息交流和讨论,在服从集权决策的基础上保证决策质量。

(2)无论是在工作当中还是在生活当中,企业应该为高管内部提供更多的交流机会和互动机会,通过关系网络的建立提高成员的团队认同水平。对于高管团队组建初期,在人员选用时,可以更多地关注个体价值观和目标追求与团队特征的匹配程度,筛选具有良好团队认同基础的人选作为高管团队的成员。此外,需要关注团队内部的"小圈子"文化,避免因个体消极情绪引起的"以点带面"的团队隔离情况出现。

(3)通过权力分配机制的完善和团队活动的组织及企业文化的培训,培养和提高成员的团队认同水平,促使个体自发产生自主行为,提升企业绩效。这些非物质激励措施可以为组织带来低成本可持续的激励效力,因此这应当成为企业管理实践中着重关注和完善的重要内容。

本研究因为研究条件和研究水平等主客观原因的限制,在研究过程当中仍然存在着一些不足之处,有待在后续的研究中得到规避和完善。首先,样本数据的有限性及随机性导致样本分布仍然存在一定的局限,因此数据分析结果可能影响到在其他地域、其他行业和其他规模企业的适用性。未来研究应尽量考虑到样本总量和样本分布的差异,保证研究结论的完整性和适用性。其次,样本数据的主观影响,本研究采用的测量对象很难以客观指标来测量,只能沿用主观评价指标来代替研究,主观评价必然会增加测量误差。今后的研究中如果能够加入一些客观指标,或许能够提高变量间关系的科学性和准确性。最后,研究主要分析权力分配对个体团队认同感的建立这一心理过程的影响,以及两者对团队行为结果的跨层次作用,没有采用团队层面的数据进行分析,对团队层面的跨层次作用分析可能存在适用性问题,在后续的研究中有待完善和提高。

参考文献

[1] 陈建安,胡蓓. 决策权配置的界定与测量[J]. 外国经济与管理, 2007, 29(2):2-9.

[2] ARRUÑADA B. Business Economics:A Contractual Approach [M]. New York:Cambridge University Press, 2003, 346.

[3] 单海燕,王文平. 基于知识与决策权匹配的组织最优决策权分配[J]. 东南大学学报(自然科学版), 2007, 37(6):1117-1121.

[4] CONNOR P E. Decision-Making Participation Patterns:The Role of Organizational Context [J]. Academy of Management Journal, 1992, 35(1):218-31.

[5] MITSUHASHI H, GREVE H R. Powerful and Free:Intraorganizational Power and the Dynamics of Corporate Strategy [J]. Strategic Organization, 2004, 2(2):107-132.

[6] 姚振华,孙海法. 高管团队组成特征、沟通频率与组织绩效的关系[J]. 软科学, 2011, 25(6):64-68.

[7] 孙立秀,陈进. 高层管理团队权力配置研究[J]. 科技进步与对策, 2010, 27(15):115-118.

[8] 白云涛,郭菊娥,席酉民,等. 权威类型、决策程序对高层管理团队决策结果影响的实验研

究[J]. 管理工程学报，2008，22(4):72-78.

[9] MAEL F, ASHFORTH B E. Alumni and Their Alma Mater: A Partial Test of the Reformulated Model of Organizational Identification [J]. Journal of Organizational Behavior, 1992, 13(2):103-123.

[10] 任荣. 组织认同、团队认同对合作研发绩效的影响——概念模型及相关假说[J]. 经济管理，2011，(12):84-92.

[11] DICK R V, WAGNER U, STELLMACHER J. To Be (Long) Or Not To Be (Long): Social Identification in Organizational Contexts [J]. Genet Soc Gen Psychol Monogr, 2005, 131(3):189-218.

[12] SIMONS T L, RS P. Task Conflict and Relationship Conflict in Top Management Teams: The Pivotal Role of Intragroup Trust [J]. J Appl Psychol, 2000, 85(1):102-111.

[13] 缪小明，戴顶. 高管团队权力分配的前因及其对企业绩效影响路径研究[J]. 软科学，2008，22(6):139-144.

[14] 蒲勇健，赵国强. 内在动机与授权决策[J]. 管理工程学报，2005，19(1):108-114.

[15] CREMER D, WUBBEN M J J, BREBELS L. When Unfair Treatment Leads to Anger: The Effects of Other People's Emotions and Ambiguous Unfair Procedures [J]. Journal of Applied Social Psychology, 2008, 38(10):2518-2549.

[16] DESIVILYA H S, SOMECH A, LIDGOSTER H. Innovation and Conflict Management in Work Teams: The Effects of Team Identification and Task and Relationship Conflict [J]. Negotiation & Conflict Management Research, 2010, 3(1):28-48.

[17] GU J, XIE F. Research on the Top Management Team Behavioral Integration, Strategic Decision Speed and Firm Performance towards Time - Based Competition [C]// 2009 International Conference on Information Management, Innovation Management and Industrial Engineering IEEE Computer Society, 2009:67-70.

营销篇 YING XIAO PIAN

顾客网络口碑对消费者购买意愿的影响因素研究

顾春梅　许淑君

（浙江工商大学工商管理学院，浙江杭州 310018）

摘　要：随着互联网的发展，越来越多的消费者在做出购买决策之前都会事先在网上浏览相关的品牌、产品或服务信息。本文在系统回顾网络口碑、顾客购买意愿等相关文献的基础上，通过发放网络调查问卷的形式，利用 SPSS20.0 对实验数据进行分析，研究了在口碑信息类型、结构、长度等的调节作用下，消费者—网站关系、传播者专业性、接收者专业性对消费者购买意愿的影响。结果表明，除了传播者专业性的影响效果不显著，其他变量的影响效果均显著。研究结论深化了网络口碑对消费者购买意愿影响的研究。

关键词：网络口碑　消费者—网站关系　传播者专业性　接收者专业性　消费者购买意愿

一、引言

Katona & Mueller(1955)在研究中发现，对于购买日常用品的消费者来说，口碑是对其影响最大的一个因素。如今，互联网已经成为人们之间沟通的重要工具。据 2015 年 7 月 23 日中国互联网络信息中心(CNNIC)在京发布的第 36 次《中国互联网络发展状况统计报告》显示，截至 2015 年 6 月，我国网民规模达 6.68 亿，互联网普及率为 48.8%。半年共计新增网民 1894 万人。其中手机网民规模达 5.94 亿。由于移动端即时、便捷的特性更好地契合了网民的商务类消费需求，伴随着手机网民的快速增长，移动商务类应用成为拉动网络经济增长的新引擎。

互联网的兴起与快速发展打破了时空的限制，同时，过去口口相传的传播方式也因为网络的存在而发生了重大改变，社交媒体的出现让网民可以用文字、图片、视频等更加形象化、具体化的方式传播信息。网络口碑已经成为消费者获取产品和服务信息的一种有效途径。国外学者 Geth,Johnson(1995)首次提出了网络口碑的定义,他们认为,网络口碑是消费者借助网络发表有关产品、服务、品牌的评价和讨论,这些评论通过文字、图片、音频、视频等各种多媒体的形式表现出来。Sun等(2006)对网络口碑做了至今为止最为完整的界定,他指出,网络口碑包括两个方面,一方面消费者通过网络查阅其他消费者发布的关于产品的信息,另一方面是消费者通过互联网对消费过程体验、意见与相关知识的分享。

互联网对消费者购买决策的影响不断加强。对于商家而言,网络口碑营销可以说是一种成本低廉且对消费者行为影响深远的营销手段。很多企业也已经意识到这个商机,网络口碑营销的实践活动逐渐增多,如何利用有效的传播方式把产品和服务的信息准确地传递给消费者成为营销成败的关键点之一。本文在国内外关于口碑传播效果影响因素的相关研究基础上,通过实证研究的方法,探讨了在口碑信息类型、结构、长度等的调节作用下,消费者—网站关系、传播者专业性、接收者专业性对消费者购买意愿的影响,以期为网络口碑传播理论的丰富做出一定的贡献,也对企业管理网络口碑和开展口碑营销起到指导作用。

二、研究框架与假设

本文参考相关的研究模型,以消费者—网站关系、传播者专业性、接收者专业性为自变量,网络口碑信息长度、结构、类型为调节变量,在线口碑对消费者购买决策的影响为因变量,提出本文的研究模型,如图所示。

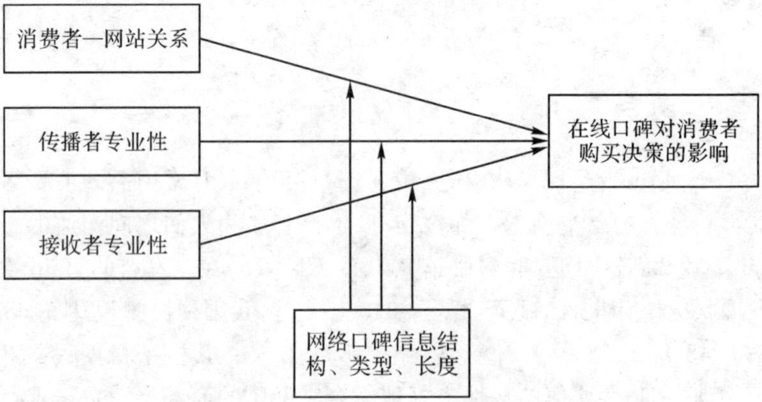

图1 本研究的理论模型

(一)消费者—网站关系对消费者购买决策的影响

Kim等(2004)的研究证明,消费者对网站越熟悉,则表明其与网站的关系越乐观,越倾向于对网站建立信任。郭小钗,陈蓓蕾[1]将"消费者—网站关系"纳入研究模型,并借鉴品牌关系理论,将"消费者—网站关系"定义为:消费者对于某网站的亲密感和熟悉程度。他们的研究结果表明,消费者一网站关系对口碑效应有显著的正向影响,这说明消费者感知网站亲密感、熟悉程度越高,对网站本身的可信度的认知就越高,则口碑对其购买决策的影响程度越高。因此,我们可以得到如下研究假设:

H1:消费者—网站关系和网络口碑对消费者购买决策的影响正相关,即消费者—网站关系越强,则网络口碑对消费者购买决策的影响越大。

(二)传播者专业性对消费者购买决策的影响

来源可信性(Source Credibility)理论认为,来源专家性和来源偏见是影响信息源信任的两个主要因素。Schindler & Bickart(2004)针对在线口碑传播的研究也指出信息是否被考虑有两个潜在的因素:一种是信息本身就有不可信赖性或存有偏见。有偏见的信息主要是因为信息提供者并非顾客,或者信息已被网站管理者过滤。所以一般在产品官网上出现的信息比较不被信任。另一种是信息本身缺乏依据或准确性,因此信息接收者不容易注意到。传统环境下的口碑研究一般认为,如果来源更具有专家性、更可信或有过去的经验,那么信息更具有说服力。Mitchell & Dacin(2004)认为,专业的人在产品选择的知识和知觉上比起非专业的人要高,并且可能提供额外的知识给新消费者,这有利于接收者的决策判断。王遵智以电子邮件为口碑传播渠道,通过对295名对象的调查,得出结论,传播者专业程度对口碑信息影响效果有显著影响[2]。郭小钗,陈蓓蕾也将传播者专业性(Expertise of Source)纳入研究模型进行分析,并得出传播者专业性对口碑效应有很显著的正向影响的结论[1]。因此,我们可以得出如下研究假设:

H2:传播者专业性和网络口碑对消费者购买决策的影响正相关,即传播者专业性越高,则网络口碑对消费者购买决策的影响越大。

(三)接收者专业性对消费者购买决策的影响

Bansal 和 Voyer(2000)认为,接收者专业性(Expertise of Seeker)是指针对某一商品领域,信息接收者对于该商品领域所拥有的知识、经验、技术等专业能力的自我主观认定。以往的研究基本都一致认为接收者专业程度对口碑效应有一定的影响,但关于两者之间的具体关系,不同的学者却又有不同的结论。部分学者如Punj & Staelin(1983)以及 Johnson & Russco(1984)就认为,既有的知识会鼓励接收者去搜寻口碑信息,因为他们能更快更容易去处理一些较专业的事物,即本身具备的知识能力使得他们对信息处理具有较高的分析能力与较低的认知成本。所以,接收者的专业程度与口碑信息影响力呈正向关系。国内学者郭小钗、陈蓓蕾的实证研究结果也表明,消费者的专业程度越高,则虚拟社区内的口碑对其影响程度越高[1]。这与王遵智以电子邮件为口碑传播渠道的研究结果一致,但与传统环境下大部分的口碑研究结论相反[2]。传统环境下大部分学者认为,信息接收者的专业程度与口碑信息影响力呈负向关系。事实上,我们一般会认为,信息接收者所具有的专业知识、能力、经验越高,口碑信息对其影响效果会越小,因为这时接收者会依自己的专业知识去评价分析口碑信息,且高专业程度的信息接收者可能会对专业程度相对较低的传播者的口碑信息内容产生怀疑。基于此,本文提出如下研究假设:

H3:接收者专业性和网络口碑对消费者购买决策的影响负相关,即接收者专业性越高,则网络口碑对消费者购买决策的影响越小。

(四)口碑信息长度对消费者购买决策的影响

网络口碑作为一种文本信息,其长度是可以被度量的。孙春华、刘业政认为,一般情况下,网络口碑长度越长,其所包含的信息就越详细,论据越充分,信息的质量越高[3]。因此本文将口碑信息长度作为网络口碑表达方式的维度之一,认为网络口碑信息长度是影响说服效果的一个因素。Cheung,Luo,Sia & Chen(2006)的研究指出,网络口碑质量对消费者信息的有用性和可信性感知十分重要。Chevalier & Mayzlin的研究显示,消费者除了关注网络评论的数量,同时还会关注网络评论信息的长度,而且在线评论的长度会影响产品的销量[4]。孙春华、刘业政通过实验方法验证得出结论:相比字数为20字左右的评论信息,字数为80字的评论信息对消费者有更好的说服效果[3]。基于以上研究,本文提出如下研究假设:

H4:口碑信息长度与说服效果正相关,即长口碑信息比短口碑信息有更好的说服效果,从而与消费者购买决策的影响正相关。

(五)口碑信息结构对消费者购买决策的影响

口碑信息结构是指口碑是单面信息(全部正面)还是双面信息(包含20%的负面信息)。在有关正面网络口碑传播的研究中,单面信息只传递产品的正面信息,而双面信息则同时包含正面和负面信息(Shahana,2008;Cheung,2009)。不同于传统口碑,消费者可以在同一时间、同一网站上同时看到不同来源的正面或者负面网络口碑信息,而正面和负面网络口碑信息以不同的方式组合会影响消费者的决策行为(Lee, Park, Han,2008)。Man Yee Cheung(2009)在研究中发现,双面信息可以提高消费者对口碑信息的感知信任度,而感知信任度又对消费者的品牌态度有正面影响。我们认为如果购物网站只提供正面的网络口碑信息,消费者可能会认为网站为了营销效果而删除了负面口碑。而当销售商网站既提供正面口碑信息又提供负面口碑信息时,消费者反而会减少其对网站的怀疑进而增加其对网站的信任度，从而增加其对口碑信息的接受度。因此，本文提出如下研究假设：

H5：相比单面口碑信息，双面口碑信息对消费者有更好的说服效果，从而与消费者购买决策的影响正相关。

（六）口碑信息类型对消费者购买决策的影响

关于口碑信息类型的划分，不同学者也给出了不同划分方式。Hobrook(1978)按照信息类型将口碑信息分为主观评价信息和客观事实信息。Duhan，Johnson，Wilcox，Harrell 将口碑信息类型分为情感型与工具型两种[5]。Do-Hyung Park，Jumin Lee(2008)在研究正面口碑的传播效应中，按照类型将网络口碑信息分为简单推荐型与属性价值型。金立印(2007)将口碑信息分为主观评价型和客观事实型两种。本文参考前人的研究，将网络口碑信息分为主观评价型和客观事实型。有关口碑信息类型对说服效果的影响作用已经得到证实。虽然金立印(2007)的研究表明主观评论型的口碑信息比客观事实型的信息更能影响到消费者的购买决策过程。但孙春华、刘业政(2009)和 Park ，Lee(2008)的研究却都证明客观事实型比主观评论型口碑对消费者更具有说服力。我们认为主观评价口碑主要来源于消费者的直接购买或使用经验，这些购买心得体验信息带有太多的主观色彩，会降低消费者的感知信任度，而不能降低其不确定性。消费者在购买决策过程中，需要更多的信息来增加其购买的安全感，而更多的客观事实型信息相比主观评论信息可以更好地满足这一点。因此，本文提出如下研究假设：

H6：相比主观评论型口碑，客观事实型的口碑对消费者有更好的说服效果，从而对消费者购买决策的影响正相关。

三、量表定义及前测

变量的测量一般要经历四个步骤：文献阅读—初步设计—小规模访谈—前测—大规模问卷调查。本研究在参考借鉴现有研究的量表基础上，结合本研究的实际情况，设计出了本文的实验问卷量表。

其中，口碑信息长度的测量参考了孙春华、刘业政[6]的测量量表。口碑信息结构的测量主要参考了金立印(2007)及 Park，Lee，Han[7]的测量量表。口碑信息类型的测量主要参考了 Park，Lee，Han，Park，Kim 的测量量表[7]。接收者专业性的测量主要参考 Brucks(1985)，Umesh & Stem(1993)，Park，Kim(2008)的测量量表。传播者专业性的测量主要参考 Netemeyer & Bearden(1992)及 Bansal 和 Voyer (2000)的测量量表。消费者—网站关系的测量参考 FollrTlier(1998)，Gefen(2000)和 Aggaal(2004)的测量量表。口碑信息说服效果的测量参考 Park，Lee，Han 和 Gershoff，Mukherjee，Mukhopadhyay 的测量量表[7]。

首先进行前测。对7个变量23个测量问项分成口碑信息长度、口碑信息结构、口碑信息类型、消费者一网站关系、传播者专业性、接收者专业性、口碑说服效果7个部分分别进行探索性因子分析,结果提取了6个主成分,但第七个因子的特征根为0.988,十分接近于1,所以设定提取7个因子。结果显示消费者—网站关系违反了区别效度,故剔除该项。口碑信息长度、结构、类型的量表也有待改善。调整后再做信度检验。在变量均具有良好的内部一致性后大规模发放问卷。

四、实证分析

(一)样本描述性统计

根据中国网站排名网,本研究调查包括旅游类、饮食类、汽车类、房产类、时尚美容类、医疗保健类等12大类,客体选择具有一定的典型性,保证了样本的代表性。本研究的调查对象是虚拟社区的成员和在校大学生,要求填答者有多次在互联网浏览并接收在线口碑信息的经历,采用在线调查为主,和传统纸质问卷相结合的方式,共回收问卷127份,有效问卷120份,问卷有效率为94%。其中男性所填问卷为63份,女性所填问卷为57份(见表1)。

表1 调查样本描述性统计分析结果

年龄(岁)	*N*	学历	*N*	网站类型	*N*
18—24	79	大专以下	4	专业评论网站	21
25—35	30	大专及本科	85	虚拟社区	10
36以上	11	硕士	31	其他	89

(二)数据分析与假设检验

首先,利用SPSS20.0对研究模型的7个变量分别进行探索性因子分析,结果表明,研究模型中的变量具有区分效度。接着对7个变量的信度分别进行测量,每个变量的*Cronbach*值均大于0.6,因此变量具有较好的内部一致性。

其次,采取多元回归的方法进行假设检验,对6个自变量以强制进入的方式,用SPSS20.0对因变量进行回归分析。结果整理如表二所示:

表2 自变量直接效应回归分析结果

	R^2	标准系数	*t.*	*Sig.*
接收者专业性	0.232	0.482	5.713	0.000
传播者专业性	0.004	0.060	0.630	0.530

续 表

	R^2	标准系数	*t.*	*Sig.*
消费者—网站关系	0.244	0.493	5.896	0.000

从表2中可以看出，消费者一网站关系非常显著地正向影响在线口碑效应（*Sig.*＝0.000＜0.01），因此，H1成立。传播者专业性对在线口碑效应没有显著的正向影响（*Sig.*＝0.530＞0.05），因此，H2不成立。接收者专业性对在线口碑效应有显著的正向影响（*Sig.*＝0.000＜0.05），因此，H3成立。

表3 口碑信息长度调节效应分析结果

模型	R	R^2	调整 R^2	标准估计的误差	更改统计量				
					R 方更改	F 更改	$df1$	$df2$	*Sig.* F 更改
1	0.482[a]	0.232	0.225	0.88037936	0.232	32.633	1	108	0.000
2	0.568[b]	0.323	0.310	0.83074291	0.090	14.291	1	107	0.000
3	0.691[c]	0.477	0.463	0.73300230	0.155	31.438	1	106	0.000

如表3，在模型中加入了乘积项后，变化显著：即乘积项对因变量Y的作用显著，因为乘积项为接收者专业性与口碑信息长度的乘积，说明口碑信息长度的调节效应显著。因此，H4成立。

表4 口碑信息结构调节效应分析结果

模型	R	R^2	调整 R^2	标准估计的误差	更改统计量				
					R 方更改	F 更改	$df1$	$df2$	*Sig.* F 更改
1	0.482[a]	0.232	0.225	0.88037936	0.232	32.633	1	108	0.000
2	0.482[b]	0.233	0.218	0.88408006	0.001	0.098	1	107	0.755
3	0.597[c]	0.357	0.339	0.81322638	0.124	20.457	1	106	0.000

如表4，在模型中加入了乘积项后，变化显著：即乘积项对因变量Y的作用显著，因为乘积项为接收者专业性与口碑信息结构的乘积，说明口碑信息结构的调节效应显著。因此，H5成立。

表5 口碑信息类型调节效应分析结果

模型	R	R^2	调整 R^2	标准估计的误差	更改统计量				
					R 方更改	F 更改	$df1$	$df2$	Sig. F 更改
1	0.482[a]	0.232	0.225	0.88037936	0.232	32.633	1	108	0.000
2	0.551[b]	0.303	0.290	0.84251925	0.071	10.924	1	107	0.001
3	0.641[c]	0.411	0.394	0.77851345	0.107	19.317	1	106	0.000

在模型中加入了乘积项后,变化显著:即乘积项对因变量Y的作用显著,因为乘积项为接收者专业性与口碑信息类型的乘积,说明口碑信息类型的调节效应显著。因此,H6成立。

五、结论

(一)结论与讨论

表6 假设验证汇总表

假设	假设内容	是否验证
H1	消费者—网站关系和网络口碑对消费者购买决策的影响正相关。	是
H2	传播者专业性和网络口碑对消费者购买决策的影响正相关。	否
H3	接收者专业性和网络口碑对消费者购买决策的影响负相关。	是
H4	口碑信息长度与消费者购买决策的影响正相关。	是
H5	双面口碑信息与消费者购买决策正相关。	是
H6	客观事实型的口碑与消费者购买决策的影响正相关。	是

本研究通过实证研究,结果如表6显示,影响在线口碑对购买决策作用效应的主要因素是消费者—网站关系、接收者专业性,而传播者专业性的影响并不显著。这与传统环境下大部分的口碑研究结论相反。结合实际情况分析,这可能是因为问卷回收中大多数受访者访问的都不是专业型网站,因此无法判断口碑传播者是否具有专业性,这在很大程度上影响了研究结果。在往后的研究中,应扩大研究对象,增加结果可靠性。

消费者在虚拟环境中的在线联结强度对口碑效应有显著的正向影响。这与以往传统环境下的口碑研究结论相同,也与以往针对虚拟环境的口碑实证结果相同。这说明消费者感知网站亲密感、熟悉程度越高,对网站本身的可信度的认知越高,则口碑对其购买决策的影响程度越高。

本研究的实证结果表明,消费者的专业程度越高,则虚拟社区内的口碑对其的影响程度越高。这与传统环境下大部分的口碑研究结论相反,而与王遵智以电子邮件为口碑传播渠道的研究结果一致。结合实际情况分析,一般地,在消费者虚拟社区这一环境中具有丰富知识的消费者比那些对某一产品不甚了解的新手更倾向于与其他成员交换信息和交流意见。因此,也更容易在信息层面受到影响,消费者在虚拟环境中接收口碑信息是一种主动的行为,在既有的信息内容下而对商品产生评价或决策上的转变,在面对这些信息时,一般人不容易从中理解信息内容,而只有具备较高的相关专业知识水平的人才能理解其内容产生共鸣。具有较高的专业性的口碑信息接收者对信息会有更多的认识,较深的思考和较强的辨识能力。

本研究的实证结果还表明,长口碑信息比短口碑信息有更好的说服效果,从而对消费者购买决策的影响正相关。相比单面口碑信息,双面口碑信息对消费者有更好的说服效果,从而对消费者购买决策的影响正相关。相比主观评论型口碑,客观事实型的口碑对消费者有更好的说服效果。结果都符合常识性的观点,也与以往的研究结果相吻合。

(二)营销启示

本文的研究结果可以为管理实践提供一定的启示。比如为了让消费者在大量的评论信息中能快速找到自己所需要的内容,网站应该提供一个信息排序或者筛选的工具,让消费者评论信息可以按照时间、长度、结构、类型或打分(评级)等方式排序或者显示。同时针对网站的用户,可以让其填写产品知识方面相关的信息,根据其产品知识水平来为其推荐最合适的口碑信息。此外,网站在管理消费者的评论信息时,也可以根据信息的长度、结构、类型等方面对其进行归类整理。并且根据口碑信息的长度、结构和类型来对其打分或者评级,原则上保证说服效果越好的口碑信息分数或评级越高。便于网站和消费者对信息的筛选和搜寻。此外,企业也可以在网上观察消费者的评论信息尤其是打分和评级比较高的信息,以此了解消费者对产品、服务或企业的看法,及时发现问题,并据此指导企业产品和服务的开发和改进,最终带来销量和利润的增长。

(三)本研究的局限性

本文的研究结果与已有的研究结论基本相符,且证明了口碑信息长短、结果、类型对于接收者专业性对购买意愿的影响的调节作用。本文的结论为中国文化背景下的虚拟社区中的口碑传播对消费者购买决策的影响提供了理论支持,以期对企业的营销和品牌管理有所裨益。但是由于研究时间的局限性,回收的数据不够全面,有些结论有待扩充研究数据后进一步考证。

参考文献

[1] 郭小钗，陈蓓蕾. 在线口碑效应的影响因素实证研究[J]. 北京理工大学学报，2009，11(2).

[2] 王遵智. 网络口碑中个人专业与关系强度对购买决策的影响——以电子邮件为例[D]. 台北:台湾科技大学，2004.

[3] 孙春华，刘业政. 网络口碑对消费者信息有用性感知的影响[J]. Journal of Intelligence 2009，28(10).

[4] CHEVALIER J A, MAYZLIN D. The Effect of Word of Mouth on Sales: Online Book Reviews [J]. Journal of Marketing Research, 2006, 43(3): 345-354.

[5] DUHAN D F, JOHNSON S D, WILCOX J B, et al. Influences on Consumer Use of Word [J]. Journal of the Academy of Marketing Science. 1997, 25(4): 283-295.

[6] PARK L. The Effect of On-Line Consumer Reviews on Consumer Purchasing Intention: The Moderating Role of Involvement [J]. International Journal of Electronic Commerce, 2007, 11(04).

网站特性对消费者信任的影响研究:产品类别的调节作用

吕筱萍　段乐平

(浙江工商大学工商管理学院,浙江杭州 310018)

摘　要:当前,信任已成为电子商务研究领域的重要议题。本文建立在网络购物信任的基础上,探究影响消费者信任问题的网站层面因素,同时引入产品类别作为调节变量来构建理论模型。研究结论表明:网站特性四个维度均对消费者信任存在显著的正向影响;产品类别在网站特性对消费者信任的影响中存在着部分调节效应。因此,企业可以通过更合理地加强网站建设使消费者信任得到显著的提高,同时针对不同类别的产品采取不同的营销策略来吸引更多的消费者。

关键词:网站特性　消费者信任　产品类别

一、引言

据 2015 年第 36 次《中国互联网络发展状况统计报告》得知,截至 2015 年 6 月,我国网民规模达 6.68 亿,较 2014 年底提升 0.9 个百分点。同时,我国网络购物用户规模达到 3.74 亿,较 2014 年底增加 1249 万人,半年度增长率为 3.5%。这些数据使人们不得不重视、关注网络营销这一新型的营销手段。报告显示,阻碍我国网络消费者进行网购的最主要因素是对在线消费缺乏信任感,消费者信任成为影响在线购物的重要因素。诚信在中国的传统文化体系中占据着重要的地位,所以在中国这种道德体系中企业想做好网络营销,诚信建设的重要性可想而知。在电子商务世界里,消费者没能力控制电子商务网站的安全,并且没办法对网站的行为进行干涉,因此消费者对商家产生的信任是促使消费者进行网购的最重要原因。

同时,消费者在网购平台购买不同类型的产品时,感知到的风险是不一样的,进而会影响到消费者对商家和产品的信任程度,最终会决定消费者的购买意向。所以本文拟从技术的角度来研究网站特性对消费者信任的影响,同时加入产品类别这一调节变量来进行探讨。研究可以给企业以参考,使企业知道应该重视网站建设的哪些方面,从而更合理地加强网站建设,使消费者信任得到显著提高。

二、文献回顾

(一)网站特性

Kirakowski 等人研究总结出一个好的网站必须具备五个条件,分别是具有吸引力、可操作性、有效率、有助益、可学习[1]。Huizingh 认为一个网站包括网站内容和网站设计两个主要部分。网站内容主要是一个网站所涵盖的各类包罗万象的信息和资源;网站设计是指一个网站为了更好地满足消费者的需求,为网站所做的各种各样的产品方案和使用方案[2]。钟小娜研究发现,网站特性与消费者认知密切相关,网站知识性、互动性与认知易用正相关;网站知识性、经济性、互动性、安全性和知名度与认知有用正相关,与各维度认知风险负相关[3]。以往的研究中学者关于网站特性的研究主要集中在网站的设计、气氛。研究发现这些好的设计,会使消费者感到心情愉快,并对消费者网络购物产生影响,如影响到消费者的满意度、二次购买产品的可能性等[4]。虽然关于网站特性的研究很多,但是网站特性的构成要素尚未统一,有学者将影响消费者网络购买的因素进行归纳,总结为技术、购买和产品三大因素。相应的技术因素又包含了可用性、私密性等方面,购买因素涵盖性价比、便利性等方面,产品因素包括产品价值和产品的外包装等产品本身特性方面的因素[5]。

(二)消费者信任

当前,信任已成为制约我国电子商务发展的瓶颈因素之一,电子商务信任问题日益得到学者们的重视。以往的研究主要是立足于使用互联网过程中遇到问题的供应商或者消费者的角度。这些问题归根到底是信任问题,如果信任的问题得到比较好的解决,那么,消费者的网络购物意愿便会更加强烈[6]。

近几年来,国外电子商务信任研究主要从三个方面展开:第一,与一些经典的理论(如技术采纳模型、客户忠诚理论等)结合起来;第二,寻找一些新的切入点,如推荐代理、公平、信任确保论据等,进行探索性研究;第三,将文化、性别等作为调节变量进行信任的相关差异分析,寻求新的发现。此外,基于时间维度和过程观点的电子商务信任的动态研究开始出现。而国内学者则更侧重于具体电子商务环境下对消费者信任的研究。电子商务中的信任研究主要涉及的是消费者对在线企业或网络商家的信任问题。其中,消费者信任会影响到消费者网络购买意愿。同时,影响消费者信任的因素也有很多,有学者将其归纳为四个方面因素:商家因素、消费者个人因素、网站因素和第三方因素[7]。故本文从技术的角度来探求网站特性和消费者信任的关系,同时加入产品类别这一调节变量,研究不同产品类别情况下网站特性和消费者信任的关系。

(三)产品类别

在总结、分析前人理论研究的基础上,结合在网络环境中销售的产品和服务的特性及其销售方法,本文仍按照在网络购物环境中应用最为广泛的分类方法,即按照产品的信息特征分类,将产品分为搜索型产品、体验型产品与信任型产品,并重新界定其概念范围[8]。搜索型产品是指产品或服务的主要特征信息在购买和使用前就能充分获得,顾客通过搜索产品信息就能确定产品的质量;或者此类产品的主要特征信息单一且较少变化,顾客结合自己在非网络环境下购买此类产品的经验就很容易准确地判断其价值。体验型产品是指产品或服务的主要特征信息不易把握,顾客仅仅凭借网上商家提供的产品展示、说明、演示等信息,在购买之前不能很好确认产品质量及判断其价值,产品的质量及价值判断只有在购买和使用后才能获得。信任型产品主要是指即使网络商家提供较为细致的产品或服务说明、展示、演示等,但是由于顾客缺乏专业的知识,或者由于该项产品或服务的价值判断很难有一个标准,使得顾客即便使用了一定时间以后也难以准确判断其质量或价值。

本文是基于网络购物背景下,研究网站特性对消费者信任的影响,以及产品类别在网站特性和消费者信任之间的调节作用,所以采用搜索型产品、体验型产品和信任型产品这一分类方法。但由于信任型产品的特殊性,其主要是针对无形的服务,且较难判断其质量,所以本文参照前人研究,选择搜索型产品和体验型产品作为实验对象。

三、假设提出与模型构建

本节就模型中网站特性、产品类别与消费者信任的结构关系,提出研究假设。

(一)网站特性与消费者信任的关系假设

目前网站特性的相关研究主要有网站的设计、气氛研究,研究发现这些会使消费者感到心情愉快,更进一步影响网购消费者对产品和服务的满意度、对网站的光顾次数及该网站的评价等级[4]。可见,网站特性不仅会导致消费者的购物意图,还会抓住消费者的购物心理而对消费行为产生一定的影响。

鲁耀斌等通过实证方法证明了消费者网上信任的建立过程同网下信任的建立过程的不同。其指出互联网的虚拟性使得用户不能体验真实商品,只能通过网站提供的产品说明和图片了解商品,进而影响到消费者信任的建立[9]。薛建儒在研究中指出,网站的视觉性可作为一种激励,能够给消费者某种环境导致心理认同的感受[10]。有关研究结果表明,我国网络购物消费者进行网购时最大疑虑还是想到此次购物会不会受到网络商家的欺骗，或者在购物的过程中个人信息会不会被盗用，其实这些归根结底还是对电子商务网站安全性的不放心，因此网站的安全性是消费者进行网购的最大障碍。有关研究分析了电子商务网站与消费者采取的互动形式和网站通过各种措施来吸引消费者眼球的能力。从结果看，电子商务网站不管采取什么样的方式来跟消费者进行互动，只要是这种互动多，相比互动少的网站，消费者主动对网站进行的口碑评价就会多，如果网站在产品后期服务方面有独特的互动方式，也会对互联网用户感知质量的提高有所帮助[11]。基于以往的文献研究，本文将网站特性划分为四个维度，即知识性、视觉性、安全性和互动性，并提出以下假设：

H1：网站特性(WC)对消费者信任(CT)有显著的影响。

H1a：网站知识性(ZS)对消费者信任(CT)有显著的正向影响。

H1b：网站视觉性(SJ)对消费者信任(CT)有显著的正向影响。

H1c：网站互动性(HD)对消费者信任(CT)有显著的正向影响。

H1d：网站安全性(AQ)对消费者信任(CT)有显著的正向影响。

(二)产品类别的调节效应假设

Assael研究表明，产品类别和恰当的营销方式之间存在明显的相关关系。如果在产品特性与营销方案之间建立恰当的相关关系，那么依据这些产品特性对所有产品进行类别划分，从而选择恰当的营销手段与之匹配，将有助于构建营销策略，从而简化企业管理层进行产品营销的抉择过程[12]。电子商务网站建设中亦是如此，针对不同的产品，网站建设的重点也不同。

倪娜的研究表明，在网络购物环境中应用最为广泛的分类方法是按照产品的信息特征分类，即将产品分为搜索型产品、体验型产品与信任型产品[13]。Mitra, Reiss & Capella曾对搜索型品、体验型品和信任型品进行研究，探讨消费者在购买不同类别的产品或服务时信息搜寻及行为意图之间的差异。他们发现，从搜索型产品到体验型产品，再到信任型产品的购买决策过程中，消费者的感知风险依次升高，信任程度依次降低，所进行的信息搜寻越来越多[14]。Bei等人的研究证明了同样的结论，他们发现购买体验型产品的消费者比购买搜索型产品的消费者更趋向于频繁地使用网络信息。同时，消费者在购买体验型产品时，从其他消费者及从中收集到的网络信息资源被感知更重要，并且被使用得更加频繁。与之相反，消费者在购买搜索型产品时，零售商及制造商的网页被感知更有用[15]。由于体验型产品的特殊性，消费者无法通过网络对产品的触觉、味觉等属性进行体验评价，只能选择相信该购物网站和买家，故对网站的安全性要求更高。由于信任型产品的特殊性，其主要是针对无形的服务，且较难判断其质量，所以本文参照前人研究,选择搜索型产品和体验型产品作为实验对象。

因此,根据以上学者的观点,本研究提出以下研究假设:

H2:产品类别(PC)在网站特性(WC)对消费者信任(CT)的影响中起到调节作用。

H2a:产品类别在知识性(ZS)对消费者信任(CT)的影响中起到调节作用。

H2b:产品类别在视觉性(SJ)对消费者信任(CT)的影响中起到调节作用。

H2c:产品类别在互动性(HD)对消费者信任(CT)的影响中起到调节作用。

H2d:产品类别在安全性(AQ)对消费者信任(CT)的影响中起到调节作用。

基于上述假设,本文将网站特性设定为知识性、视觉性、互动性、安全性四个维度,研究网站特性对消费者信任和消费者信任对购买意愿的影响,以产品类别作为网站特性和消费者信任的调节变量,理论模型如图 1 所示:

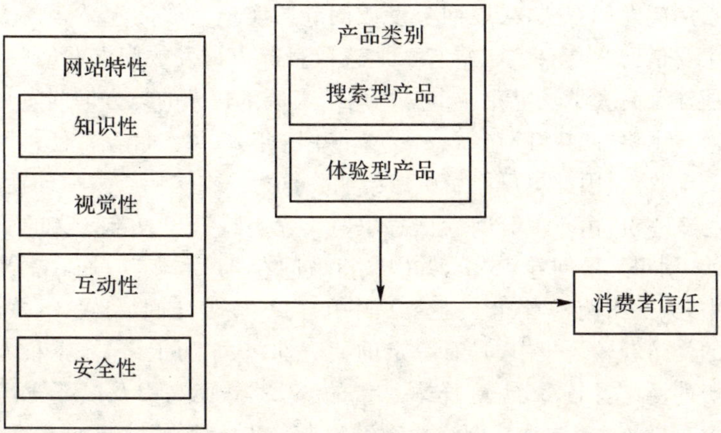

图 1　本文的理论模文

四、调研方案设计

(一)问卷设计

本研究以调查问卷为测量工具,共设计三大类七个变量,其中知识性、视觉性、互动性和安全性四个自变量,搜索型产品和体验型产品两个调节变量及因变量消费者信任。相应变量的测量采用李克特 5 点量表。从 1 点到 5 点分别表示非常不同意、有点不同意、一般、有点同意、非常同意。

研究问卷是根据本文的研究模型及研究假设的需要进行设计的,共分为四个部分:第一部分是针对网站特性的测量,本部分参考了 Hsu、林振旭及钟小娜的研究[3][16][17],网站特性四个维度知识性、视觉性、互动性和安全性,一共包括了 12 个测量题项。第二部分是针对产品类别的测量,为了研究方便,本文选取了互联网上最常销售的产品书籍、服装、电子类产品、洗衣用品、护肤品、网上酒店预订、手机在线充值和网上车票预订这几类具有潜在网络营销发展优势的产品和服务,进行代表性研究,并将其作为本文实证研究的研究对象。本文采用 Krishnan & Hartline 的研究方法对上述10项产品和服务进行归类。我们采用李克特5级量表的形式来描述被访问者的评价结果,从1到5的值分别表示"非常不容易、不太容易、不好说、比较容易、非常容易",根据统计结果对搜索型产品和体验型产品的问卷进行分类。第三部分是针对消费者信任的测量,本部分参考 Mcknight,Chervany 及陈蓓蕾的研究[18][19],消费者信任一共包括4个测量题项。第四部分为消费者个人基本信息的调查,包括性别、年龄、受教育程度、网络购物年龄及月均可支配收入。

(二)问卷正式发放与回收

本文采用问卷调查法,采取网上发放问卷与实地发放问卷结合的方式。其中网上发放主要借助"问卷星"网站有偿地选取目标人群发放问卷并回收,实地发放主要是在浙江工商大学及宝龙城市广场两个人流量较大的地方询问发放的。该次问卷调查对象主要针对年龄在18—35岁的中青年人,该人群经常使用网络且有着一定的可支配收入,因此更可能发生网络购物行为。本次调查发放问卷400份,最终回收问卷334份,由于部分问卷信息填写不完整或者不是本论文的研究对象使得问卷无效,剔除无效问卷46份,共回收有效问卷288份,有效回收率为72%。

样本中,男女比例相当;年龄主要集中在18—35岁之间,可见18岁到35岁这个年龄段的受访者较为集中,具有一定的代表性;从学历上来看,本科学历与硕士及以上学历的受访者较多,占到样本总量的63.2%,而高中及以下学历的受访者只占到样本总量的15.6%;从网络购物经验来讲,64.6%的被调查者拥有3年到5年的购物经验;最后本次调查还对被调查者每月可支配收入进行了调查,结果显示,受访者每月可支配收入主要集中在2001—3000元,占到样本总量的46.5%。

五、数据分析与假设检验

(一)信度与效度分析

通过 SPSS19.0 对网站特性和消费者信任的各度量指标逐个进行信度和效度分析结果见表1。

表1 各变量的信度和效度检验

测量维度		测量题项	*Cronbach's* α 值	因子载荷取值范围
网站特性	知识性	3	0.813	0.734—0.807
	视觉性	3	0.809	0.632—0.809
	互动性	3	0.839	0.713—0 .872
	安全性	3	0.822	0.623—0.827
消费者信任		4	0.886	0.683—0.810

结果显示,网站特性和消费者信任各维度 *Cronbach's* α 系数值均大于 0.7,表明本文中网站特性和消费者信任量表具有较高的一致性和稳定性,符合研究要求。且网站特性和消费者信任量表 *KMO* 值为 0.867,大于 0.7,表明数据适合进行探索性因子分析。对网站特性变量的 12 个题项进行探索性因子分析,共得到 4 个因子,且其方差解释率为 62.405%,因子载荷均超过 0.6,这说明本研究所提出的网站特性的四个变量之间相互独立,即网站特性的效度符合要求。同理,本研究所构建的消费者信任量表的效度符合要求。

(二)回归分析

在验证了变量的信度和效度的基础上,把抽取的主成分分值保存下来,用于后续多元线性回归分析中检验研究假设。本文详细探讨了网站特性与消费者信任之间的关系,并把产品类别作为调节变量做数据分析,分析结果如表 2 所示:

表2 自变量对因变量的回归分析及调节效应的回归分析结果

自变量	因变量:消费者信任		
	搜索型产品	体验型产品	|t|值
知识性	0.290**	0.485***	2.469
视觉性	0.206*	0.198*	0.101
互动性	0.192*	0.358**	2.091
安全性	0.351*	0.373**	0.277

注:* 表示 $P<0.05$ 的水平上具有统计显著性;** 表示 $P<0.01$ 的水平上具有统计显著性;*** 表示 $P<0.001$ 的水平上具有统计显著性。其中|t|是为验证调节效应是否存在而构造的统计量值。

由表 2 可知,首先,网站特性四个维度对消费者信任在小于 0.05 的水平上呈显著相关,且均为正相关,所以 H1 得到验证。其次,在不同产品类别(搜索型产品/体验型产品)条件下,知识性对消费者信任的影响中构造的统计量 $|t|=2.469>1.96$,相当于 $p<0.05$ 水平,说明在不同产品类别之间的分组回归系数的

差异是显著的。所以产品类别在网站知识性对消费者信任的影响中存在调节效应。且在产品类别2(体验型产品)的情况下,互动性回归系数为0.485,大于在产品类别1条件下的互动性回归系数,故体验型产品网站的知识性对消费者信任的影响比搜索型产品网站的知识性对消费者信任的影响要大。同理可知,产品类别在网站视觉性对消费者信任的影响中不存在调节效应;产品类别在网站互动性对消费者信任的影响中存在调节效应。且在产品类别2(体验型产品)的情况下,知识性回归系数为0.358,大于在产品类别1条件下的知识性回归系数,故体验型产品网站的互动性对消费者信任的影响比搜索型产品网站的互动性对消费者信任的影响要大。产品类别在网站安全性对消费者信任的影响中不存在调节效应。

六、结论与建议

(一)研究结论

网站特性的知识性、视觉性、互动性和安全性四个维度都对消费者信任产生显著的直接正向影响,即H1a,H1b,H1c和H1d都得到验证,即:网站特性越好,消费者信任感越强。下面将对每个假设逐一讨论:①网站知识性对消费者信任有显著的正向影响,标准化回归系数为0.389,在$p<0.01$条件下该回归系数通过了显著性检验。②网站视觉性对消费者信任有显著的正向影响,标准化回归系数为0.215,在$p<0.05$条件下该回归系数通过了显著性检验。③网站互动性对消费者信任有显著的正向影响,标准化回归系数为0.321,在$p<0.01$条件下该回归系数通过了显著性检验。④网站安全性对消费者信任有显著的正向影响,标准化回归系数为0.460,在$p<0.01$条件下该回归系数通过了显著性检验。⑤进行产品类别对网站特性与消费者信任关系的调节作用的实证分析,结果显示产品类别对网站的知识性、互动性与消费者信任之间的调节作用是显著的,而产品类别对网站的视觉性、安全性与消费者信任之间的调节作用是不显著的。

(二)管理启示

基于上述结论,购物网站需要注意以下几个方面:①完美展现产品信息及相关信息。购物网站应该尽可能地丰富产品的相关信息,包括产品的详情介绍、性能、图片展示、在线评论及价格比较等,并宣传产品的功能价值以外的象征价值。②注重购物网站网页设计。购物网站的设计应把产品以图片或者图片和视频相结合的形式展现给大家,以吸引消费者眼球,给其一种耳目一新的感觉,这会很大程度上提高消费者对购物网站的信任,从而进行下一步购物操作。③建立完善的网站互动性机制。购物网站需要完善交流平台,网络营销商与消费者可以通过网上交流、意见沟通等方式及时消除消费者的疑问,同时网络商家可以客服、聊天室、线上论坛等方式提供产品咨询、解决顾客的问题或者回应顾客的意见等。④增加网站安全服务措施。建议在线购物网站强化安全的付款机制、提高产品质量与健全的物流控管,以降低消费者对于网络购物风险如财务风险、功能风险、时间风险所带来的疑虑与却步,如设立退换货保证制度、物流损坏赔偿机制等。⑤重视产品类别对网站特性与消费者信任之间的调节作用。首先,购物网站要对所有的产品进行分类,针对不同的商品特性提供不同的服务。比如数码家电等价格偏高、网购承担风险较大的商品,网站应该为消费者提供细致周到的售前、售中、售后等服务。其次,针对购物网站所售卖的产品不同,合理地进行网站建设。对于拥有充足资金的企业网站来说,产品信息及相关信息介绍、网站界面设计、互动性机制及安全服务措施都要尽善尽美。而对于那些中小型创业企业网站来说,体验型产品网站在产品信息及相关信息介绍、网站互动交流这两块要尽可能地丰富。

(三)研究局限与展望

本研究还存在一定的局限性:①数据收集的片面性。由于本研究问卷收集无法掌握填答者的个人特质,无法保证被调查者都是根据客观情况填写的,且调查对象数量众多,由此可能导致样本数据存在一定的偏差。②研究样本的局限性。本研究对象主要是在校大学生和上班族,研究并没能把全部网络消费者作为研究样本,故不能确定研究的结果是不是适合更大范围内的网络群体。③影响因素的局限性。影响消费者购物信任的因素很多,除了本研究涉及的两方面因素,即网站特性和产品类别外,还有很多其他方面的影响因素,比如消费者个性特质、商家特点等。

针对以上研究的局限性,可以从以下三个方面进一步研究:①开展实验研究。实验研究能够减少被调查者的主观性,从而有效验证各变量间的因果关系,因此,如果条件允许,未来的研究可通过实验研究来验证本研究中各变量之间的因果关系。②扩大样本调查的范围。今后的研究中可尝试将更大范围甚至全国范围内的网络消费者作为调查对象,使样本数据具有一定广泛性及代表性。③增加消费者个性特质的因素。影响消费者信任的因素有很多,本研究模型中考虑到的影响因素还是较少的,因此可以将消费者个性特质这一影响因素放在未来的研究模型中考虑。

参考文献

[1] KIRAKOWSKI J, CIERLIK B. Measuring the Usability of Websites [C]. Proceedings of the Human Factors and Ergonomics Society Annual Meeting. SAGE Publications, 1998, 42 (4):424-428.

[2] HUIZINGH E K R. The Antecedents of Website Performance [J]. European Journal of

Marketing，2002，36(11/12):1225-1247.
[3] 钟小娜. 网络购物模式下的顾客感知价值研究[J]. 经济论坛，2005，(15):131-133.
[4] 胡锦玲. 网站特性对用户购物行为的影响[J]. 科学时代，2013，(1).
[5] 胡爱萍. 网络消费者购买意愿影响因素实证研究[J]. 商情，2013，(17):27-27.
[6] 任婷婷，陶梓菁，杨扬，等. 消费者网络购物信任度影响因素分析[J]. 商场现代化，2014，(9):27-31.
[7] 刘俊清. B2C电子商务中消费者信任影响因素研究[J]. 现代商贸工业，2015，36(9):61-62.
[8] 田垒. 网络购物中产品类别研究[J]. 现代商业，2009，(36):50-50.
[9] 鲁耀斌，周涛. 电子商务信任[M]. 武汉:华中科技大学出版社，2007.
[10] 薛建儒，郑南宁，钟小品，等. 视感知激励——多视觉线索集成的贝叶斯方法与应用[J]. 科学通报，2008，53(2):172-182.
[11] 熊奇英. 浅析我国网络购物的现状[J]. 商场现代化，2012，(20):63-64.
[12] ASSAEL H. Product Classification and the Theory of Consumer Behavior [J]. Journal of the Academy of Marketing Science，1974，2(4):539-552.
[13] 倪娜. 营销学产品分类研究综述[J]. 外国经济与管理，2006，28(9):31-37.
[14] REISS M C，Mitra K. The Effects of Individual Difference Factors on the Acceptability of Ethical and Unethical Workplace Behaviors [J]. Journal of Business Ethics，2008，17(14):1581-1593.
[15] Bei L T，Chen E Y I，Widdows R. Consumers' Online Information Search Behavior and the Phenomenon of Search VS. Experience Products [J]. Journal of Family and Economic Issues，2004，25(4):449-467.
[16] Hsu L C，Wang K Y，Chih W H. Effects Of Website Characteristics on Customer Loyalty In B2B E-Commerce:Evidence From Taiwan[J]. The Service Industries Journal，2013，33(11):1026-1050.
[17] 林振旭，苏勇. 网站特性对网络购买意图影响实证研究[J]. 商业时代，2007，(28):80-81.
[18] HARRISON D，MCKNIGHT N L C. What Trust Means in E－Commerce Customer Relationships: An Interdisciplinary Conceptual Typology [J]. International journal of electronic commerce，2001，6(2):35-59.
[19] 陈蓓蕾. 基于网络和信任理论的消费者在线口碑传播实证研究[D]. 杭州:浙江大学，2008.

基于组织学习视角的中国跨国企业知识反哺策略

——以浙江万向集团公司为例

胡洪力　张　鸿

（浙江工商大学工商管理学院，浙江杭州 310018）

摘　要：随着基于知识的企业理论的兴起，知识在企业间的转移和共享已经成为企业获取竞争优势的重要手段。伴随着中国制造企业国际化战略的进一步深化，中国跨国企业内部的知识转移问题逐渐进入从母公司向子公司转移的阶段，进入了子公司向母公司的知识反哺阶段。本文从跨国公司海外子公司反向知识转移视角，基于组织学习理论提出了反向知识转移的一个过程模型。最后，选取浙江万向集团为例，深入分析了其反向知识转移机制及策略，得出了对其他中国制造型跨国公司实施海外子公司反向知识转移可供借鉴的经验与启示。

关键词：反向知识转移　知识转移模型　浙江万向集团　知识转移策略

一、引言

近年来，我国企业"走出去"的步伐逐渐加快，而跨国投资并购已成为中国本土跨国公司"走出去"的重要形式。由于中国本土跨国公司在推动中国经济持续增长中的作用越来越大，如何有效提高中国本土跨国公司的全球竞争优势就成为一个重要的研究课题。在国际化实践中，越来越多的中国本土跨国公司把通过国际化战略获得知识资产作为提升其国际竞争力的重要举措。

浙江省 2012 年度（高校）教育科学科规划课题"基于知识吸收能力视角的浙江高校'课程、模拟、平台'大学生创业教育模式构建研究"（SCG310）、浙江省高校人文社会科学重点研究基地（浙江工商大学企业管理学）研究项目《R&D、知识溢出城市创新能力贡献的空间计量分析》、浙江省重点创新团队（生产性服务业与区域经济发展研究团队）、教育部省部共建人文社科重点研究基地"浙江工商大学现代商贸研究中心"课题（09JDSM11YB、11JDSM13YB）。

现实中,中国本土跨国公司内部知识转移的路径出现了与传统转移路径相反的情形,即出现了海外子公司向母公司转移的现象。但是,相比于发达国家的跨国公司,大部分中国跨国公司子公司向母公司反向知识转移的效果不太理想。另外,由于国际化战略带来的冒险性和不确定性,再加上环境的复杂性和知识本身的默会性,也使得海外子公司向母公司的跨国知识转移过程变得相当复杂和困难。因此,研究中国跨国公司的这种知识转移行为有着重要的现实意义。

然而,相对正向知识转移来说,知识反向转移的研究较少,至今学术界对逆向知识转移的内在机理和影响因素尚不明了。因此,本文基于组织学习视角,尝试构建一个中国企业的跨国知识反向转移模型,并以浙江万向集团的海外子公司向母公司的知识转移过程为例进行分析,来弥补目前跨国公司的子公司知识反向转移理论研究的不足。

二、文献综述

(一)关于组织学习与母子公司内部知识转移模型的研究

国内外学者对组织学习与知识转移模型的研究中,基于不同视角,可以分为强调沟通和强调认知—行为改变两种模式。

1. 强调沟通的知识转移模式

强调沟通的知识转移模式将知识转移分成知识的发送和知识的接收两大基本过程。这两大过程由两个不同的参与者(发送者和接收者)分别完成,并通过中介媒体连接起来。Szulanski[1]的知识转移过程模型将知识从源单元到接收单元的转移过程分为四个阶段:初始阶段、执行阶段、实施阶段和整合阶段,并且认为各阶段有明确的界限。

和金生和陈国续[2]在前人的基础上,提出了一个从海外子公司向母公司反向知识转移的整合模型,分析了影响反向知识转移的关键因素及对策并将其影响因素归结为子公司知识储备价值、子公司知识转移能力、子公司知识转移意愿、母公司控制机制和母公司吸收能力。

章静[3]在研究国际代工企业的知识转移与技术创新及功能升级的相互关系时,提出了国际代工企业的知识转移三阶段模型。在她看来,国际代工企业的知识转移主要包括知识获取、知识消化和知识利用三个阶段,且各阶段逐级推进,依次递升。

2. 强调认知—行为改变的知识转移模式

在强调认知—行为改变的知识转移模式研究中,Gilbert 和 Gordey-Hayes[4]提出了知识转移的五步骤概念模型,指出完成具体知识的转移应有获取、交流、应用、接受、同化五个基本步骤。

刘楠[5]将跨国子公司知识反哺的过程分为五个阶段：知识的外部吸收与内部创造、子公司对于知识存量的目的性选择、子公司向母公司的知识传送、母公司与子公司之间的沟通与知识应用，以及母公司对于子公司传送知识的内部化，并基于此过程阶段提出了每个阶段的影响因素。

王兆祥、蔡晨[6]根据工作性质和所处逻辑阶段的不同，将知识转移依次分为物理层、数据层、语言层、知识层、能力层、应用层等由下至上的六个层次。他们认为，只有当知识发送者将应用层的知识逐级转化至物理层，然后经由物理介质传递给知识接收者，再由知识接收者将知识从物理层逐级吸收、同化至应用层并最终反馈给知识发送者时，知识转移才算圆满完成。

苏明芳[7]提出了基于供应链的知识转移螺旋模型，认为供应链的知识转移是知识在供应链链接企业内部和外部不断螺旋上升的过程，并通过这种扩散和深化，整合供应链上下游企业的知识体系，实现知识的转移与扩散，提升其核心竞争力。

（二）基于组织学习的知识转移策略方面的研究

Hedberg & Holmqvist[8]将 SECI 模式引入到跨组织层级的虚拟组织（imaginary organisations）中，提出了四种不同的学习方式：社会化、清晰化（即外部化）、综合化和内部化。Tsang 研究了从合资企业中获取知识过程，结果表明：①监督努力程度和参与管理（沟通渠道）与知识获取相关并显著相关；②战略重要性与监督努力程度和参与管理呈正相关；③学习目的和监督努力程度呈正相关。

刘芳、欧阳令南[9]基于子公司组织学习的角度，提出了提高母公司向子公司知识转移效果的对策：①增强母公司转移知识的能力；②提高子公司吸收知识的能力；③选择合适的知识转移方法；④促进母子公司之间的文化融合。

苏延云[10]通过对知识转移障碍的研究提出了实现知识转移的三个对策：①加强知识转化双方之间的联系；②建立相互信任的关系；③引入激励机制。刘彦广[11]提出知识转移的成功需要抓住四个层面：技术层面、文化层面、机制和制度层面及组织层面。袁丹，雷宏振[12]提出要积极搭建知识创新和学习网络及其他企业的知识转移渠道，企业间通过有效而多频次的交流及正式和非正式的沟通来分享知识。

（三）以往研究结论和有待进一步研究的问题

通过对国内外学者提出跨国公司母子公司知识转移模式及策略的比较，我们不难发现，已有的成果大都是从知识发送者、知识接收者、知识传播渠道等方面来考察影响知识转移的关键因素，进而提出改进策略。但从实践效果来看，现有理论基于跨国公司这个基石但却没有深入到企业实际，没有涉及到每个行业每个地域的特殊情况,只是在宏观上提出笼统的改进策略。因此,本文将以浙江大型制造企业在国际化战略中的知识转移作为实证材料,提出理论模型与改进策略的同时,重点选取一个浙江大型制造企业做案例分析,将理论运用于企业管理实践。

三、基于组织学习视角的中国海外子公司知识反向转移的过程分析

海外子公司从东道国获取的知识经过特定的转移渠道转移到中国母公司的过程的效率和效果受到多种因素的制约。知识的转移不仅包括容易被正式言语表达清楚的显性知识,也包括难以编码的隐性知识。但归根到底,最终都要被母公司吸收利用。我们可以把从子公司向母公司知识转移的过程看成母公司知识获取的过程,转移到母公司的知识不可能被全部利用,必须经过母公司内部学习吸收后进行适应性判断,选择性和创造性利用。因此,基于组织学习的过程,再次提出如下知识反向转移的过程模型(见图1)。

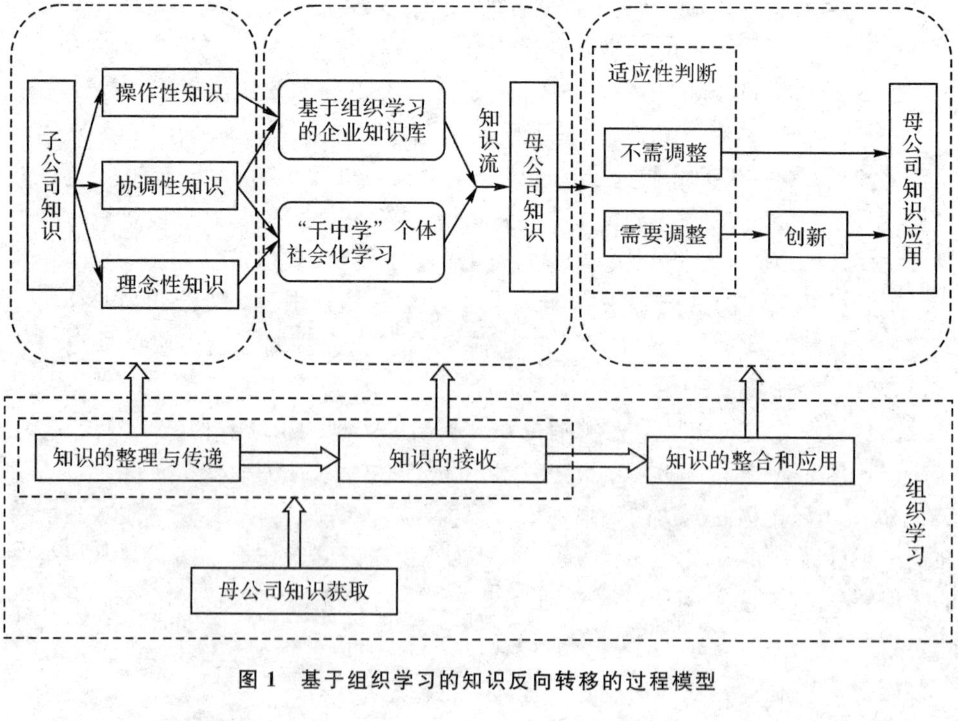

图1 基于组织学习的知识反向转移的过程模型

(一)知识的整理与传递

知识的转移过程是以知识的整理为起点的,这也是母公司获取子公司知识进行组织学习的起点。大多数中国跨国公司建立海外子公司都是基于知识战略导向的,子公司拥有某些能够提高中国跨国公司核心竞争力的知识。这些知识可以分

为操作性知识(生产经营产品的技术和能力)、协调性知识(协调经营设施、高效率地管理生产经营活动、有效地应付环境变化的能力)和理念性知识(企业在处理人对物的关系中所形成的价值判断和倾向态度方面的知识)。从操作性知识到协调性知识,再到理念性知识,知识的复杂程度和默会性程度逐步增加,知识的可转移性也逐步降低。尤其是理念性知识,往往反映的是隐藏在企业行为背后的深层次的价值观和行为准则,因此,是跨国公司知识中隐性程度最高的部分。

对于操作性知识和一部分显性程度较高的协调性知识要通过编码进入企业基于组织学习的知识库以便以后母公司成员进行综合化学习,而对于隐性程度较高的协调性知识和理念性知识,往往要通过母公司外派人员先进行社会化学习,将子公司的隐性知识内化为个人的隐性知识。然而,无论是进入企业知识库的显性知识还是首先内化为个人知识的隐性知识,其整理和发出都与子公司对知识的转移意愿直接相关,这也直接影响到母公司知识获取的质量与效率。

(二)知识的接收

知识的接收是指知识流从海外子公司进入母公司,从而使母公司获取到新的知识的过程。一般来说,这部分知识只是经过了子公司的整理和分类的原始知识,主要表现在母公司接收到企业知识库中子公司添加的操作性知识和一部分协调性知识及外派人员回国。对于中国跨国公司来说,引进先进的操作技术和经营理念是提高企业国际竞争力的关键,大多数公司也愿意放低身价虚心接收子公司转移的知识,母公司这种强烈的知识渴求欲望将大大增强知识接收的效率与质量,另外,如果母公司拥有国际化经营的经验和具有全球眼光的员工也将有助于新知识的接收。至这一阶段结束,母公司完成了组织学习的知识获取阶段。

(三)知识的整合和应用

从海外子公司接收到的知识进入中国市场时,究竟哪些知识可以利用,必须将海外市场外部环境因素与企业内部自身因素结合起来进行考虑,尤其是一些理念性知识,须进行适应性判断后才能对知识进行选择性应用。外部环境因素涉及国内市场文化环境、制度环境、经济环境、技术与基础设施环境等,当国内市场的环境与某特定海外市场环境相近时,海外子公司的国际化知识往往可以借鉴。企业内部自身因素则包括企业人才的资源保证和独特的差别化优势。对于可以借鉴的国际化知识,母公司可以直接应用到国内经营管理的实践当中,而对于需要做出调整的知识要结合国内企业的具体情况进行创新后应用。

组织学习程度反映着母公司对于海外知识的吸收能力,这种吸收能力(absorptive capacity),是企业对接收的各种显性和隐性知识进行学习、理解、消化并最终融合、创新并固化到组织中的能力,而知识的学习、理解、消化、融合和创新是一个连续不断,交互促进,螺旋上升的过程。有时母公司虽然获取了子公司的知识,但是并不能在随后很好利用,是因为零售企业还没有掌握合适的必备知识,从而对获取的本土知识无法有效理解消化。因此吸收需要企业本身具备一定的知识储存,能够与接收的知识处于同一平台上,才能最大程度发现所获取的知识的价值所在。所以母公司的原有的知识存量影响着吸收能力发挥作用的效果。当然,吸收能力也会受到其他一些因素,诸如母公司与子公司的心理距离、组织的沟通机制、组织成员的学习意愿、态度与认知等的影响。总之,组织吸收能力越强,组织学习效果也就越好。

四、万向集团海外子公司反向知识转移案例分析

(一) 万向集团反向 OEM 模式

万向集团是浙江民营企业早期国际化的代表,其国际化成长历程经历了从内向国际化向外向国际化发展的渐进式过程,具体可分为三个阶段:贴牌生产阶段(如1984年为舍勒公司生产3万套万向节)、海外分公司设立阶段(1994年设立的万向美国公司,被称为万向集团跨国经营业务的"桥头堡")和海外并购阶段(按时间来看,先后收购了英国AS公司、舍勒公司、LT公司、美国UAI公司、美国洛克福特公司、美国PS公司、美国AI公司、美国ACH公司和美国DS公司等)。

万向集团发展国际战略的方式被总结为反向OEM模式,即通过收购国外知名的汽配生产商,获得其现有品牌、知识产权和研究成果后,在国内生产其产品并最终返销国际市场。

(二)以收购美国AI公司为例,分析知识反向转移过程

结合万向集团收购美国AI公司后知识转移的实际状况来分析浙江万向集团反向知识转移的具体过程。沿用前文,我们可以得到美国AI公司基于组织学习的反向知识转移理论模型(具体见图2)。

1. 美国AI公司知识的整理与传递

万向集团作为母公司收购美国AI公司,看重的是其模块装配的巨大规模和先进技术。因此此次的知识转移的内容就是知识产权、技术成果等操作性知识和研究能力、研究工具等协调性知识,其中后者的隐性化程度要高于前者,但两种知识的情境嵌入性都不高,有利于反向知识转移的进行。收购美国AI公司后,其多项专利技术的所有权收归万向公司,具体操作过程、操作性知识通过文字编码等方式进入万向集团之前建立的组织学习知识库。

然而,仍还有许多操作性知识必须经过亲身操作后才能掌握其动作要领,另外,AI公司研究能力、研究工具等协调性知识的获取并不能通过知识库直接传输

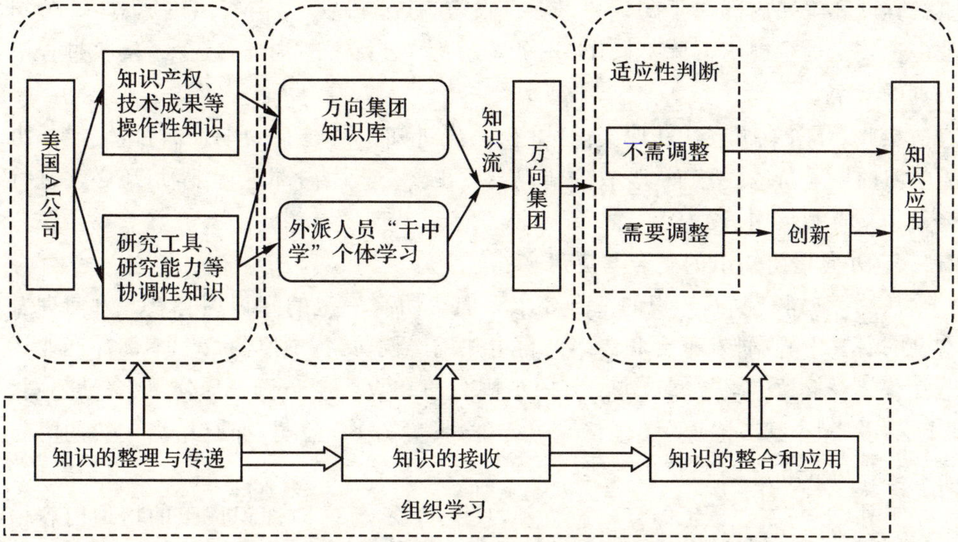

图 2　基于组织学习的美国 AI 公司反向知识转移模型

到万向集团总公司。但是,美国 AI 公司是一家从事模块装配及物流管理的公司,独创的"零级供应商"模式代表了汽车行业的最新趋势和汽配产业未来的主导方向,在各个方面都处于行业中的领导地位。公司拥有一大批有经验的研究人员和高效的研发团队,拥有成熟的知识交流和转移模式。但正因其行业领先的地位,造成了 AI 公司不可一世和唯我独尊的封闭,导致其知识转移意愿不高,这无疑增加了万向集团获取其先进知识的难度。

在这种情况下,万向集团采用"干中学"的知识获取方式。万向多次组织美国AI公司与万向集团员工交换进各自厂区参观,派遣研究人员和技术员工做调职培训,以实践方式积累知识经验。同时,万向以子公司的成功科研人员为老师,用"带徒弟"方式培养国内科研人员,在实际研究过程中提高他们的科研水平,实现研究经验等隐性知识的成功获取。

2. 知识的接收

知识接收中最大的障碍是两公司之间的组织距离,尤其是隐性程度较高的知识更是如此。而万向集团在管理模式上,采取"大集团模式、小核算体系、资本式运作和国家化经营"的模式,在组织结构上设立以战略为导向的动态组织结构,选择构建复合型架构以适应多变的海外市场。这就大大减少了知识接收的难度。值得一提的是,万向集团一直努力构建学习型组织,对于外来知识一直处于虚心接受的状态,万向董事局主席鲁冠球曾坦言,中国企业和国外企业在管理和技术方面还有很大的差距,但仍可以以资源获得向他们学习的机会。可见万向高层对于学习的重视程度和集团内部对于知识的渴求。收购 AI 公司后,万向集团迅速对 AI 公司的多项技术进行国内试验与操作,并使双方人员进行不断沟通,减少了接收过程中失真的概率。

至此,万向集团成功获取美国 AI 公司先进知识及经验的本来面目,完成了组织学习的第一阶段。然而,吸收的知识要想在整个集团内部进行学习,还必须进行知识的整合和运用。

3. 万向集团知识的整合与应用

从 AI 公司获取的知识的整合要求万向集团有一定的知识拥有量。万向拥有自己的研究中心、研发平台和诸多的自主知识产权,具备丰厚的汽车零部件产业运营知识。在此之前,成功创建了万向美国公司和收购了英国 AS 公司、舍勒公司、LT 公司、美国 UAI 公司、美国洛克福特公司、美国 PS 公司,拥有相当成熟的海外企业运作模式和跨国购并的战略经验。

另外,万向注重员工的自我教育和自我实现。万向对知识员工的培训内容增加了沟通艺术、行为科学、中美传统文化及个体整体素质等,旨在降低中美文化冲突水平的课程。此外,万向也注重对员工多元化知识的输入,在要求掌握相关技术技能、沟通技能的同时,组织知识员工参加各行业的各类培训,如财务、人事、法律等。这样可以有效地提升员工的知识存量和广度,在一定程度上也提高了企业的知识冗余水平,增强了万向集团的知识吸收整合能力。

然而,万向集团整合后发现,美国 AI 公司的有些工作习惯与管理经验并不适合万向集团,例如,AI 公司的研究工作报告不需要定时检查,而在万向集团若不进行定时检查很容易造成员工懈怠,于是万向集团决定在尽量营造宽松的科研氛围的同时,也制定一些监督检查的措施,这一举措符合中国员工的特点。

五、结论与研究启示

(一)结论

综上所述,美国 AI 公司向万向集团的反向知识转移从知识获取到知识的整合与利用都做了充分的准备。首先,收购 AI 公司后,万向集团主动放低身价,虚心学习,增加了美国 AI 公司的知识转移意愿,提高了知识获取的成功概率;其次,万向公司建立集团内部的知识共享系统,提高了显性知识获取的效率,“干中学”方法的使用促进隐性知识的获取与整合;最后,万向集团积极建立学习型组织,建立万向研究院等都增加了万向集团的知识冗余,无形中提高了整个公司的知识吸收整合能力,另外,积极招收和培训具有全球观念的员工,鼓励知识学习与分享的企业文化也提高了万向公司的知识获取意愿。

根据对万向集团海外子公司反向知识转移的分析，我们可以获得启示，从而提出以下策略，使知识能够在更大范围内实现合理的转移。

（二）研究启示

1. 跨国公司内部化知识平台的构建

跨国公司内部化知识平台的构建，针对跨国公司跨文化、跨体制和跨地区经营的实际，可以采用以下几种方式：①建立企业的知识库以便于知识的保存与查找；②对海外知识加以改造而进行创造性的共享；③实践社区的运用。

2. 保持企业适当的知识冗余

中国跨国公司既要建立企业内部的技术创新体系，又要与诸多科研机构和其他竞争对手企业展开多变技术合作，同时针对做出贡献的科研技术人员实施价值激励。另外，对于受政策保护的核心技术，可以采用"用资源换技术"的战略措施，使企业迅速掌握核心技术。

3. 注重知识转移外派人员的选择与培训

对于外派人员的选择和培训上，不仅要注重技术的基本操作等业务能力，更要注重其沟通能力、学习能力，另外，对于中国和东道国的传统文化要有一定了解，尤其是对于中国与东道国的差异的认识，如果有可能，知识转移外派人员最好有东道国生活背景。

4. 努力实现跨地域文化融合

知识转移的顺利进行需要跨国公司加强与东道国之间的文化融合，克服认知障碍，以开放的态度对待国外先进知识，构建与发达国家接轨的知识体系。可以采用"联合国"式的管理方式以及"干中学"的知识转移方式。

5. 加强组织支持

知识转移的发生与实现是建立在知识供求双方相互信任的基础之上的。组织在知识转移过程中要给予转移方足够的组织支持以建立这种信任。中国母公司的公司高层要充分表达其对于知识转移的重视。对于跨国并购的海外子公司，保持其相对独立性，不要急于与母公司保持一致，要尊重当地的传统文化。另外，建立完善的奖励机制，奖励对知识转移做出突出贡献的员工，让知识型员工认识到将其自身的知识进行共享可以为自己带来更大的收益，增加其知识共享意愿。但需要指出的是，对于知识员工的奖励，不一定是金钱上的奖励，有时候提供培训和晋升的机会对于知识型员工更能起到激励的作用。

六、研究局限与不足

鉴于研究条件的限制，本研究还存在一些不足之处：首先，对知识转移分析主要围绕隐性知识和显性知识展开,只是停留在浅层次的分析,没有深入分析知识转移的其他有价值的方面。其次,本研究中分析的反向转移案例只提及海外收购子公司类型,而没有涉及中国企业在海外建立的子公司向母公司知识转移的情况。这些都成为进一步研究的方向。

参考文献

[1] SZULANSKI G. The Process Of Knowledge Transfer: A Diachronic Analysis of Stickiness [J]. Organizational behavior and human decision processes, 2000, 82(1):9-27.

[2] 和金生,陈国绪. 海外子公司反向知识转移研究[J]. 现代财经, 2006, (11):3-7.

[3] 章静. 我国代工企业知识转移、技术创新与功能升级研究——基于全球价值链视角[D]. 山东:山东大学, 2013.

[4] GILBERT M, GORDEY H M. Understanding The Process of Knowledge Transfer to Achieve Successful Technological Innovation [J]. Technovation, 1996, 16(6):365-385.

[5] 刘楠. 跨国公司知识反哺的过程及影响因素研究[J]. 中共济南市委党校学报, 2007, (3).

[6] 程敏,余艳. 项目环境下知识转移与策略研究[J]. 科技管理研究, 2011, (7):153-157.

[7] 苏明芳. 基于供应链管理的知识转移模型研究[J]. 现代商贸工业, 2008, (2):26-27.

[8] HEDBERG B. How Organizations Learn and Unlearn[M]. Oxford: Oxford University Press, 1981.

[9] 刘芳,欧阳令南. 跨国公司知识转移过程,影响因素与对策研究[J]. 科学学与科学技术管理, 2006, 26(10):40-43.

[10] 苏延云. 知识转移的障碍及应对策略[J]. 科技情报开发与经济, 2006, 16(5):194-195.

[11] 刘彦广. 企业知识型员工知识转移的策略研究[J]. 河北工程大学学报(社会科学版), 2009, 26(2):22-22.

[12] 袁丹,雷宏振. 集群企业间知识转移策略——基于演化博弈理论的分析[J]. 技术经济, 2014, 33(1):62-65.

[13] 黄水灵,邵同尧. 我国汽车企业的国际化程度与绩效关系分析——基于万向集团和吉利集团的实证[J]. 科学学与科学技术管理, 2011, 32(8):122-129.

[14] 宋亚非,徐雯. 影响在华跨国子公司知识转移的因素研究[J]. 财经问题研究, 2010(5):100-108.

[15] 王兆祥,蔡晨. 基于知识生命周期的企业知识流模型[J]. 中国管理科学, 2007, 15(2):126-133.

[16] 肖志雄,秦远建. 知识冗余对外包服务企业知识吸收能力的影响[J]. 图书情报工作, 2011, 55(10):108-111.

[17] 于鹏,白丹. 跨国公司内部知识转移的理论评述[J]. 学术交流, 2011, (3):89-92.

[18] 杨忠,王清晓. 跨国公司的知识管理机制分析[J]. 南大商学评论, 2004, (3):44-58.

[19] 刘帮成. 跨国创业过程中的知识转移与知识整合机制研究[M]. 北京:知识产权出版社, 2008.

[20] WILLIAMS J D, HAN S L, Qualls W J. A Conceptual Model and Study of Cross-Cultural Business Relationships [J]. Journal of Business Research, 1998, 42(2):135-143.

[21] GUPTA A K, GOVINDARAJAN V. Knowledge Flows within Multinational Corporations [J]. Strategic Management Journal, 2000, 21(4):473-496.

[22] HAU Y S, KIM B, LEE H, et al. The Effects of Individual Motivations and Social Capital On Employees Tacit and Explicit Knowledge Sharing Intentions [J]. International Journal of Information Management, 2013, 33(2):356-366.

[23] NIE W. Key Factors Affecting Transnational Knowledge Transfer in the Context of the Euroaid Asia Programme [J]. 2007.

[24] DAVENPORT T H, Prusak L. Working Knowledge: How Organizations Manage What They Know [M]. Cambridge: Harvard Business Press, 1998.

[25] MORAN P. Structural VS. Relational Embeddedness: Social Capital and Managerial Performance [J]. Strategic management journal, 2005, 26(12):1129-1151.

[26] ANDERSSON U, BJÖRKMAN I, FORSGREN M. Managing Subsidiary Knowledge Creation: The Effect of Control Mechanisms on Subsidiary Local Embeddedness [J]. International Business Review, 2005, 14(5):521-538.